本研究获江西省"赣鄱英才555"工程
江西省文化艺术规划课题资助

# 明清 景德镇 外销瓷与制瓷技术外传

彭明瀚 著

文物出版社

图书在版编目（CIP）数据

明清景德镇外销瓷与制瓷技术外传 ／ 彭明瀚著．——
北京 ：文物出版社，2017.7
ISBN 978-7-5010-5106-9

Ⅰ．①明… Ⅱ．①彭… Ⅲ．①古代陶瓷－外销－研究
－景德镇－明清时代 Ⅳ．①F724.787②K876.34

中国版本图书馆CIP数据核字(2017)第115446号

**明清景德镇外销瓷与制瓷技术外传**

著　　者：彭明瀚

责任编辑：王　伟　周燕林
责任校对：赵　宁
责任印制：张　丽

出版发行：文物出版社
社　　址：北京市东直门内北小街2号楼
邮　　编：100007
网　　址：http://www.wenwu.com
邮　　箱：web@wenwu.com
经　　销：新华书店
制版印刷：北京图文天地制版印刷有限公司
开　　本：889×1194　1/16
印　　张：12
版　　次：2017年7月第1版
印　　次：2017年7月第1次印刷
书　　号：ISBN 978-7-5010-5106-9
定　　价：198.00元

明代景德镇窑五彩、青花瓷片
马六甲出土。引自《云帆万里照重洋》

明代晚期景德镇窑青花、五彩瓷片
广东上川岛出土。引自《陶瓷下西洋》

使中国与亚非各国之间的贸易空前繁荣[1]。

　　郑和下西洋不仅是中国航海史上的空前创举，也是具有世界性影响的历史事件，可以说它是世界地理大发现的先导。郑和下西洋的成就，简而言之，政治上建立了亚非国家间的和平局势，提高了中国在国际上的威望；经济上发展了亚非诸国同中国的国际贸易，促进了海上丝绸之路的繁荣发展；文化上传播了中国传统文化，增进了中国与亚非国家的相互了解和友谊。

　　郑和船队规模大、人数多，培养了一批又一批掌握和熟悉航海技术的专业人员，在与所经国家贸易的过程中，又使相当数量的随员了解和熟悉了国外市场，因此可以说，在郑和七下西洋的刺激下，中国成为新航路开辟以前世界上最大的海上贸易强国。郑和远航结束后，虽然明政府一再厉行海禁，但在巨大的海外需求和巨额利益的驱使下，下至沿海小民，上至官员豪绅，纷纷造船出海，舍死趋之，有些甚至武装起来，组成走私集团以对抗海禁政策。郑和第七次下西洋于宣德八年七月刚刚回到京师，宣宗即下令申严海禁："私通外夷，已有禁例。近岁官员军民不知遵守，往往私造海舟，假朝廷干办为名，擅自下番，扰害外夷，或诱引为寇。比者已有擒获，各置重罪。尔宜申明前禁，榜谕缘海军民，有犯者许诸人首告，得实者给犯人家赀之半。知而不告，及军卫有司纵之弗禁者，一体治罪。"[2]明宣宗这段申谕可表明，随着永乐年间海外交往的扩大，私人海外贸易也在暗中发展，且已有一定规模。

　　明代中期，特别是成化、正德至嘉靖时期，中国民间商队穿梭在过去由阿拉伯人主宰的海上瓷器之路上，民间贸易发达，瓷器输出随之扩大。当时日本、南洋及印度洋沿岸各地的市场商情对中国社

1　陈炎：《郑和下西洋促使海上丝绸之路进入鼎盛时期》，陈炎《海上丝绸之路与中外文化交流》，北京大学出版社，2002年，第166~178页。
2　《明宣宗实录》卷一百三"宣德八年七月"。

海技术和季风航海技术等方面的贡献主要记录在著名的《郑和航海图》中[1]。这是一部反映明初航海技术的百科全书，记载了 530 多个地名，标出了沿途的碍航物、山峰、岛屿、浅滩、礁岩、险狭水道、水深、底质、港口标志以及正确的定位与航行方法，为明代中国船队扬帆西太平洋与印度洋海域提供了更为科学合理的航路指南[2]。随郑和船队航行的马欢、费信和巩

郑和船队登陆地之一——伊朗基什岛
引自《云帆万里照重洋》

珍，在他们所著的《瀛涯胜览》、《星槎胜览》和《西洋番国志》中，对船队所访问国家的位置、气候、土壤、居民、生产、土特产品、风俗习惯、货币及贸易情况作了详尽记述，增进了明朝人对这些国家的认识和了解，为宣德以后中国海商到这些地区拓展商业活动提供了第一手资料。

第三，郑和七下西洋，剿灭了海中蛮寇，肃清了海道障碍，"诸番振服"[3]，"海道由是而清宁，番人赖之以安业"[4]，保证了西洋与中国之间海上交通安全，为此后明朝与西洋之间海上丝绸之路的繁荣奠定了坚实基础[5]。郑和船队到过印度支那半岛、马来群岛、印度半岛、阿拉伯半岛和东非沿岸，行程 10 余万里，足迹遍及东南亚、南亚和东非的满剌加（今马六甲）、古里（今科泽科德）、锡兰（今斯里兰卡）、小葛兰（今印度奎隆）、忽鲁谟斯（今伊朗阿巴丹）、剌撒（今沙特阿拉伯哈萨）、天方（今沙特阿拉伯麦加）、墨德那（今沙特阿拉伯麦地那）、祖法儿（今阿曼佐法尔）、麻吉实（今阿曼马斯喀特）、阿丹（今也门亚丁）、木骨都束（今索马里摩加迪沙）、竹步（今索马里朱巴）和不剌哇（今索马里布拉瓦）、慢八撒（今肯尼亚蒙巴萨）等 37 个国家和地区，在满剌加、古里和忽鲁谟斯建立三个海外基地，出色地完成了朝贡与贸易，即政治、经济交织在一起的双重任务。郑和船队每到一地，除了宣谕皇帝诏书，还向各国国王颁赐银印、冠服、礼品等，鼓励他们遣使入明朝贡。郑和及其船队经过近 30 年的努力，使中国与海外国家的友好交往达到了鼎盛，出现了海外 16 国遣使 1200 多人同时入明朝贡的盛大场面，郑和成为增进中外友谊的和平使者。郑和的船队开辟了历代海上瓷器之路中航程最长的远洋航路，活动范围非常辽阔，从中国南海之滨，经南海入印度洋，延伸至西亚、东非的广大地区，其西北方向的航路直通波斯湾、阿拉伯海和红海，西南方向的航路，沿东非海岸越过赤道，到达今莫桑比克索法拉港，

1 原名《自宝船厂开船从龙江关出水直抵外国诸番图》，可能绘成于郑和留守南京时期，后经明人茅元仪辑录，在天启年间收入胡宗宪主持编纂的《武备志》中。
2 孙光圻等：《郑和下西洋——世界航海史上的不朽丰碑》，郑和下西洋六百周年筹备领导小组等编《云帆万里照重洋——纪念郑和下西洋六百周年》，第 155~161 页。
3 费信：《星槎胜览·苏门答剌国》。
4 朱棣：南京《御制弘仁普济天妃宫碑》。
5 庄景辉：《郑和下西洋是什么》，郑和下西洋六百周年筹备领导小组等编《云帆万里照重洋——纪念郑和下西洋六百周年》，第 162~168 页。

《郑和航海图》之二
引自《云帆万里照重洋》

《郑和航海图》之三
引自《云帆万里照重洋》

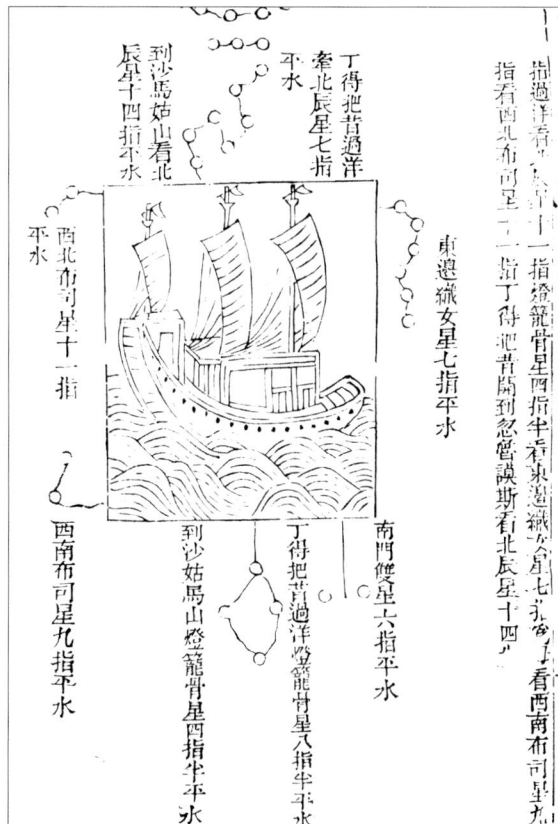

《郑和航海图》之四
引自《云帆万里照重洋》

7000吨[1]，是中国有史以来也是世界上最庞大、最先进的帆船，是明初造船技术的集中体现。郑和下西洋期间，江南地区仅见于记载的新造或改造海船多达2700艘[2]，短时间内巨大的需求和郑和的航海实践，极大地推动了造船技术的改进和提高。

郑和的船队活动范围极为辽阔，在长期的航行实践中，熟悉了南洋和印度洋一带的航道和自然环境，继承和发展了宋元以来的海上航路，形成了多点交叉的综合性航路网。如占城，抵达航路2条，启程航路6条；满剌加，抵达航路4条，启程航路4条；苏门答剌，抵达航路1条，启程航路6条；锡兰山，抵达航路3条，启程航路7条；溜山，抵达航路6条，启程航路7条；古里，抵达航路4条，启程航路6条[3]。

在郑和航海过程中，绘制了详细的航海地图，记载了沿途国家所在方位、里程远近、航海路线、启停处所等，对如何使用罗盘针和如何观察天上星位，也有详细记载。郑和对地文航海技术、天文航

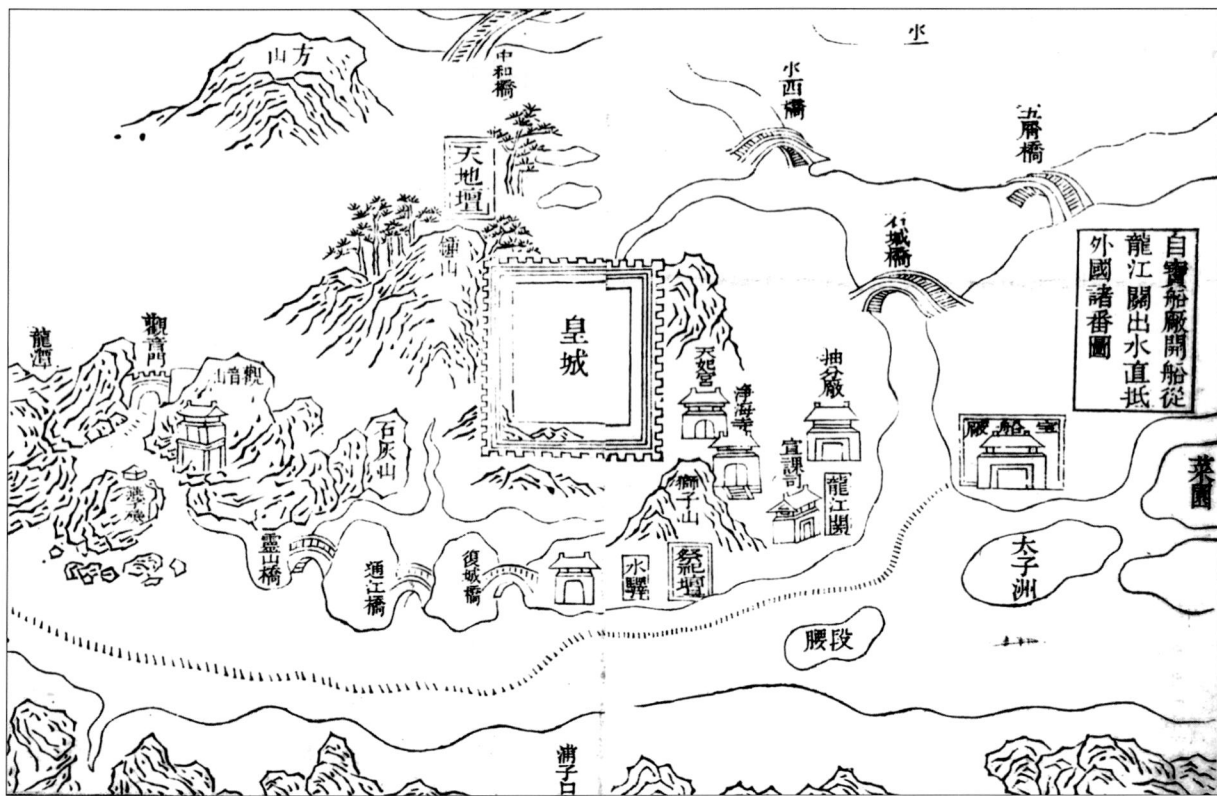

《郑和航海图》之一
引自《云帆万里照重洋》

1 陈延杭：《郑和宝船的工程解读》，郑和下西洋六百周年筹备领导小组等编《云帆万里照重洋——纪念郑和下西洋六百周年》，第181~186页。
2 王冠倬：《郑和一号宝船综议》，郑和下西洋六百周年筹备领导小组等编《云帆万里照重洋——纪念郑和下西洋六百周年》，第187~192页。
3 孙光圻等：《郑和下西洋——世界航海史上的不朽丰碑》，郑和下西洋六百周年筹备领导小组等编《云帆万里照重洋——纪念郑和下西洋六百周年》，第155~161页。

郑和船队登陆地之一 ——越南归仁港
引自《云帆万里照重洋》

力所通，莫不尊亲，执圭捧帛而来朝，梯山航海而进贡，礼乐明备，祯祥毕集"，"际天所覆，极地所载，莫不咸归于德化之中；普天之下，率土之滨，罔不悉归于涵养之内。"[1] 亦如巩珍所言："太宗文皇帝继圣守成，代天理物，声教扬溢乎四海，仁化溥洽于万方，制作谋谟，腾今迈古。永乐之初，敕遣中外重臣，循西海诸国昭示恩威，扩往圣之鸿规，著当代之盛典。舆图开拓，万善成臻，未有至于此也。"[2] 郑和下西洋，将中国文化传播到南洋地区，为明朝中国商人到这些地区进行商业活动打下了很好基础，正如马来西亚学者赵泽洪所说："在发展南洋经济贸易、改善生活方面，郑和做出了突出的贡献，使南洋各国各地都信任的钱币、中国的度量衡制度和政府组织等等，都是郑和下西洋期间从中国带出来而在南洋流通、通行的。"[3]

　　第二，郑和下西洋极大地推动了明代造船技术的提高和航海技术的飞跃，为明代海上瓷器之路的繁荣奠定技术基础。郑和的宝船长 44.4 丈，宽 18 丈，立 9 桅，张 12 帆，排水量 14800 吨，载重量

1　费信：《星槎胜览·序》。
2　巩珍：《西洋番国志·自序》，中华书局，2000 年。
3　（马来西亚）赵泽洪：《马中关系与三宝》，南京郑和研究会编《走向海洋的中国人》，海潮出版社，1996 年，第 281 页。

济、文化交往，实现"万国来朝"的政治抱负[1]。明永乐三年至宣德八年（1405~1433），明政府派遣郑和率领由 200 艘宝船、27000 多人[2]组成的船队七次下西洋[3]。郑和组建了当时世界上最庞大、最先进的远洋船队[4]，船员众多、建制完备、船舶种类齐全、编队严密、通讯便捷，掌握了以"星斗高低，度量远近"的天文观测定位技术和过洋牵星导航技术，凭借对西太平洋、印度洋海域洋流与季风规律的正确认识和熟练运用，在十月至次年二月的冬季，从国内启航，乘东北季风扬帆沿海岸南航；五至八月的夏季，乘西南季风举帆沿海岸北航回国。郑和七下西洋，取得了巨大成功：

第一，郑和七下西洋是明初外交活动中具有里程碑意义的突破，把明帝国的影响带到了遥远的异国，又把对当地的见闻实录带回本土，不仅使所到各国之间的睦邻关系得到了加强，也使东南亚、南亚、阿拉伯半岛南端和非洲东海岸地区的一些国家增进了对明朝的了解和认识，与明朝建立了友好外交关系，大大提高了明朝海外的威望和影响，从而迎来了明朝乃至中国历史上对外关系最为辉煌的时代[5]。正如前后四次随郑和下西洋的费信所言："太宗文皇帝德泽洋溢乎天下，施及蛮夷，舟车所至，人

---

1　对此作出最好注解的是《郑和家谱》中所收录的《皇帝敕谕》："皇帝敕谕四方海外诸番王及头目人等：朕奉天命君主天下，一体上帝之心，施恩布德，凡覆载之内，日月所照，霜露所濡之处，其人民老少，皆欲使之遂其生业，不致失所。今遣郑和赍敕普谕朕意，尔等祗顺天道，恪守朕言，循理安分，勿得违越，不可欺寡，不可凌弱，庶几共享太平之福。"参考孙光圻等：《郑和下西洋——世界航海史上的不朽丰碑》，郑和下西洋六百周年筹备领导小组等编《云帆万里照重洋——纪念郑和下西洋六百周年》，中国社会科学出版社，2005年，第 155~161 页。

2　第一次为27800 余人，第三次为27000 余人，第四次为27670人，第七次为27550人，其余三次人数没有记载，但估计也在27000 人左右，相当于明初五卫水军的实力。参考孙光圻等：《郑和下西洋——世界航海史上的不朽丰碑》，郑和下西洋六百周年筹备领导小组等编《云帆万里照重洋——纪念郑和下西洋六百周年》，第 155~161 页。

3　据《明史》卷三〇四"宦官一"记载：郑和，云南人，世所谓三保太监者也。初事燕王于藩邸，从起兵有功。累擢太监。成祖疑惠帝亡海外，欲踪迹之，且欲耀兵异域，示中国富强。永乐三年六月，命和及其侪王景弘等通使西洋。将士卒二万七千八百余人，多赍金币。造大舶，修四十四丈、广十八丈者六十二。自苏州刘家河泛海至福建，复自福建五虎门扬帆，首达占城，以次遍历诸番国，宣天子诏，因给赐其君长，不服则以武慑之。五年九月，和等还，诸国使者随和朝见。和献所俘旧港首长。帝大悦，爵赏有差。旧港者，故三佛齐国也，其酋陈祖义，剽掠商旅。和使使招谕，祖义诈降，而潜谋邀劫。和大败其众，擒祖义，献俘，戮于都市。六年九月，再往锡兰山。国王亚烈苦柰儿诱和至国中，索金币，发兵劫和舟。和觇贼大众既出，国内虚，率所统二千余人，出不意攻破其城，生擒亚烈苦柰儿及其妻子官属。劫和舟者闻之，还自救，官军复大破之。九年六月献俘于朝。帝赦不诛，释归国。是时，交阯已破灭，郡县其地，诸邦益震詟，来者日多。十年十一月，复命和等往使，至苏门答剌。其前伪王子苏干剌者，方谋弑主自立，怒和赐不及己，率兵邀击官军。和力战，追擒之喃渤利，并俘其妻子，以十三年七月还朝。帝大喜，赉诸将士有差。十七年七月还。十九年春复往，明年八月还。二十二年正月，旧港酋长施济孙请袭宣慰使职，和赍敕印往赐之。比还，而成祖已晏驾。洪熙元年二月，仁宗命和以下番诸军守备南京。南京设守备，自和始也。宣德五年六月，帝以践阼岁久，而诸番国远者犹未朝贡，于是和、景弘复奉命历忽鲁谟斯等十七国而还。和经三朝，先后七奉使，所历占城、爪哇、真腊、旧港、暹罗、古里、满剌加、渤泥、苏门答剌、阿鲁、柯枝、大葛兰、小葛兰、西洋琐里、琐里、加异勒、阿拨把丹、南巫里、甘把里、锡兰山、喃渤利、彭亨、急兰丹、忽鲁谟斯、比剌、溜山、孙剌、木骨都束、麻林、剌撒、祖法儿、沙里湾泥、竹步、榜葛剌、天方、黎伐、那孤儿，凡三十余国。所取无名宝物，不可胜计，而中国耗废亦不赀。自宣德以还，远方时有至者，要不如永乐时，而和亦老且死。自和后，凡将命海表者，莫不盛称和以夸外番，故俗传三保太监下西洋，为明初盛事云。十四年冬，满剌加、古里等十九国咸遣使朝贡，辞还。复命和等偕往，赐其君长。

4　1492 年横渡大西洋到达美洲的西班牙哥伦布船队，只有 90 名水手，3 艘轻帆船，其中最大的旗舰"圣玛丽亚"号只有 250 吨，仅为郑和宝船的十分之一。1497 年绕过好望角到达印度的葡萄牙达·迦马船队，只有 160 人，4 艘小帆船，旗舰仅 120 吨，不到郑和宝船的二十分之一。1519 年完成环球航行的西班牙麦哲伦船队也只有 265 人，5 艘小帆船，其中 2 艘 130 吨，2 艘 90 吨，1 艘 60 吨，加起来总吨位也不过是郑和宝船的五分之一。参考孙光圻等：《郑和下西洋——世界航海史上的不朽丰碑》，郑和下西洋六百周年筹备领导小组等编《云帆万里照重洋——纪念郑和下西洋六百周年》，第 155~161 页。

5　庄景辉：《郑和下西洋是什么》，郑和下西洋六百周年筹备领导小组等编《云帆万里照重洋——纪念郑和下西洋六百周年》，第 162~168 页。

# 第一节　郑和下西洋与新航路开辟

　　明代郑和七下西洋之后，海外交通更加兴盛，瓷器贸易大幅增长，输出范围更广，囊括亚非。新航路开辟，把中国东海航路、南海航路、印度洋航路与大西洋航路、太平洋航路连接起来，形成了环球海运网络，从而开始出现一个以中国瓷器、丝绸为主导的世界性市场。

## 一、郑和七下西洋

　　明政府重视发展与周边国家的友好关系，曾多次派出使者到周边各国颁赐赏物，招徕各国派遣使者入明朝贡。明太祖于洪武二年（1369）正月、二月连续两次派出使者到占城、爪哇等国，颁赐诸国王以玺书、大统历、织金绮缎、纱罗等物[1]。为了与海外国家和平共处，他于洪武四年（1371）在奉天门告谕各省府台大臣说："海外蛮夷之国，有为患于中国者，不可不讨；不为中国患者，不可辄自兴兵。"并把朝鲜、日本、大小琉球、安南、真腊、暹罗、占城、西洋、苏门答腊、爪哇、彭亨、百花、三佛齐、勃泥等15国列为"不征诸夷"，载诸《祖训》。明成祖频繁派出使者遍赐东南亚各国，招徕他们入明朝贡，如永乐元年（1403）八月，派遣行人吕让、丘智使安南；按察副使闻良辅、行人宁善使爪哇、苏门答腊；给事中王哲、行人成务使暹罗；行人蒋宾兴、王枢使占城、真腊。赐诸国王绒、绵、织金文绮、纱罗等[2]。九月，遣中官马彬等使爪哇、苏门答腊诸国，赐之文绮、纱罗[3]；十月，遣中官尹庆等使满剌加诸国，赐其国王罗铂金帐幔、伞、以及织金文绮、彩绢等[4]。为了推动和发展与亚、非各国之间的政治、经

郑和宝船1号模型
引自《云帆万里照重洋》

---

1 《明太祖实录》卷三八"洪武二年正月乙卯"；卷三九"洪武二年二月辛未"，台北中央研究院历史语言研究所校印本。
2 《明太宗实录》卷二二"永乐元年八月癸丑"。
3 《明太宗实录》卷二三"永乐元年九月庚寅"。
4 《明太宗实录》卷二四"永乐元年十月丁巳"。

纽约

韦拉克鲁斯

阿卡普尔

利马

　　郑和下西洋和新航路的开辟，开启了贸易全球化新时代，中国瓷器、丝绸为主体的商品在全球范围内流动，形成了海上瓷器之路……

斯德哥尔摩

伦敦  阿姆斯特丹

里斯本
马德里

景德镇  宁波  长崎

广州  厦门
澳门

马尼拉

果阿
科钦

马六甲

雅加达

好望角

# 第一章　海上瓷器之路

各具特色。葡萄牙、西班牙、荷兰人垄断了16~17世纪的中欧交往，但并未出现"中国热"；英国人也只是对中国园林艺术情有独钟；德国没有组建东印度公司与中国直接贸易，但德国科学家率先在欧洲研制出了中国式硬质瓷，思想界对中国的研究成果也最显著。法国"中国热"形成较晚，但是其广度和深度都远远超过其他欧洲国家，并发展成欧洲"中国热"的中心，中国热以法国宫廷为中心，向欧洲其他国家蔓延。

明清景德镇瓷器展示的是一个色彩斑斓的世界，瓷器工艺美术既曾广泛吸收西方因素，又为诸多国家所取法。当时景德镇瓷器成批外销，东起日本，西至西班牙、荷兰等欧美各国，所到之处，备受欢迎，于是引出了难以数计的异域仿制品，影响甚至改变了当地的工艺美术进程。因此，明清景德镇瓷器具有真正的世界意义。

今天，中国正从容而自信地走向世界舞台的中央，2013年习近平总书记站在历史和时代的高度，提出建设"新丝绸之路经济带"和"21世纪海上丝绸之路"两大战略构想。"一带一路"战略，是我国最高决策层主动应对全球形势深刻变化、统筹国内国际两个大局作出的重大战略决策，是关乎未来中国改革发展、稳定繁荣乃至实现中华民族伟大复兴中国梦的重大"顶层设计"。这个宏伟战略构想，跨越时空、融通古今，连接中外，它既传承以团结互信、平等互利、包容互鉴、合作共赢为核心的古丝绸之路精神，又顺应和平、发展、合作、共赢的时代潮流，承载着丝绸之路沿途各国发展繁荣的梦想，将"中国梦"与"世界梦"有机地衔接，赋予古老的丝绸之路以崭新的时代内涵，具有深远的战略意义和全球性影响力。"一带一路"建设的征程中，我们重温明清时期景德镇瓷器外销与制瓷技术外传这一话题，期许能从历史记忆中获得一点当代启示。

之一，葡萄牙、西班牙、荷兰、英国等国凭借船坚炮利，先后垄断、主导这条商路。

瓷器是最早的全球性商品之一，景德镇瓷器外销的华章是中欧瓷器贸易。明清时期，景德镇是皇家御窑厂所在地，是中国瓷器的原创中心，中国制瓷业形成了景德镇一枝独秀的局面，釉彩品种的绘制无所不能，器型装饰的设计无奇不有，瓷器质量的烧造无所不精，瓷器销售的市场无所不达，《广志绎志》记载："景德镇雄村十里，皆火山发焰……凡舟车所到，无非饶器也。"景德镇引领世界瓷器设计、生产时尚，被誉为世界瓷都。无论是在国内，还是在国外，景德镇瓷器公认为是最精美、最优质瓷器的代表，是中国瓷器的代名词，从这个角度来看，景德镇瓷器外销即中国瓷器外销。明清景德镇瓷器，深受中国人民和世界各国人民喜爱，通过陆上丝绸之路和海上瓷器之路"行于九域，施及外洋"，受到各国人民青睐。瓷器既笨重，又易碎，靠骆驼驮运，运量有限，唯有航海技术进步以后的明清时期，才能做到批量外销，瓷器还能在运载中国丝绸、茶叶的海船中起到压舱作用。明代郑和七下西洋和新航路开辟后，景德镇瓷器输出范围从亚洲扩大到欧洲、美洲，不断输往世界各国，形成了一个世界性的中国瓷器销售网络。葡萄牙人以澳门为中心，通过数条国际航线将中国瓷器转运至欧亚各地，中国瓷器对外贸易形成了以澳门为中心向全球扩散的国际贸易循环网，欧美各国兴起一股强劲的"中国风"，视中国瓷器为珍宝。欧洲各国东印度公司商船纷纷满载白银前来中国贩运瓷器以满足当地旺盛的社会需求，从而使得欧洲成为景德镇瓷器的最大海外市场。当时景德镇窑采用以市场为导向的灵活生产组织方式，出现了专门制作外销瓷的"洋器业"，紧盯国外市场消费时尚，与国外同行互动互鉴，仿制过欧洲、西亚青花陶、日本伊万里、德国迈森瓷、英国瓷，与国外同行竞争，以物美价廉的优势取得了巨大成功，垄断国际瓷器市场达三百年之久。

## 二

中国是世界上最早发明瓷器的国家，中国的制瓷工艺随着瓷器外销逐渐向世界各地传播。各国受中国外销瓷启发，在模仿、探索过程中逐渐形成了自己的制瓷业。世界各国仿制中国瓷器这股风潮随着中国瓷器外销路线的不断扩展而蔓延，先是近邻朝鲜、越南、泰国和日本，其次是伊朗、土耳其，最后扩展到欧洲大陆和英国，乃至美洲。正如清光绪江西巡抚柯逢时在《开办江西瓷器公司折》中所云："始由朝鲜学制，渐达于东西各洋，诧为瑰宝，经营仿造，乃克有成。较之华瓷，终有未逮。往者该镇工匠，曾赴东瀛，见其诣力求深，爽然若失。即外洋各国，亦以为弗如也"[1]。美国学者罗伯特也有相似的认识："一千多年之间，瓷

---

1  柯逢时：《开办江西瓷器公司折》，熊寥、熊微编著《中国陶瓷古籍集成》，上海文艺出版社，2006年。

器是全世界最受喜爱、歆羡、也是最被广泛模仿的产品。从公元7世纪瓷器发明问世以来，它始终居于文化交流的核心。在欧亚大陆，瓷器是一大物质媒介，跨越遥远的距离，促成艺术象征、主题、图案的同化与传布。瓷器所到之处，便影响当地已拥有的陶瓷传统，造成重大冲击，占有发号施令的高度。从日本、爪哇到埃及、英格兰，无一例外。有时甚至取而代之，完全改换当地原有的制陶传统，更因此深入当地原有的文化生活。"[1]中国近邻越南、泰国、日本的瓷业，在明代、清代海禁时期和全国性社会动荡期间借机兴起，填补中国瓷器出口量减少造成的市场短缺，但随着中国内陆的稳定、海禁的开放，景德镇瓷业生产恢复、出口正常后，这些国家的瓷业随之进入低谷，并退出国际市场。德国、英国后来居上，在模仿中国瓷器的同时，结合欧洲生活习惯和审美取向进行创新，取得了巨大成功，创造了自己的瓷器文化，产品逐渐挤占中国瓷器的世界市场，乃至返销中国。

13世纪以来，意大利、荷兰、法国、德国、瑞典、奥地利、英国、丹麦、葡萄牙、比利时等国纷纷建立陶瓷工厂，这些陶瓷工厂根据自己的理解，使用不同的材料来试制瓷器，在模仿中国陶瓷的基础上，烧造出了各具特色的产品，将世界陶瓷百花园装点得绚丽多姿。从16世纪起，他们就一心想烧制出真正的硬质瓷，尤其是16世纪后期，在巨大的经济利益驱使下，欧洲各国纷纷开始仿制中国瓷器，很多人宣称烧制出接近中国瓷器的产品，其实仍然是低温锡釉陶或软质瓷，不能与中国的高温硬质瓷相媲美，当然，模仿中国青花瓷风格的彩陶是17世纪欧洲最为普通的餐具。16至17世纪，欧洲各国生产的陶瓷器基本上都是软质瓷，与中国瓷器相比，还存在一定距离。

中欧瓷器贸易在引起欧洲社会日用品革新换代、启发欧洲瓷业发明的同时，也直接影响到当时欧洲制瓷业的发展。中国瓷器价廉物美："中国瓷器的特质是明洁而不透水，制作精致又相当便宜"，故长期享有盛名而不衰。中国瓷器的制作者为普通的欧洲家庭提供了大量的实用器具，瓷器的装饰主要是青花，如在1749~1750年贸易季里，英国船载运回国的中国瓷器仅是些"实用品种，彩瓷还不足十分之一"。如此大量实用瓷器的输入，必将使欧洲制瓷业的发展受到阻遏，他们只好转向生产名贵的装饰瓷器，注重质量而不是用途。如18世纪中叶在德国的迈森、法国的塞夫勒和英国的切尔西等著名瓷厂，主要生产名贵的装饰瓷器，产量非常有限，18世纪末全欧洲生产的瓷器总和还比不上从中国进口的瓷器数量[2]。英国的制瓷业值得一提的是1769年韦奇伍德瓷厂建立了第一条生产线，用机械化流水作业的批量生产方式来取代手工制瓷，大大提高了生产效率，至19世纪早期，英国各大瓷厂均能制造美丽的瓷器，在价格与质量上，都能与中国外销瓷竞争[3]，至此，英国东印度公司缩减乃至停止贩运中国瓷器。

1 （美）罗伯特·芬雷著，郑明萱译：《青花的故事》，台北：猫头鹰出版社，2011年，第21页。
2 李金明：《明清时期中国瓷器文化在欧洲的传播与影响》，《中国社会经济史研究》1999年第2期。
3 （英）柯玫瑰：《中国清代瓷器·序言》，上海书画出版社，2014年。

　　欧洲仿制中国瓷器，大致经历了4个阶段。第一个阶段为萌芽期，以15世纪初意大利马略卡锡釉陶为标志，器物胎质是陶，但装饰图案是中国式的，锡釉陶从意大利向欧洲各地传播，法国出现了法伊昂斯锡釉彩陶，荷兰出现了代尔夫特白釉蓝彩陶，英国产生了英式代尔夫特釉陶。第二阶段为起步期，以1574年前后意大利梅迪西瓷为标志，这类器皿胎质优于陶器，属于通常所说的软质瓷。第三个阶段为兴起期，以1709年德国迈森瓷器为标志，这是真正意义上的硬质瓷，起初他们纯粹仿制中国瓷器，后来逐步结合欧洲的文化和传统生产出有欧洲风格、不同形状、不同图案、不同颜色的产品，从此，瓷器生产风靡欧洲，瓷器制造业得到迅猛发展，许多城镇开始有规模地生产瓷器。这一时期，欧洲陶瓷制造商大多仿制景德镇瓷器，直接仿制从中国进口的瓷器，著名瓷厂的产品都依赖中国瓷器的样式，该阶段欧洲瓷器还不足以与先进的中国瓷器竞争。第四个阶段为成熟期，以1769年英国韦奇伍德瓷厂第一条生产线投产为标志，英国工业革命后，手工工场有了很大发展，瓷器工业成为18至19世纪中期欧洲最为重要的工业之一，并推动了欧洲工业革命。从此，欧洲瓷器生产从手工业时代步入大工业时代。在这一阶段，欧洲各国政府为了振兴本国陶瓷工业，纷纷采取贸易保护政策，逐年增加华瓷进口税，使得进口中国瓷器无利可图，欧洲国家东印度公司逐渐减少乃至停止华瓷进口；另一方面，在中国，经过两次鸦片战争，外国资本和商品倾销中国，通商口岸被封锁，尤其是太平天国运动期间，江西是主战场，景德镇地区被太平军控制多年，许多窑工加入太平军，太平天国失败后，景德镇元气大伤，人口由50多万人减少到不足15万，瓷业生产所受到的打击是不言而喻的。在这两方面因素的影响下，欧洲各国瓷器工业迅速崛起，逐步从中国瓷器进口地区转变为向中国及其他地区出口瓷器的产地。

　　明清时期中国瓷器大量出口，在拓展景德镇瓷器国际市场的同时，也大大刺激了景德镇瓷业生产的发展和技术革新，对制瓷业的发展起了巨大促进作用。但是，至18世纪末叶，由于中国瓷器经历了一百余年外销，国外市场上景德镇瓷器已达一定数量。且东亚、东南亚和欧美各国在景德镇先进制瓷技术的启迪下，纷纷成功仿制，逐渐发展起本国的制瓷工业，因而，对中国瓷器进口的数量随之减少。1801年，英国东印度公司最终停止进口中国瓷器。

# 三

　　1500年以后，中国瓷器批量运抵西方，揭开了欧洲人仿造中国瓷器的序幕。在长达两个多世纪里，他们纷纷放弃自己的各式锡釉陶，转而努力模仿中国瓷器。因为在实用与艺术方面具有诸多优势，景德镇瓷器成为中国设计元素传播海外的重要媒介，也成为外国艺术家发现和了解中国先进制瓷技术的重要渠道。神奇的瓷器让世界认知了中国，同时对西方制瓷业、社会风尚产生了巨大影响。

欧洲王公显贵对中国瓷器如痴如醉，为神秘的中国文化所吸引、所感染，毫不夸张地说，中国瓷器极大地影响了欧洲人的生活，人们为能拥有一件中国瓷器而倍感骄傲和荣幸，乃至18世纪在欧洲形成了一股强烈的中国风。欧洲的上流社会和知识阶层开始以极大的热忱关注东方，关注东方归来的每一艘贸易船。起初，几乎所有的东方珍奇都受到追捧，包括自然与人工制品，但随着输入量的增加，人们对东方物品的态度也从猎奇发展到欣赏，从看重其收藏价值演变为更注重其审美价值。这股热潮，17世纪中期兴起，18世纪中期达到高潮，其余韵延续到19世纪初，前后长达两个世纪。在欧洲历史上，从来没有一种外来文化能像中国风那样持续时间长、流行强度大、涉及范围广。当时处于变革中的欧洲人因中国瓷器和丝绸，产生了好奇心理、猎奇行为，力图通过各种途径了解东方神秘国度，并从狂热地追逐来自中国的商品发展到对中国风格、情趣的赞赏和模仿，即从中国时尚过渡到中国思潮。对中国物品的追求、对中国的赞美与向往、对中国文化的理想化描述，成为欧洲中国风的主要特征。18世纪是欧洲最倾慕中国的时代，从宫廷到山村，人们自觉或不自觉地成为中国风的赞助人、消费者和评价者。从建筑、室内装潢、家具、壁毯、纺织品到银制品，几乎无一例外。从法国、荷兰、德国、英国、意大利到俄罗斯、波兰，中国风波及欧洲主要国家。

欧洲人通过瓷器上的图案所产生的中国意象来模仿中国人的生活，使用中国瓷器，喝中国茶，穿中式服装，坐中国轿子，建造中式园林，装饰中国房间，乃至修建中国宫。最受上流社会欢迎的当然是精致、小巧的中国瓷器，既可以作为艺术品收藏，用来点缀豪华的官邸或住宅；又可以作为礼物相互馈赠，在取悦对方的同时，显示自己的身份和高雅情趣。对中国瓷器的追逐，代表首次步入世界舞台的西方向这个世上最古老帝国的文化展现的第一波最高敬意[1]。中国瓷器进入欧洲后相当长一段时间内只有王公显贵才有能力消费。从葡萄牙王到俄罗斯沙皇，欧洲各国君主纷纷爱上中国瓷器，瓷器成为各国王室相互仿效、彼此较劲的身价通货，中国瓷器以直接或间接的方式进入到几乎所有欧洲国家的王宫以及贵族的厅堂[2]。这股风气向下蔓延，及于贵族、乡绅乃至市民。17世纪末至18世纪初，中国瓷质餐具盛行，是当时富裕家庭餐桌上必备家饰，正如哲学家格芮姆所说："有一个时期，每家的桌上，都陈列着中国物品，我们许多器具的样式、许多东西，都以中国趣味为标准，没有了这些东西来装饰就感觉社会地位被降低了。"[3]当时欧洲人对中国瓷器的推崇，达到了神化和迷信的程度，瓷器竟然被某些人神化成具有检验所盛食物是否有毒的功能。中国瓷器被视为珍品，有些瓷器被陈设在金质、银质器座上，为人们珍爱、收藏，价比黄金，被称为"白色的金子"。

"中国热"在欧洲各国的表现不尽相同，时间上有早有晚，程度上有强有弱，表现形式也

---

1　（美）罗伯特·芬雷著，郑明萱译：《青花的故事》，第 364 页。
2　（美）罗伯特·芬雷著，郑明萱译：《青花的故事》，第 337 页。
3　阎宗临：《中西交通史》，广西师范大学出版社，2007 年，第 50 页。

# 前　言

　　人类进入以信息革命为先导的新时代，全球化正以迅猛之势席卷地球村。在一个因信息技术而紧密、方便的互联互通世界中，全球市场劳动力和产品都可以被世界共享，因此美国著名专栏作家托马斯·弗里德曼说地球是平的。其实，全球化肇始于500年前，以国家组织的跨洋贸易为特征，可以称之为贸易全球化，属于全球化1.0版。明代中国郑和下西洋和欧洲人的大航海，成功把各地彼此分隔的传统商路、分散的贸易网点连接为互通网络，世界各地的资源、产品随之加快流动、生产组织方式随之改变，世界历史随之步入早期全球化进程。欧洲人来到东方，发现中国能自给自足，市场上商品琳琅满目，欧洲的工业品几乎没有市场，要获得景德镇瓷器和丝绸，只能以黄金、白银作交换。于是他们把先进的工业产品、火枪运到西非换取奴隶，贩卖到美洲新大陆殖民地的矿山、种植园劳动，把玻利维亚、秘鲁银矿出产的白银运到东南亚和中国，购买香料和中国瓷器、丝绸运回欧洲，这样，形成了一个全球化贸易网络。这个网络的关键是东南亚的香料和中国的瓷器、丝绸、茶叶，因而，这条商路被称为海上丝绸之路、海上陶瓷之路、海上香料之路、白银之路、香瓷之路等等。20世纪60年代，日本古陶瓷学者三上次男先生站在东西方文化交流的角度提出陆上丝绸之路以外有一条并行的海上陶瓷之路；1990年，联合国教科文组织推进海上丝绸之路沿线国家综合考察，此后，海上丝绸之路的名称广为人知，并被广泛使用。丝绸、香料、茶叶这类有机产品，由于年深日久，所剩无几，只有美观耐用的瓷器，至今或仍陈列在世界各地的博物馆中，或收藏在富家大族中，或躺在海底沉船中，与景德镇窑址交相辉映，诉说着当年的辉煌。并且外销陶瓷准确来说是外销瓷器，因此，我认为还是称为瓷器之路更合适。

## 一

　　瓷器是中国古代先民的伟大发明创造，曾以其独特的烧造技术和精湛的美学设计风靡世界。中国瓷器外销始于唐宋，兴于明，极盛于清。在这漫长的历史中，大量中国瓷器翻山越岭、漂洋过海，远销五大洲，乃至形成了一条世界性的商品流通、人员往来、文化交流之路——瓷器之路，明清时期景德镇瓷器是这条商路的大宗商品，景德镇是这条商路的重要起点

# 目　录

006　前言
012　第一章　海上瓷器之路
014　第一节　郑和下西洋与新航路开辟
014　　　一、郑和七下西洋
022　　　二、新航路开辟
028　第二节　瓷器外销线路与港口
028　　　一、陆上丝绸之路
031　　　二、沿海外贸港口
046　　　三、海上瓷器之路
054　第二章　景德镇瓷器外销市场与品种
056　第一节　外销市场
056　　　一、东亚、东南亚与南亚
071　　　二、西亚、北非
080　　　三、欧洲
098　　　四、美洲
105　第二节　外销瓷品种
107　　　一、中国风格
110　　　二、融合式样
114　　　三、外国式样
130　第三章　景德镇青花风靡世界
132　第一节　亚洲各国竞相仿制
132　　　一、东亚、东南亚瓷业得风气之先
148　　　二、西亚、北非仿制青花瓷
154　第二节　西方瓷业后来居上
154　　　一、代尔夫特中国蓝
167　　　二、迈森开启欧洲瓷器时代
177　　　三、美洲制瓷业的产生
180　附录一　参考文献
186　附录二　彭明瀚论文、论著简目
190　后记

会经济的发展非常有利，他们需要大批中国货，仅依靠明朝政府控制下的"朝贡贸易"是远远不能满足的，因而中国沿海形成了一些海商集团，在高额利润的吸引下，犯禁下海，冒险从事海外贸易：福建商人"私造双桅大船，广带违禁军器，收买奇货"[1]，远航到海外，"与番舶夷商货贩方物"[2]。即使明政府严禁走私贸易，"重以充军处死之条，尚犹结党成风，造舡出海，私相贸易"[3]。浙江海商的船队，每天航行舟山群岛的达"一千二百九十余艘"[4]。广州附近游鱼洲的私商贸易更为发达，"广东隔海不五百里而近乡名游鱼洲，其民专驾多橹船只，接济番货，每番船一到，则通濠畔街，外省富商，搬瓷器、丝绵、私钱、火药等违禁物，满载而去，满载而还，追星赶月，习以为常，官兵无敢谁何。"[5]《皇明条法事类纂》卷二十《佞买番货》条详细记载了广州地方官查处走私瓷器的案件：

> 　　成化十五年正月二十六日，广东按察司奏准。本司巡视海道副使张诘关问得犯人方敏，招系江西饶州浮梁县人。成化十四年三月内……商同弟方祥、方洪各不依听，共凑银六百两，买得青白花碗碟盆盏等项磁器，共二千八百个，用舡装至广城河下，遇有熟识广东揭阳县民陈祐、陈荣，海阳县民吴孟，各带青白苎麻等布，亦在本处货卖。敏等访得南海外洋有私番舡一只出没，为因上司严禁，无人换货，各不合与陈祐、陈荣、吴孟谋允，雇到广东东莞县民梁大英，亦不合依听，将自造违式双桅橹舡一只，装载前项磁器并布货。于本年五月二十二日，开舡越过缘边官富等处巡检司，远出外洋。到于金门地方，遇见私番舡一只在彼，敏等将本舡磁器并布货兑换得胡椒二百一十二包、黄腊一包、乌木六条、沉香一扁箱、锡二十块过舡，番舡随即挂篷使出外洋，不知去向。敏等艚舡使回里海，致被东安千户所备倭百户郭庆等哨见，连人舡货物捉获，呈解巡海张副使处，蒙行广州府卫，委官眼见秤盘，得胡椒、乌未、黄腊、番锡、沉香，俱解送布政司官库收贮，舡只发回南海卫，改造战舡备倭，将敏等取问罪犯，议得方敏、方祥、方洪、陈祐、陈荣、吴梁、孟大英俱合依缘边关塞者律，杖九十，徒二年半。

　　这段记载表明，当时既有中国商人私自出洋贩运瓷器，也有外商来中国近海购买瓷器，即使在海禁时期，民间带有走私性质的陶瓷贸易依然活跃。当时私人海上贸易范围很大，海商的足迹遍布东西二洋，东起日本、中经菲律宾群岛和印度半岛，到阿拉伯半岛、非洲东海岸，都有中国海商出没。嘉靖时期朱纨被浙江福建官绅弹劾表明禁海与走私之间斗争的残酷性。嘉靖二十六年朱纨以右副都御史充任浙江巡抚并提督福建的福州、兴州、漳州、泉州、建宁五府的海防军务，厉行海禁，触犯了当地官绅的利益，群起攻击，朱纨感慨地说："去外国盗易，去中国盗难，去中国濒海之盗犹易，去中国衣冠之盗尤难。"最后遭弹劾自尽。隆庆初年，明政府采纳右金都御史涂泽民的建议，"许贩东西诸番"，取消海禁。海禁开放后，促进了海上贸易的发展，"自穆庙时除贩夷之律，于是五方之贾，熙熙水国刿

---

1　王忬：《条处海防事宜仰祈速赐施行疏》，《明经世文编》卷二八三，中华书局影印本，1962年。
2　张时彻：《招宝山重建宁波府知府凤峰沈公祠碑》，《明经世文编》卷二四三。
3　冯璋：《通番舶议》，《明经世文编》卷二八〇。
4　朱纨：《双屿港工完事》，《明经世文编》卷二〇五。
5　霍与瑕：《上潘大巡广州事宜》，《明经世文编》卷三六八。

艅艎，分市东西路，其捆载珍奇，故异物不足述，而所贸金钱，岁无虑数十万，公私并赖，其殆天子之南库也。"[1] 繁荣的海外贸易，推动了包括景德镇制瓷业在内的中国手工业飞速发展。

## 二、新航路开辟

13 世纪末，在中国游历了十几年的威尼斯人马可·波罗回到欧洲，他从中国带回一些瓷器。马可·波罗对中国瓷器的生动描述使欧洲人了解到中国是瓷器的故乡，最美丽的瓷器出自中国，对美丽的东方事物充满了向往[2]。自中古时代以来，在欧洲人心目中，中国是一个神秘和富于宝藏的国度，一个鲜花盛开的国度，一个田园牧歌的所在，一个奢华逸乐的欢乐场，出尘脱俗，而生命就在这个没有宗教信仰、弥漫着永恒、寻欢作乐气氛的天堂中流逝。人们被美丽的中国瓷器所折服，被穿着漂亮丝绸服装的中国贵族所吸引，被东方那奢华逸乐的生活所激动，激励着一批批勇士去海上探险。

在新航路开辟之前，欧洲和东方之间有奥斯曼帝国、伊朗萨法维王朝和印度莫卧儿王朝 3 个强大的伊斯兰国家，阻隔了两地的陆上交通。中国瓷器销往欧洲的贸易被阿拉伯商人垄断，欧洲只能以转口贸易方式从西亚和埃及市场零星获得中国瓷器。1500 年之前，欧洲很少有人能见到中国瓷器，视中国瓷器为珍宝，法国戏剧作家路易·塞巴斯蒂安·梅尔西埃曾写道："中国瓷器之豪华，该是多么悲惨的豪华啊！猫用一只爪造成的价值损失，比 20 阿邦土地遭灾的损失更大。"[3] 有些瓷器被陈设在金质、银质器座上，为人们珍爱、收藏，价比黄金，被称为"白色的金子"。

15 世纪初葡萄牙人开始沿非洲西海岸向南航行，寻找通往富庶而又神秘的东方的航道。1497 年 7 月 8 日，葡萄牙人达·伽马率领船队从里斯本出发，沿非洲西海岸南行，1498 年绕过非洲南端好望角，到达印度卡里库特港（明代称为古里），并在返航时带回了大量东方货物，它们在欧洲出售后获得的利润，据说超过其航行费用的 60 倍[4]，这批货物中就包括达·伽马在加尔各答购买的瓷器，还有当地苏丹赠给他的 6 盆瓷器和 6 个瓷瓶，回国后，达·伽马送给了唐·曼努埃尔国王 1 只瓷罐、6 只瓷碗、6 只瓷盘，立即引起了里斯本宫廷的兴趣[5]。因此有学者认为，欧洲人真正使用中国瓷器是从达·伽马的船队返回里斯本开始的[6]。中国瓷器是葡萄牙东方贸易的重要商品，葡萄牙人称这条商路为瓷器之路或香料之路、丝绸之路。从世界范围看，中国贸易只是欧洲整个东方贸易体系中的一部分，但却是当时最为重要的一环。葡萄牙人控制的中国贸易，包括从澳门经印度果阿到达欧洲的航线，也包括从澳门到日本、东南亚，以及从澳门经菲律宾马尼拉到达西属墨西哥的其他航线，从此，澳门成了中国通往世界各国的海运中心[7]。

根据 1497 年西葡《托尔锡拉条约》和 1529 年的《萨拉戈萨条约》，葡萄牙对东方航线享有垄断权，从在澳门建立贸易据点到 17 世纪前期，葡萄牙人垄断对东方的贸易，欧洲人来华，必须获得葡萄牙国

1　张燮：《东西洋考·周起元序》，中华书局，1981 年。
2　孙锦泉：《华瓷运销欧洲的途径、方式及其特征》，《四川大学学报》（哲学社会科学版）1997 年第 2 期。
3　（法）伯德莱著，耿升译：《清宫洋画家》，山东画报出版社，2002 年，第 132 页。
4　林琳：《17~18 世纪荷兰东印度公司瓷器贸易研究》，浙江师范大学硕士学位论文，2007 年，第 3 页。
5　翁舒韵：《明清广东瓷器外销研究（1511–1842）》，暨南大学硕士学位论文，2002 年。
6　严建强：《十八世纪中国文化在西欧的传播及其反应》，中国美术学院出版社，2002 年版，第 52 页。
7　陈炎：《澳门港在近代海上丝绸之路中的特殊地位和影响》，《海上丝绸之路与中外文化交流》，第 179~204 页。

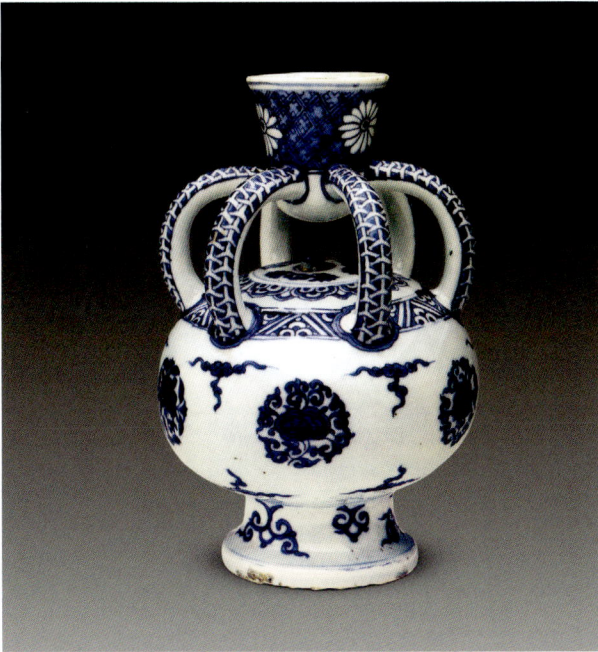

**明中期景德镇窑青花花卉纹球腹瓶**
为外销伊斯兰市场专门设计烧制。土耳其托普卡普皇宫博物馆藏

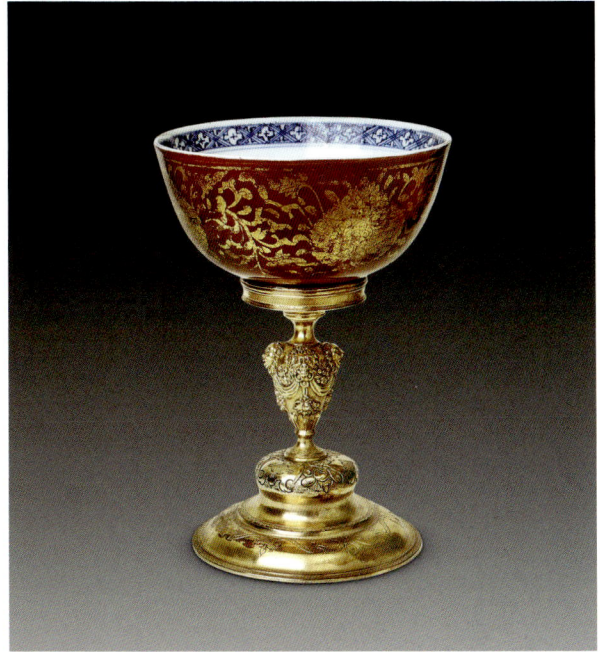

**曼德殊碗**
里青花外矾红地金彩花卉纹，配德国镀金银座。座上刻有铭文，记述了德国伊伯哈·曼德殊伯爵于 1583 年在土耳其购得，给它们配了底座后作为礼物送给他的哥哥赫曼·曼德殊伯爵。这是典型的明嘉靖外销瓷，日本人称之为金襕手，土耳其是其另一重要市场，伊斯坦布尔托普卡普皇宫博物馆便收藏了类似的碗 30 多只。中国瓷器通过中东转口到欧洲，这只碗是很好的例证。英国维多利亚与阿尔伯特博物馆藏

**南非好望角的迪亚士纪念碑**
迪亚士于 1487 年到达南非莫塞尔湾，成为第一个绕过好望角的欧洲航海家。达·伽马正是沿着他发现的航线到达印度

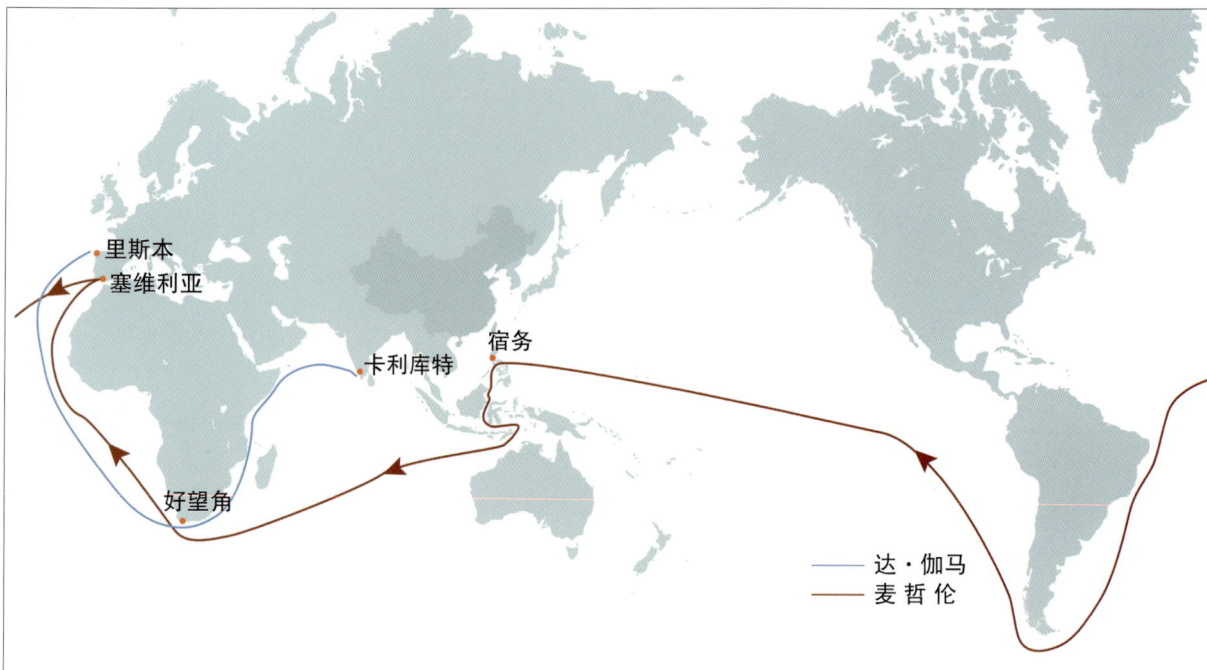

达·伽马、麦哲伦航海示意图

王批准，搭乘葡萄牙商船从里斯本起航，里斯本成为欧洲最大的商业中心，通过里斯本，中国瓷器及其他商品源源不断地流向欧洲各地。

1492年，哥伦布在西班牙王室支持下从西班牙凰洛斯港出发，横跨大西洋，发现美洲新大陆。经过一段时间探索，人们绘制了大西洋航线。从西欧西海岸各港口出发，抵达加那利群岛后，借助东北季风穿过大西洋到达加勒比海。返回欧洲，可以借助墨西哥湾洋流，从佛罗里达海面经由百慕大群岛前往亚速尔群岛之后北上，乘着偏西风带洋流到达欧洲。

1522年，麦哲伦在西班牙政府支持下完成环球航行，1565年西班牙远征军占领菲律宾宿务岛，在菲律宾建立第一个西班牙殖民据点，同年，乌达内塔率领船队从菲律宾宿务岛圣米格尔港出发，借助热带洋流北上抵达季风海域，然后借助偏西风带洋流跨过太平洋，抵达加利福尼亚湾后沿海岸线南行，顺利到达墨西哥阿卡普尔科港，开辟了从菲律宾经太平洋到达阿卡普尔科港的太平洋航线。通过中美洲狭长地带陆路通达面向加勒比海的韦拉克鲁斯港，然后经古巴哈瓦那港，顺着墨西哥洋流横跨大西洋抵达亚速尔群岛，顺着偏西风带洋流到达西班牙塞维利亚港的大西洋航线在此前已经探明。就这样，太平洋与大西洋海上航线被连在一起。太平洋航线一般从马尼拉加米地港起航，经圣贝纳迪诺海峡进入太平洋，乘6月中旬的西南季风，北航至北纬37~39度洋面，借西北风横渡太平洋，航行至关岛，再乘西北风航至北纬40~42度洋面，折向南方，利用日本与美洲间由西向东的"黑潮"洋流，航行到美洲西海岸墨西哥阿卡普尔科港，或继续往南到达秘鲁利马港。1571年西班牙占领马尼拉，确立了在菲律宾贸易的垄断地位，从此垄断太平洋航线250年之久。太平洋航线上风大浪急，西班牙人制造了重达2000吨的盖伦大帆船，或称马尼拉大帆船，一般2~3艘一组横穿太平洋，顺风的情况下全程耗时约4个月。

新航路开辟以后，欧洲各国东印度公司贩运中国瓷器，不同时期各有相对稳定的发货地、中转地

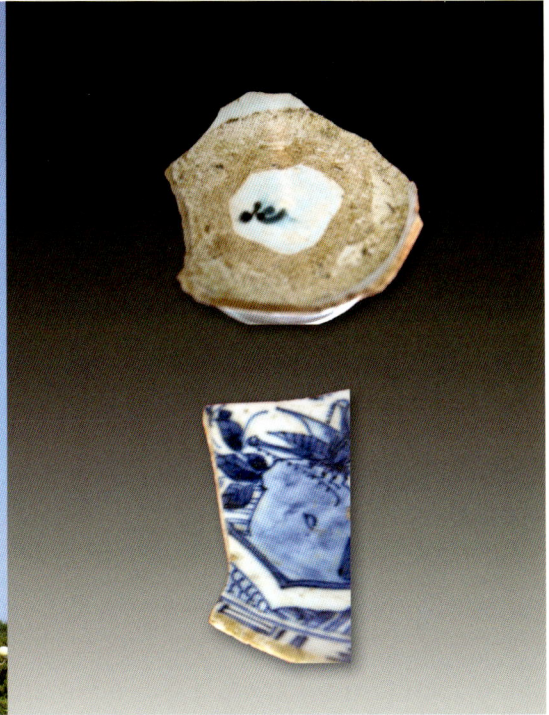

台湾淡水荷兰东印度公司构筑的城堡与城堡内出土明代景德镇窑青花瓷片

**温彻家族墨彩描金纹章盘**

这件盘是亚历山大·温彻订制的，他 1773 ~ 1776 年任英属印度马德拉斯总督，是他在总督任期内订制的。购自欧洲市场，南昌大学博物馆藏

**瓦尔克·尼尔家族墨彩描金纹章盘**

瓦尔克·尼尔家族 1630 年开始使用这个纹章，共有近 4000 件纹章瓷传世。这件盘是阿德里安·瓦尔克·尼尔订制的，他 1737 ~ 1741 年任荷兰驻巴达维亚总督，是他在总督任期内订制的。购自欧洲市场，南昌大学博物馆藏

**清前期景德镇窑青花花卉纹盘**
波兰大帝兼萨克森选帝侯奥古斯都（1670~1733）曾经存放在德累斯顿的瓷器。西方古董公司藏。引自《瑞典藏中国陶瓷》

**清前期景德镇窑青花龙纹将军罐**
德国德累斯顿国家艺术收藏馆藏

**清前期中国青花瓷**
此类中国风瓷器 18 世纪风行欧洲，对当时的文化艺术产生了巨大影响。图为美国赛克勒艺术馆《中国设计风》展厅一角

以及往返航线。贩运的方式主要有直接贩运和间接贩运两种。直接贩运即在中国的澳门、台湾、广州、厦门等港口装船，运往其在东南亚的基地再运回欧洲，或运往东南亚各地销售，澳门和台湾在相当长的时间里分别成为葡萄牙和荷兰人直接与中国进行贸易的基地。间接贩运即由中国船或其他从事亚洲区间贸易的船只将中国瓷器运至马尼拉、巴达维亚、巨港、万丹等南中国海以外的亚洲主要集散地，西班牙利用马尼拉殖民地东运西属美洲，或经由那里转运欧洲；葡、荷、英、法等国则利用果阿、巴达维亚、马德拉斯等其他集散地装运回欧洲。

　　1500 年以后，中国瓷器批量运抵西方，欧洲各国纷纷放弃自己的各式锡釉陶，转而努力模仿中国人的时尚。中国瓷器进入欧洲后相当长一段时间内只有王公显贵才有能力消费。从葡萄牙王到俄罗斯沙皇，欧洲各国君主纷纷爱上中国瓷器，瓷器成为各国王室相互仿效、彼此较劲的身价通货，中国瓷器以直接或间接的方式进入到几乎所有欧洲国家的王宫以及贵族的厅堂[1]。最为人津津乐道的故事是，1717 年，酷爱中国瓷器的萨克森选帝侯奥古斯都二世，为了得到当时收藏在柏林夏洛滕堡宫和奥拉宁宫中的 151 件、值 27000 塔里尔的中国康熙时期青花龙纹将军罐，因国库空虚，竟然用 600 名全副武装的萨克森近卫骑兵与普鲁士国王腓特烈·威廉一世交换，因此这批身价百倍的瓷器被称为近卫花瓶或龙骑兵花瓶，这批瓷器中的绝大部分至今仍收藏在德国德累斯顿的茨温格宫中。这股风气向下蔓延，及于贵族、乡绅乃至市民。17 世纪末 18 世纪初，中国瓷质餐具盛行，正如哲学家格芮姆所说："有一个时期，每家的桌上，都陈列着中国物品，我们许多器具的样式、许多东西，都是以中国趣味为标准，没有了这些东西来装饰就感觉社会地位被降低了。"[2] 当时欧洲人对中国瓷器的推崇，达到了神化和迷信的程度，传说在人们死后，如果用瓷器陪葬在死者左手的手指附近，就能唤起死者的灵魂，附着在死者的身体上。因此，在西班牙，国王和王后举行葬礼时，都要用最美丽的中国瓷器以及金首饰陪葬[3]。

1　（美）罗伯特·芬雷著，郑明萱译：《青花的故事》，第 337 页。
2　阎宗临：《中西交通史》，第 50 页。
3　朱培初：《明清陶瓷和世界文化的交流》，轻工业出版社，1984 年，第 45 页。

# 第二节　瓷器外销线路与港口

## 一、陆上丝绸之路

　　西汉时期，张骞通西域，沟通了中国与中亚地区的陆上交通，我国古代对外经济文化交流活动长期经由这条道路。丝绸之路于1877由德国探险家和地理学家巴龙·费迪南·冯·李希霍芬命名，他在名著《中国》一书中首次提出Seidenstrassen，他对丝绸之路的经典定义是：从公元前114年到公元127年，连接中国与河中（中亚阿姆河与锡尔河之间）以及中国与印度，以丝绸贸易为媒介的西域交通路线。这个名称很快得到东西方众多学者的赞同。1910年，德国赫尔曼在《中国和叙利亚之间的丝绸古道》一书中提出，我们把这个名称的涵义延伸到通往遥远西方的叙利亚的道路上。这样就把丝绸之路放在中国与地中海文明之间交往的基点上，丝绸之路便是古代中国经中亚通往南亚、西亚连接北非和欧洲，以丝绸贸易为主要媒介的贸易、文化交往之路。这是一个富有诗意的名字，容易使人们联想到永不停息的驼队驮着五颜六色的丝绸缓慢地穿越雪山环绕的沙漠、穿过绿洲城镇的画面。

　　汉代以来的丝绸之路并不是一成不变的一条道路，由于地理环境的变化和民族、政治、宗教形势的演变，各个时代的民族对于道路也有不同的选择，并且不断开辟新的道路。两汉时期，丝绸之路从西安出发，向西经陇西或固原过兰州后出嘉峪关，经河西走廊到达敦煌，出玉门关或阳关，分南北二条路线，北线沿着天山南麓、塔克拉马干沙漠北缘经绿洲城市哈密、吐鲁番、库尔勒、库车和阿克苏到达喀什；南线经绿洲城市若羌、且末、尼雅、和田和莎车到达喀什。从喀什出发，经过帕米尔高原北部到达撒马尔罕和布哈拉，或者从帕米尔高原南部到达巴尔赫、马里。以马里为起点，又有多条路线，即经巴格达到大马士革或安提阿或伊斯坦布尔通向地中海，还可到达黑海沿岸的特拉布松市。在绿洲城市和地中海城市之间，丝绸之路在草原沙漠的边缘延伸，跨越极其险恶的地域，塔克拉马干沙漠、罗布泊和戈壁滩被大山环绕，北面是库鲁克塔格山和冰雪覆盖的天山，南面是阿尔金山和昆仑山，

汉长城遗址玉门关段

陆上丝绸之路干线示意图

西面是帕米尔高原、兴都库什山和喀喇昆仑山，这些大山是丝绸之路上的天然屏障。

在两汉时期，这条通往西方的商路异常活跃，促进了东西方之间的经济文化交流。南北朝时期，南朝国家开辟了沿长江进入四川，经青海湖的青海道。唐朝大统一后，政治稳定，国力强盛，社会经济高度发达。与此同时，西方也出现了东罗马帝国，尤其是大食灭波斯后的阿拉伯帝国，在倭马亚王朝时期，是据有地跨亚、欧、非三大洲的强大帝国。他们都十分重视对外陆上交通的开拓，尤其想加强与东方强大的唐帝国在政治、经济、文化各方面的联系。丝绸之路把位居东西方的两个强大帝国联系起来，将陆上丝绸之路推向全盛。然而好景不长，751年，唐朝军队与大食在怛罗斯交战失利，唐朝在西域的威信急剧下降，不久，国内又爆发安史之乱，吐蕃乘机北上，侵占河西陇右地区，回鹘南下，控制阿尔泰山一带，唐朝从此失去对西域的有效管理，陆上丝绸之路再度中断。两宋时期，西部被西夏、契丹等政权控制，陆上丝绸之路因此道路梗绝，往来不通。

在成吉思汗及其子孙的带领下，蒙古人横扫欧亚大陆，吞并40多个国家，征服720多个民族，在征服的疆域内建立了元政权和窝阔台汗国、察合台汗国、钦察汗国、伊儿汗国四大汗国，全盛时期控制面积超过3500万平方公里，从朝鲜到巴尔干，从西伯利亚到印度平原，建立了有史以来幅员最辽阔的庞大帝国，把整条丝绸之路纳入帝国的控制范围内。蒙古人以游牧的军队和开放的意识打破了距离和国界、封闭的城墙和堡垒，强调交通开放、商业自由、知识共享，在帝国的驿道上每3~50公里不等的地方修建了驿站，有足够的向导驻扎在那里，令丝绸之路得以畅通无阻，全世界的商人不受阻碍地来往于北京、撒马尔罕、巴格达、克里米亚、威尼斯、巴黎、朝鲜之间，蒙古草原的骏马、毛皮、中国的瓷器、丝绸和火药、波斯的宝石与地毯在广阔的地域流通，有力地促进了欧亚大陆的经济发展。

在元代，自大都西行经今河北宣化，抵大同，向西过宁夏银川，到甘肃张掖；向南过山西太原、临汾达陕西西安；自和宁西行或西南行分别到哈密、霍城。以上诸路与丝绸之路衔接，总汇于喀什，西行至撒马尔罕、塔什干、江布尔以及巴里黑（今阿富汗瓦齐拉巴德），再沿锡尔河、阿姆河向西北到钦察汗国都城金萨莱（今阿斯特拉罕）。从撒马尔罕、齐齐拉巴德南行达波斯故都亦思法杭（今伊朗伊斯法罕）、阿拉伯故都八吉打（今伊拉克的巴格达）和叙利亚大马士革，东行到阿富汗喀布尔、巴基斯坦的白沙瓦和印度德里。由亦思法杭西北行经哈马丹、苏丹尼耶、大不里士,北去君士坦丁堡、若法(今土耳其的乌尔法),埃及的亚历山大,沙特阿拉伯的麦加[1]。裴哥罗提于 1335~1343 年所写的《各国法》一书中提到从顿河河口的港口塔纳出发经过中亚大草原有一条商路通往中国。这条路线根据走过的商人报告,无论白天或黑夜都十分安全……你可能认为从塔纳到萨莱这段路不如其他路段那样安全,可是即使在这段路上,如果你们一行大约有 60 人同伴的话,你就可以好像在自己家里一样安全。从热那亚或威尼斯想去契丹的人,都应该携带亚麻织品,如果他到乌尔根奇,他可以很好地卖掉它们。在乌尔根奇,他应该买进银制的索姆尼,然后带着它继续赶路……商人们无论带什么银器到契丹,契丹主都要取走收入他的国库,换给他们纸币……你可以用这种纸币随便选购丝绸或你想买的其他商品,该国所有的人都必须接受这种纸币[2]。

明代通往中亚的丝绸之路基本中断,但由陆路运载瓷器销往国外也时有发生,明代笔记小说《万历野获编》中有生动记述:"余于京师,见北馆伴口夫装车,其高至三丈余,皆鞑靼、女真诸部及天方诸国贡夷旧装所载,他物不论,即以瓷器一项,多至数十车。余初怪其轻脆,何以陆行万里?即细叩之,则初买时,每一器内纳沙土及豆麦少许,叠数十个,辄牢缚成一片,置之湿地,频洒以水。久之,则豆麦生芽,缠绕胶固,试投之牢确之地,不损破者,始以登车,临装驾时,又从车上掷下数番,其坚韧如故者,始载以往,其价比常加十倍。"[3] 上述记载为我们提供了中国瓷器陆运外销的资料,也为我们解决和回答了古代瓷器何以能陆行万里远销他国的疑问。1404 年,英国驻撒马尔罕领事克拉维约看到一支 800 匹骆驼的商队从中国到达撒马尔罕,带来丝绸、宝石、麝香、大黄,还有从住在西伯利亚东部的部落来的使者带来了猎鹰、黑貂和貂皮献给帖木儿,以及俄罗斯商人带来的亚麻织品和毛皮,表明撒马尔罕在帖木儿时期是四通八达的道路网络中心。从北京到撒马尔罕要走 6 个多月,其中 2 个月经过空旷的草原。这条商路与另一条通往西方的商路相连,即德意志汉萨同盟通过诺夫哥罗德而

**明代中期景德镇窑青花花卉纹执壶**
器型和装饰题材都是中国本土常见样式,到达西亚后,当地人按照自己的理解配上银质底座和器盖。土耳其托普卡普皇宫博物馆藏

---

1　中国硅酸盐学会编:《中国陶瓷史》,文物出版社,1985 年。
2　(英)赫德逊著,李申等译:《欧洲与中国》,台湾书局,2010 年版,第 115 页。
3　万德符:《万历野获编》卷三十 "夷人市瓷器",中华书局,1959 年。

清代从北京出发去莫斯科的驼队照片
引自《晚清碎影》

活动的路线[1]。同一时期、中外文人对丝绸之路的记述大体相近、折射出昔日丝绸之路的繁荣景象。

## 二、沿海外贸港口

明清时期、中国对外贸易的港口几经变化、在明朝初期、实行海禁政策、严禁中国百姓从事海外贸易，当时唯一合法的方式是"朝贡贸易"，也就是外国与明政府在规定时间、规定地点进行的官方贸易，外国商船载贡品、土特产来华，明政府收取贡品等物后、以赏赐方式回赐外国所需中国货物。各国贡期有一年、三年、五年、十年不等，如高丽一年一贡，爪哇、暹罗、安南、占城三年一贡，日本十年一贡，满剌加和古里不定期。西域诸国须走西域贡道，西洋诸国则走南海贡道。贡舶须持明政府颁发的"勘合"[2]，明政府的对策是在沿海对外贸易发达的地区设立三个市舶司，负责海外各国与明政府之间以勘合贸易为特征的朝贡贸易。据《明史·食货志》："海外诸国入贡，许附载方物与中国贸易，因设市舶司，置提举官以领之。所以通夷情，抑奸商，俾法禁有所施，因以消其衅隙也。洪武初，设于太仓黄渡，寻罢。复设于宁波、泉州、广东。宁波通日本，泉州通琉球，广州通占城、暹罗、西洋诸国"。"（永乐）三年，以诸番贡使益多，乃置驿于福建、浙江、广东三市舶司以馆之。福建曰来远，浙江曰安远，广东曰怀远。"到正德四年（1509），非朝贡国家也被允许进入广州进行贸易。嘉靖元年（1522），宁波发生争贡之役，明政府撤销了浙江、福建二市舶司，独存广东市舶司一口对外贸易，从此形成了

---

1　（英）赫德逊著，李申等译：《欧洲与中国》，第124页。
2　《明史》卷七五"职官（四）·市舶提举司"条规定市舶司的职能为："掌海外诸蕃朝贡市易之事，辨其使人表文甚勘合之真伪，禁通番，征私货，平交易，闲其出入，而慎馆榖之。"

**清代外销画中的广州黄埔锚地**

广东在对外贸易上一枝独秀的局面。万历年间，受明政府委托，广东三十六行代替市舶司，主持对外贸易事务，从此开始了广东官商垄断中国对外贸易的历史[1]。隆庆以后，海禁松弛，对外贸易迅速繁荣，"广东几垄断西南海之航线，西洋海舶常泊广州。"[2]

清顺治七年（1651），清政府控制广州。由于政局不稳，尤其是郑氏集团控制了厦门、金门和台湾，以此作为反清复明的基地，清政府采取了严厉的禁海与迁海政策，官方对外贸易几乎陷入停滞。清代前期，国外对中国瓷器的需求仍然十分巨大，占领台湾的郑氏集团和控制广东的平南王分别乘机控制了闽、粤沿海的贸易，以"走私"的方式与洋人通商，平南王垄断对日贸易，每年出洋的商船在1000艘以上。据《荷兰东印度公司与瓷器》一书的记载，当时和巴达维亚、马六甲、柔佛等地的走私贸易船只很多，所载瓷器的数量也很大。康熙二十三年（1684），清政府解除海禁，并于翌年设立江、浙、闽、粤四海关，负责对外贸易事务，欧洲商人纷纷涌向广州。乾隆二十二年（1757），清政府规定外国商人只能在广州一口通商，这一局面一直持续到1842年鸦片战争结束，清政府被迫开放五口通商。当时规定外商船只能停靠黄埔港，不得进入广州城，在黄埔港与十三行之间，有中国驳船往来接送人员与货物。

明清时期景德镇瓷器外销的港口主要有浙江宁波、福建漳州和广东广州等沿海港口，从景德镇到达上述三省沿海港口的便捷路线大致有三条。

### 以漳州为代表的福建沿海港口

从景德镇出发，经昌江，进入鄱阳湖，再溯信江而上，经陆路进入闽江，顺江而下出闽江口入东海，著名的港口有福州、厦门、漳州、泉州等。宣德以后，明朝官方从海洋退缩，沿海民间的出海走私贸

---

1　在明清时期，外国人与中国政府的官方商贸活动全部由洋行代办。洋行是由政府特许的商人所设立的类似行会性质的组织，实质上是一个垄断性的商业组织，分别从事东南亚贸易、欧洲贸易和美洲贸易，一切外国进口货物，均由其承销，内地出口货物，也由其代购，并负责规定进出口货物的价格，实际上是总代理商角色。另一方面，外国商人来华贸易，并不直接向粤海关纳税，而是一律由洋行代收代纳，若有漏税欠税，则由洋行负责赔偿。

2　谢清高著，冯承钧注：《海录》卷上，中华书局，1995年。

**明代晚期景德镇窑青花瑞兽纹碗**
菲律宾利纳浅滩明代沉船出水。是当时走私贸易的物证。引自《江西元明青花瓷》

易在海禁的夹缝中悄然兴起。特别是在明朝指定的琉球通贡港口泉州附近的九龙江口海湾地区，有许多偏僻的港汊，当地的濒海居民利用处于通琉球航道的自然环境优势与不漳不泉、官府鞭长莫及的社会环境优势，从事私贩贸易。如宣德五年(1430)八月，漳州巡海指挥杨全"受县人贿赂，纵往琉球贩鬻"[1]。宣德九年（1434）二月，"漳州卫指挥覃庸等私通番国"[2]。明代中叶以后私商海外贸易屡禁不止，月港兴起，成为明代中晚期福建最重要的港口：

> 漳民私造双桅大船，擅用军器火药，违禁商贩因而冠劫[3]。
> 漳州月港家造过洋大船，往来暹罗、佛郎机诸国，通易货物[4]。
> 正德十二年（1517），（广东）有司自是将安南、满剌加诸番舶尽行阻绝，皆往漳州府海面地方私自驻扎，于是利归于闽，而广之市萧然矣[5]。
> 僻在海隅，遥通夷岛，生聚蕃盛，万有余家，以下海为生涯，以通番为常事……寝成化外之风。其俗强狠而野，故居则尚斗，出则喜劫，如佛朗机、日本诸夷，阮其宝、李大用诸贼首，苟可以利用，则窝于其家而纵之妻女不耻焉[6]。
> 今广东市舶，公家尚收其羡以助饷，若闽中海禁日严，贡滨海势豪，全以通番致素封[7]。

隆庆元年（1567）准许月港开禁，获得合法地位的月港海外贸易更加繁盛，至万历十七年（1589），

---

1 《明宣宗实录》卷六九 "宣德五年八月癸己"。
2 《明宣宗实录》卷一〇九 "宣德九年二月辛卯"。
3 《明世宗嘉靖实录》卷一五四 "嘉靖十二年九月"。
4 顾炎武：《天下郡国利病书》卷九六，上海古籍出版社，2012 年。
5 顾炎武：《天下郡国利病书》卷一百二十。
6 朱纨：《甓余杂集》卷三 "增设县治以安地方事"，转引自杨国桢《十六世纪东南中国与东亚贸易网络》，《江海学刊》2002 年第 4 期。
7 沈德符：《万历野获编》卷十二 "户部"。

江西铅山县河口镇清代福建会馆

经过官方批准发放通行证的出海商船多达 110 艘，万历四十一年（1613）增加到 200 艘。张燮根据月港舟师航海笔记整理而成的《东西洋考》，所录月港海外贸易达西、南洋海域的交趾、占城、暹罗、下港、柬埔寨、大泥、旧港、麻六甲、哑齐、彭亨、柔佛、丁机宜、思吉港、文郎马神、迟闷，东洋的吕宋、苏禄、猫里务、沙瑶、呐哔、美洛居、文莱及日本。16 世纪漳州火长使用的、首页题为"顺风相送"的针路抄本，记录自月港门户浯屿、太武出发的往西洋针路 7 条：即浯屿—柬埔寨；浯屿—大泥（今马来西亚）、吉兰丹（今马来西亚）；太武—彭坊（今马来西亚彭亨州北干）；浯屿—杜板（今印度尼西亚东爪哇厨闽）；浯屿—杜蛮（即杜板）、饶潼（地与杜板相连）；太武、浯屿—诸葛担篮（今印度尼西亚加里曼丹岛苏加丹那）；太武、浯屿—茗维。往东洋针路 3 条：即太武—吕宋（今菲律宾马尼拉）；浯屿—麻里吕（今菲律宾马尼拉北部）；太武—琉球（今日本冲绳县那霸）。另有自福州五虎门出发经太武、浯屿往西洋针路 2 条：即五虎门—太武山、浯屿—交趾鸡唱门（今越南海防市南海口）；五虎门—太武山—暹罗港（今泰国曼谷港）[1]。月港与广州不同，是一个纯粹的出口港，只准中国商船出海贸易，不准外国人入港互市，海船主要驶向马尼拉与西班牙人贸易。荷兰人东来后，出于商业竞争的目的，千方百计阻止中国商船前往马尼拉，1622 年荷兰东印度公司派 8 艘军舰来到月港，切断月港与非荷兰人的贸易活动：

  （十月）十八日，我们八艘船，三艘大船和五艘单桅帆船奉命开往漳州河和中国沿海一带，看看通过我们的敌对行动和使用武力，是否能使他们来同我们通商……就停泊在一个小

---

1 （荷）威·伊·邦达库著，姚楠译：《东印度航海记》，中华书局，1982 年，第 79~83 页。

湾里，用我们的单桅帆船纵火焚烧，被烧的大小中国帆船多至六七十艘。

（十一月二十五日）我们的人就在村庄前面焚烧四艘中国帆船[1]。

同时荷兰东印度公司派军舰在海上拦截中国帆船："我们在中途遇到一艘中国帆船，满载价值成千上万的东西，开往马尼拉群岛去。我们把它夺取过来。"[2]

明末清初郑氏集团统治厦门、金门和台湾期间，控制了中国与日本及东南亚一些国家的贸易，推进了厦门港口的发展。据《荷兰东印度公司与瓷器》一书统计，由我国商船从厦门载运到台湾或巴达维亚，然后再经荷兰东印度公司转运到世界各地的瓷器数量巨大。如 1636 年 9 月 30 日，从台湾运到巴达维亚的商品备忘录中有瓷器 212144 件；从台湾和澎湖运到巴达维亚的商品备忘录中有瓷器 90356 件；1637 年 1 月 20 日，有 8 艘从厦门到达，载有 9000~10000 捆粗瓷器；1 月 21 日，有 1 艘船从厦门到达，载有 700~800 桶粗瓷器；3 月 10 日，有 8 艘船来自厦门，载有 600 筐和 200 捆细瓷；3 月 23 日，有 3 艘船来自厦门，载有 800 桶粗瓷器和 13 捆细瓷；4 月 21 日，有 360 筐和 25 桶细瓷到达；5 月 15 日从厦门运到 130 筐细瓷。1936 年 2 月 12 日，从台湾运到暹罗瓷器 41240 件。1641 年 6 月 26 日，郑芝龙派到日本的 2 艘商船载有 197 个茶壶，1400 个瓷杯和 1000 件其他瓷器[3]。1657 年 2 月 18 日，从厦门运到巴达维亚 35 桶细瓷器[4]。郑氏集团及其他商队从福建沿海"走私"的瓷器数量由于没有系统记载，无法估算。虽然其中有相当一部分是福建沿海窑厂的产品，但其中必定包括景德镇窑的产品，尤其是细瓷器，一般是指景德镇瓷器。

康熙二十三年开放海禁后，清政府在漳州设闽海关，月港衰落。雍正六年（1728）闽海关由漳州移至厦门，厦门成为清代前期合法的通商四口之一，"贩洋贸易船只无分大小，络绎而发，只数繁多"；

**福建长乐港**
中国海船出海港

1 （荷）威·伊·邦达库著，姚楠译：《东印度航海记》，第 94 页。
2 陈娟英：《试论 17 世纪郑氏海上贸易对闽台社会经济的影响》，《南方文物》2005 年第 3 期。
3 郑东、石钦：《厦门港——闽南古陶瓷外销的重要锚地》，《南方文物》2005 年第 3 期。
4 施琅：《靖海纪事》卷下"海疆底定疏"，福建人民出版社，1983 年。

福建老牛礁一号明代沉船出水瓷器

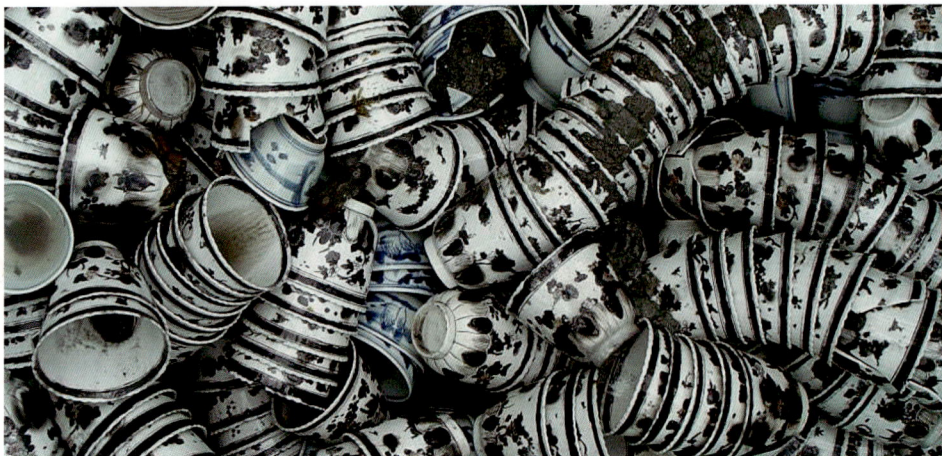

福建碗礁一号清初沉船出水瓷器

成为东南沿海最重要的海外贸易集散地,"大小帆墙之集凑,远近贸易之都会也,自担门东渡黑洋至于台湾,上接沙埕,下连南澳,据十闽之要会,通九译之番邦""服贾者以贩海为利薮,视汪洋巨浸如衽席,北至宁波、上海、天津、锦州,南至粤东,对渡台湾,一岁往来数次。外至吕宋、苏禄、实力、噶喇巴,冬去夏回,一年一次初则获利数倍至数十倍不等,故有倾产造船者。"[1] 2005 年在福建省福州市平潭县屿头乡北侧碗礁海域发现一艘清康熙时期的沉船,虽然被盗掘,仍然清理出景德镇青花、五彩瓷器17000 多件,这些瓷器也是东南亚、非洲、欧洲各国博物馆中比较常见的器种[2],沉船出水中国景德镇瓷器,以实物证明这条海上瓷器之路的存在。

1  碗礁一号水下考古队:《东海平潭碗礁一号出水瓷器》,科学出版社,2006 年版,第 9~21 页。
2  王元恭:《四明续志》卷一"土风",至正本。

## 宁波

从景德镇出发，经昌江、鄱阳湖、信江至铅山河口镇，由陆路过衢州、金华，再入富春江顺流而下直达宁波港。宁波当时称明州，是中国瓷器向东运销日本、朝鲜的重要港口。北宋端拱二年（989）在杭州市舶司下辖明州市舶务，元至元十四年（1277）设庆元市舶司，至元三十年（1293）裁撤杭州市舶司并入庆元市舶司，使宁波港在宋元时期有了空前的发展，成为"南通闽广，东接日本，北距高丽，商舶往来，物华丰溢"的海外贸易大港[1]。明代因倭患实行海禁后，宁波海外的双屿成为江浙沿海走私通番的据点，私商为拒抗禁海，多逃聚双屿，通西南洋、接日本，从事走私贸易。夏燮《明通鉴》卷九五记述，明初包括来自葡萄牙、日本的海商在内的中外私商集结达万人以上，屡禁不止，直到嘉靖二十七年（1548）被朱纨捣毁。宁波外海地区，"有等嗜利无耻之徒交通接济，有力者自出资本，无力者转展称贷，有谋者诓领官银，无谋者质当人口，有势者扬旗出入，无势者投托假借，双桅三桅，连樯往来。愚下之民，一叶之艇，送一瓜，运一樽，率得厚利，驯致三尺之童子，亦知双屿之为衣食父母。远近同风，不复知华俗之变于夷矣。"[2]康熙二十三年开海禁设四口通商后，宁波海外贸易迅速恢复，商船达于东海、南海各国，港市再度繁荣。

从宁波港出发，沿中国近海航行至山东，横过渤海，到达朝鲜西海岸各港口，再沿朝鲜西海岸南行，则可达日本九州[3]，在九州博多古港出土许多中国古陶瓷，证明文献记载中的这条航行的确存在。"始倭之通中国也，实自辽东，由六朝及今，乃从南道。"[4]所谓南道，就是指从宁波港出发，向东航行，横渡东海，沿琉球群岛迂回前进，然后达日本各地[5]。"海寇……往者由新罗、百济至辽阳南下，本朝初由大小琉球迂绕福建至浙，近乃发五岛由八山、霍山直对宁波。"[6]琉球首里城遗址一处 1459 年废弃的王家仓库中，发现了大量中国瓷器和若干泰

**元代景德镇窑青白瓷戟耳瓶**
韩国新安元代沉船出水。引自韩国《国立中央博物馆》

---

1 朱纨：《甓余杂集》卷三"双屿填港工完事"，转引自杨国桢《十六世纪东南中国与东亚贸易网络》，《江海学刊》2002 年第 4 期。
2 叶文程：《宋元时期龙泉青瓷的外销及有关问题的探讨》，《海交史研究》1987 年第 2 期。
3 章潢：《图书编》卷五"日本国"，广陵书社，2011 年。
4 （韩）尹武炳：《新安古沉船之航路及有关问题》，《中国古外销陶瓷研究资料》第一辑。
5 唐枢：《木钟台集·冀越通》，明嘉靖至万历刻本。
6 李知宴主编：《中国陶瓷艺术》，外文出版社，2010 年，第 553 页。

**明代景德镇窑青花瓷片**
宁波明清港口出土。宁波市博物馆藏

国、越南和日本生产的陶瓷器。如此数量的瓷器，超过了琉球本地的需求，表明了琉球在中国与日本之间的中转作用[1]。

### 广州

从景德镇出发，经昌江、鄱阳湖、赣江，翻越梅关后进入广东北江水系，到达佛山，这既是汉代以来至京广铁路开通以前沟通中国南北的交通要道，也是直到鸦片战争后景德镇瓷器最为常见的国内水陆联运路线。明代广州是通占城、暹罗、西洋诸国的朝贡港，在相当长时间内垄断了西、南洋航路上的朝贡贸易，甚至在嘉靖二年（1523）还一度废除闽、浙市舶司，"俱在广州，设市舶司领之"[2]，成为控制东、西洋朝贡贸易的唯一港口，"广州往诸番，出虎头门，始入大洋分东西二路，东洋差近，西洋差远。"[3]据《明世宗嘉靖实录》卷一〇六，嘉靖八年（1529）"令广东番舶例许通市者，毋得禁绝"，对于海外商船一律征榷关税放行，葡、荷、英等欧洲洋船相继靠泊广州港。1534年葡萄牙人克里斯托旺·维埃发自广州监狱的信中说："广州则成为了中国对外贸易的中转站。与此同时，福建那里的贸易往来都不兴旺，外国人不到那里去。中国规定对外贸易只能在广东开展，其他省不准进行，因为广东比其他任何省区都更具有同外国人进行贸易的条件和能力。"[4]

明中期广州是景德镇瓷器的主要出口港，葡萄牙传教士克鲁士曾在嘉靖三十五年（1556）访问广州，他在《中国志》里记述了当时广州市场出售瓷器的情景："……瓷器有极粗的，也有极细的；有的瓷器公开售卖是非法的，因为只许官员使用，那是红色和绿色的、涂金的及黄色的。这类瓷器仅少量偷偷地出售……商人的大街是最主要的大街，两侧都有带顶的通道。尽管这样，瓷器的最大市场仍在城门，

1 《明史》卷三二五"外国传"。
2 顾炎武：《天下郡国利病书》卷一二〇"海外诸番"。
3 李庆新：《海上丝绸之路》，黄山书社，2016年，第197页。
4 《清圣祖康熙实录》卷一一六，中华书局影印本，2005年。

**明代景德镇窑青花瓷片**
*西沙明代沉船出水*

**南澳1号出水瓷器**
发现瓷器2万多件,其中景德镇窑瓷器5246件。引自《牵星过洋——万历时代的海贸传奇》

每个商人都在他的店门挂一块牌子写明他店内出售的货物"[1]。考虑到广州口岸在明清时期绝大多数时段是唯一的对外贸易港口，自然这条路线是景德镇瓷器外销最为重要的黄金通道，江西大余的梅关便成为这一通道的转运枢纽：

> 乾隆初，海禁并撤，洋货骈臻，四方贸迁络绎不绝，南安府当江广之冲，遂成一大都会[2]。
>
> 闽、粤人多贾吕宋银至广州……承平时，商贾所得银皆以易货，度梅岭者无不以银捆载而北。故东粤之银，出梅岭十而三四[3]。

正是因为经梅关的南北通道是明清时期中原通往岭南的要道，历代官府十分重视对梅岭驿道的修辑。明成化十五年（1479），南安知府招募数以万计的闽赣饥民充当劳役，对其进行一次大修，历时14个月，重修后的驿道宽一丈，"人可棹臂醉行，负任者昏夜可以陟降。"天启四年（1624），大庾知县陈九锡再次主持修葺。

英国斯当东男爵于乾隆五十八年（1793）作为副使代表英国出使中国，后来写下《出使中国》一书。书中记述，使团中有旅行者由北京经陕西的汉中府，沿汉水、渡长江、入鄱阳湖，到景德镇，探视烧瓷制造厂及其物质，并称有三千个烧瓷炉，可知英国人对于瓷器之重视。此人再由赣江过大庾岭入广

江西大余县梅关古驿道

---

1 《大庾县志》，民国八年本。
2 屈大均：《广东新语》卷一五"货语·银"，中华书局，2005年。
3 钱江：《十七至十八世纪中国与荷兰的瓷器贸易》，《南洋问题研究》1989年第1期。

东、由北江而会诸使于广州，所走的正是景德镇瓷器南运的路线。他专程从北京到景德镇探视瓷器生产情况，他选择南下广州的路线亦应是为了探视瓷器南运的状况。1794 年范·希拉姆率领荷兰使团进京途中，在大庾岭曾目睹众多的中国苦力挑着瓷器担子艰难地翻山，表明瓷器南运的路线到 18 世纪末甚至 19 世纪初仍在使用中[1]。总之，这一线路运输瓷器的记录广泛见于中外史籍中，有的甚至以绘图方式，反映当时梅关一带苦力挑运瓷器从江西进入广东的情况，最为形象的要数现在由瑞典隆德大学图书馆收藏的一套 50 幅的瓷器烧造图[2]。这套 50 幅水彩画册，每幅均纵 41、横 31 厘米，连在一起差不多有 20 米长，描绘了瓷器从采集原材料到装运出洋的整个制作过程。图画没有完全按照《陶冶图说》和《景德镇陶录》的记述内容来进行绘制，省略了其中一些广州外销画家不熟悉的内容，在某些细节上则绘制得更加具体，还添补了与瓷器贸易和广州口岸相关的情景。其中图册之三十九至五十，表现的是从瓷器生产地到瓷器外销口岸广州的整个运输贸易过程，为我们提供了口岸城市与国内外市场联系的生动画面。图册之三十九描绘的是景德镇瓷器行的情景，瓷器商人在柜台后面仔细地盘算着；图册之四十描绘的则是交易完成后，工人们从瓷器行把瓷器搬运出来的情景；接下来图四十一至四十二，描绘了瓷器从景德镇通过水陆联运抵达佛山瓷器行的过程；图四十四至四十六描绘的是瓷器从佛山经北江水陆运抵广州口岸。以广州口岸为出口地的景德镇瓷器，利用赣江和北江水路进行运输，先从景德镇起运，经由昌江、鄱阳湖、赣江，经过南昌、樟树、吉安、赣州等地，到达大余（大庾）。在大余南安码头，瓷器改由陆运，越过梅岭，到达广东北部的南雄，在南雄再度上船，经由北江水运到佛山、广州。在整个运输过程中要经过几个关口，清政府在这些地方设关收税，包括设在赣县的赣关，以及广东省韶州的韶关等，再经由英德县、西江驿，到达南海县佛山镇，进入广州的西关地区。因此画面上除了衣衫褴褛的运输工人在辛勤劳作外，还有一些衣着光鲜悠闲自在的人，他们应该就是守关收税的官员。图四十七、四十八则描绘了西洋商人到瓷器铺选购瓷器的情景，图四十九、五十描绘了西洋商人选购好的瓷器被装上内河小船，从十三行区运到黄埔港，在这里装上准备启程返航的悬挂荷兰国旗的西洋船只，完成瓷器贸易。这套图册完整再现了"景德镇瓷器工厂—瓷器商人—广州铺商—西洋商人"的瓷器买卖全过程，其间可以看到工人们辛勤的劳作、瓷器商人的精打细算，以及西洋商人的贸易活动，也可以看到清政府从产地到出口地对瓷器贸易的控制和管理，是西方社会了解中国瓷器生产贸易过程的极佳图像资料[3]。

乾隆二十二年（1757），清政府因英国商人"洪仁辉事件"再度关闭了闽、浙、江海关，"嗣后口岸定于广东"，"止许在广东收泊贸易"[4]。广州一口通商后，广州以环中国海第一港市的地位长期垄断西、南洋与亚欧航路贸易，直到鸦片战争后的五口通商。各国商馆均设在广州西城外郊区的河边，紧邻

---

1 这套绘画是 18 世纪 30 年代由瑞典东印度公司的科林·坎贝尔（Colin Campbell）在广州做生意时购买并带回瑞典的。科林·坎贝尔 1686 年出生于苏格兰一个贵族家庭，他年轻时曾在英国东印度公司服务，期间到过印度，在印度圣乔治堡港脚船上当大班。后来坎贝尔加入了奥斯坦德公司（Ostend Company），担任公司大班，1732 年，瑞典东印度公司成立后，选择他担任首航广州的商船"弗雷德里刻国王号"首席大班，负责贸易方面事宜。1732~1739 年先后数次到广州，具有在广州从事贸易的丰富经验，这套画册应该是坎贝尔在这几次航行中的某一次购买的。
2 江滢河：《清代广州外销画中的瓷器烧造图研究——以瑞典隆德大学图书馆收藏为例》，《故宫博物院院刊》2008 年第 3 期。
3 《东华续录》卷四十六"乾隆朝"，中华书局，2005 年。
4 《明熹宗实录》卷一一一"天启元年六月丙子"。

**清代制瓷图题材水彩画**

广州画室专为外销而创作，以满足欧洲人对中国的好奇

十三行，以便双方商贸活动顺利展开。众多外国商馆的设立，为中国瓷器外销提供了更为便利的条件。

### 澳门

澳门港口的兴起，是在中国明政府海禁与葡萄牙人东来双重力量驱动下形成的。嘉靖元年（1522），明政府以倭寇猖獗为由，罢闽、浙二市舶司，封闭泉州、宁波二港，仅存广东市舶司。嘉靖十四年（1535）明政府又将管辖朝贡贸易的广州市舶司移至澳门，澳门"番市"合法化：

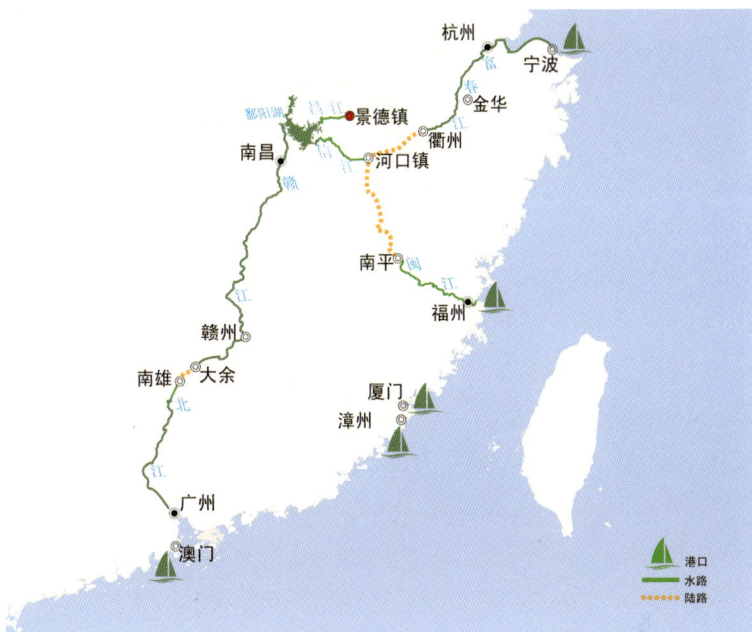

景德镇瓷器至中国沿海外贸港口线路示意图

> 先是，暹罗、东西洋、佛郎机诸国入贡者，附省会而进，与土著贸迁，设市舶提举司税其货。
>
> 正德间，移泊高州之电白县。至嘉靖十四年，指挥黄琼纳贿，请于上官，许夷人侨寓蚝镜澳，岁输二万金[1]。

也就是说，嘉靖至万历初，澳门贸易市场实行的是包税制，即诸番每岁承包缴纳 2 万两船货税。在澳门贸易的外国人，服从地方政府管理、交纳税限。包税制和不征出口税等措施，无疑对澳门早期海外贸易的发展起到了促进作用。随着其他对外港口的裁汰，独存澳门，贡泊先抵澳门再入广州，事实上，澳门此时已成为广州的外港。

葡萄牙人从印度及马六甲运送大量中国货物返回欧洲，获取了巨额利润，但他们并不甘心通过中间人来采购中国货物，积极寻找与中国直接贸易的机会，但屡遭明军的驱逐，双方多次发生正面冲突，以嘉靖二年（1523）西草湾战役最为激烈，双方损失惨重。此后，葡萄牙人改变策略，收敛行为，依法纳税，集结在上川岛与中国商人交易，中国商人从广州将瓷器运至上川岛，葡萄牙人向广东地方政府缴纳税金，在此收货并等待季风，再将中国货运至亚洲其他市场乃至欧洲。瓷器是当时双方走私贸易的大宗货物，上川岛花碗坪遗址出土大量明代青花瓷、红绿彩瓷残片就是其明证[2]。

葡萄牙人 1553 年开始租借澳门，1557 年获准在澳门上岸筑屋，获得了对华贸易的一个重要基地，

---

1 《明熹宗实录》卷一一一"天启元年六月丙子"。
2 黄薇、黄清华：《上川岛与十六世纪中葡早期贸易》，香港城市大学中国文化中心陶瓷下西洋研究小组编《陶瓷下西洋》，香港城市大学，第60~69页。

清代外销画中的澳门南湾港口

开始合法地同中国商人进行买卖，并逐步获准经营澳门港口的海上贸易，按船只吨位征收"船税"，又称"船钞"、"吨位税"。广东官府给去澳门的中国商人发放特许证，即"澳票"。通过澳票制度，广州与澳门建立了新型的"二元中心"贸易伙伴关系。1578 年之后，葡萄牙商人与澳门商人正式获准前往广州采购，初期，广州每年只开放一次供葡萄牙商人来做生意。从 1580 年起，根据每年不同的季风，广州开放两次让葡萄牙人到广州做生意，1~4 月，东北季风期，葡萄牙人主要采购运往马尼拉、印度和欧洲的货物；6~9 月，西南季风期，葡萄牙人主要采购运往日本的货物[1]。这种安排，主要是便于外商采购完货物后尽快离开中国近海，减少安全隐患，同时也方便了外商，减少了资金积压的风险，带有明显的季节性、国际性。此后，随着明政府对外贸易政策的调整，澳门逐渐发展起来，成为欧洲在中国建立的第一个贸易据点，同时也是欧洲各国进入中国的门户与跳板。澳门因此成为当时华洋聚集的要地，货物由广州经虎门运出珠江口交给澳门的洋人或代理商，再包装，用小船从澳门南北二湾转运到在外海十字门停泊的大船上。"广中事例"的确立，为广东建立一套与贸易转型相适应的管理体制，广州成为明中后期中国对外开放的唯一港口，澳门则是唯一允许外国人居留贸易的港口[2]。澳门是外国商人从南中国海进入中国贸易的必经之地，所有洋人到广州做生意后一定要返回澳门，同时洋妇严禁进入广州，只可停留在澳门。从世界范围看，中国贸易只是欧洲整个东方贸易体系中的一部分，但却是当时最为重要的一环。葡萄牙人控制的中国贸易，包括从澳门经印度果阿到达欧洲的航线，也包括从澳门到日本、东南亚，以及从澳门经菲律宾马尼拉到达西属墨西哥的太平洋航线，从此，澳门成了中国通往世界各国的海运中心[3]。由葡萄牙负责海外事务的官员于 1582 年左右成书的《市堡书》中记录

1  马锦强：《澳门出土明代青花瓷器研究》，社会科学文献出版社，2014 年，第 291~292 页。
2  李庆新：《海上丝绸之路》，第 196 页。
3  陈炎：《澳门港在近代海上丝绸之路中的特殊地位和影响》，《海上丝绸之路与中外文化交流》，第 179~204 页。

**明代晚期景德镇窑青花花鸟纹杯**
澳门出土。澳门博物馆藏

了当时澳门的情况：

> 在大中华帝国的海岸，北纬二十三度半之处，有广州城，这是该帝国各省中之一省的省会。它位于一条通航河流沿岸，该河的河口有许多岛屿，有耕种者居住，这些岛屿之一即澳门岛。其一端，亦即最优良的港口，逐渐形成了大批葡萄牙人聚居之地，他们经过劳累的工作与战争服役之后，携妻带眷移至该处居住，因为中国这片地区十分富庶，应有尽有。

> 凡是开到这个广东省的外国船舶，都必须在这个澳门岛的港口停泊，然后同陆地上的人进行交易，不准再深入，而由于外商纷至沓来，中国内地其他各省也就运来各种各样的货物。结果是澳门这个聚居点就在贸易上十分出名，东方各地各式各样的货物大批聚集于此。这样，一方面由于这里进行大量贸易，另一方面也由于这片土地十分安宁，它的人口和规模也就不断增加。可以预计，不久之后，它将成为这一带最富庶最繁华的城市之一[1]。

正如该书所预言，至 1623 年，任葡萄牙澳门市政厅书记官迪奥戈·卡尔代拉·雷戈《上帝圣名之城状况》中记录了澳门商贸地位及经济繁荣的景况：

> 和平环境及其商业活动一直有利于本市以外的人们，所有以前在日本航线担任过船长的人都得承认，他们来的时候是穷人，只有一艘大黑船或者几只木船参加航行，但走的时候

---

1　澳门文化司署编：《十六世纪和十七世纪伊比利亚文学视野里的中国景观》，大象出版社，2003 年，第 116~117 页。

已成了商人，拥有成千上万克鲁扎多，因为从运送的许多很贵重的货物抽取百分之十的船租费。整个印度省，尤其是马六甲、科钦和果阿的海关，他们都承认走中国航线总能发财。马鲁古河菲律宾不会否认一直依靠本市分享巨大的利益和好处，没有本市就难以维持下去[1]。

清朝严厉海禁期间，于1678年开始，准许澳门在与内地旱路界口进行商品交易，为中葡贸易留了一个口子，使得澳门成为外商获取中国商品的唯一孔道。1684年清政府全面开放海禁，次年建立粤海关，同时派官员到澳门设置澳门总口关部行台，以及南湾、娘妈阁、大码头、关闸四个税馆，以规范管理澳门的对外贸易。根据规定，凡进入澳门的外国商船，均要向粤海关总口关部行台领得部票方可进入。清政府允许欧洲国家在广州设立商馆后，澳门"变成了各国与广州间贸易的基地，一切进口船只，都在那里雇佣引水和买办。它们也从那里决定出发的方向。商人们在每季季末，都从广州商馆回到那里，并在那里等待下一季度的来临，使他们得以重新进入广州。"[2]

1793年英国马戛尔尼使团访问北京后经广州、澳门回国，使团成员在澳门停留期间乔治·斯当东笔下的澳门是："就在这一小块地方上，葡萄牙长期垄断了不但对中国的、而且对东边的日本，西南的东京、交趾支那和暹罗的贸易。在贸易中他们获得了巨大财富，从现在澳门的很多高大华丽的公私建筑可以体现出来。"[3]

## 三、海上瓷器之路

明初实行海禁政策，瓷器外销主要主要依靠朝贡贸易，规模不大。随着16世纪以后全球化贸易的推进，景德镇瓷器畅销全球，真正成为一种世界性商品。特别是1684年清朝开放海禁，允许欧洲国家到广州贸易，外销瓷数量激增，至今世界各国博物馆收藏的景德镇瓷器以及欧洲国家留存的中国瓷器贸易档案就是很好证明。景德镇瓷器品质优良、款式多样、装饰丰富、物美价廉，以市场为导向的生产方式适应了世界最广泛人群的生活和艺术鉴赏需求，加之垄断性的技术使景德镇瓷器成为最具竞争力的全球化商品。

新航路开辟后，葡萄牙人以澳门为中心[4]，通过数条国际航线将中国瓷器转运至欧亚乃至美洲各地，中国瓷器对外贸易形成了以澳门为中心向全球扩散的海上瓷器之路国际贸易循环网。主要有3条航线组成，第一条为广州—澳门—印度—欧洲航线，大帆船从澳门起航，越过南中国海，穿行马六甲海峡，来到果阿作短暂停留，经印度洋的马尔代夫群岛，一直航行到坦桑尼亚海岸，绕过好望角后抵达里斯本，全程约11890海里。这条航线可分为两段，澳门至印度一段航线途经马六甲、古里、科钦、果阿等地，是汉代以来中国与东南洋、印度洋一直有往来的"西洋航路"，而另一段由果阿经好望角至欧洲的航线

1 澳门文化司署编：《十六世纪和十七世纪伊比利亚文学视野里的中国景观》，第197~198页。
2 （美）马士著，张汇文等译：《中华帝国对外关系史》第1卷，上海书店，2000年，第51页。
3 （英）斯当东著，叶笃义译：《英使谒见乾隆纪实》，香港三联书店，1994年，第455页。
4 1995年7月，在澳门龙嵩街出土了数千件（片）外销青花瓷，其中万历至天启间的青花开光花瓣口盘、碗尤多。根据其特征，可以断定这批瓷器就是在万历年间烧制的专门用于外销的克拉克瓷，是在景德镇订货后运至澳门储存再准备转运欧亚各国销售的。参考宋良璧、邓炳权：《澳门是中国外销瓷的集散地》，《中国古陶瓷研究》第五辑，紫禁城出版社，1999年。

则是新航路开辟的直接产物。欧洲各国东印度公司的商船一般于每年冬季从欧洲西海岸启航、利用东北季风向南航行至佛得角群岛，顺着加纳利洋流向西南方驶入大西洋深处直到接近巴西海岸的西风带，在那里乘上盛行的西风扬帆东行，绕过好望角进入印度洋后再顺着索马里洋流向东航行、穿过马六甲海峡或其它海峡，大约于第二年农历十月以前抵达中国广州，停泊在黄埔古港。在广州期间，欧洲商人可以进驻洋行附近的夷馆，那里有营业区、货栈区和生活区，等待十三行商人为其销售所带货物，并配齐将要运回欧洲的中国货，第三年东北季风季节结束以前，从广州启航回国，七、八月间抵达欧洲，整个航程约耗时一年半，航行60000多公里。

　　澳门—果阿—里斯本航线是中欧海上瓷路中最主要的一条，通过这条航线，大量的瓷器源源不断地运往里斯本。林梅村认为，东方新航线开辟后不久，一个新兴的景德镇瓷器消费市场于15~16世纪在欧洲形成[1]。荷兰、英国加入这条航线竞争，后来居上，逐步取代葡萄牙，成为航线的主导者。这条航线上已发现运输瓷器的明代沉船有：1643年在中国南海沉没的驶向巴达维亚的中国商船（即哈彻沉船），明末在马来西亚海域沉没的中国商船万历号，1615年在毛里求斯海域沉没的荷兰班达号沉船，1600年在纳塔尔海域沉没的葡萄牙圣·埃斯皮里图号沉船，1593年在马达加斯加岛附近科思湾海域沉没的葡萄牙圣·阿尔贝托号沉船，1554年在莫桑比克特兰斯凯海域沉没的葡萄牙圣·班图号沉船，1643年在南非海域沉没的葡萄牙圣·玛丽亚号沉船，1552年在南非爱德华港附近海域沉没的葡萄牙圣·若昂号沉船，1630年在南非海岸普利登堡湾伊丽萨白港沉没的葡萄牙圣·贡洛萨号沉船，1622年在南非

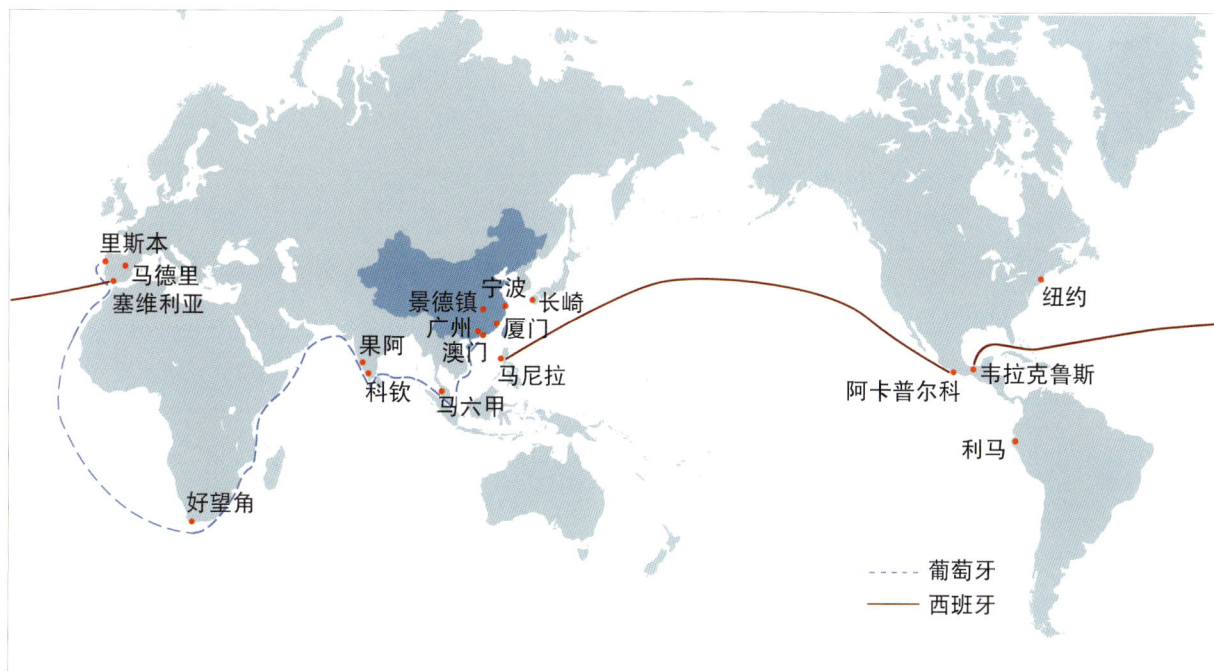

1650年前海上瓷路示意图

1 林梅村：《大航海时代东西方文明的冲突与交流》，《文物》2010年第3期。

**明代晚期景德镇窑青花瓷**

万历号沉船出水，共出水瓷器 37000 多件，绝大多数为开光装饰。引自《牵星过洋——万历时代的海贸传奇》

**明代晚期景德镇窑青花花鸟纹盘**

葡萄牙班图号沉船出水。引自《大英博物馆藏中国明代陶瓷》

**清中期青花花卉纹碗**

荷兰东印度公司商船德马尔森号沉船出水。大英博物馆藏。引自《瓷之韵》

**明代晚期景德镇窑青花瓷**
哈彻沉船出水。引自《大英博物馆藏中国明代陶瓷》

好望角海域沉没的葡萄牙巴普蒂斯塔号沉船，1613 年在南大西洋圣赫勒拿岛附近的詹姆斯敦港口沉没的荷兰白狮号沉船[1]。清代沉船有：1990~1992 年，越南头顿省沿海发掘的康熙年间中国沉船，出水景德镇瓷器 6 万件（套）；1998~1999 年，越南金瓯省沿海发掘的雍正年间中国沉船、出水中国景德镇瓷器约 5 万件[2]。1752 年荷兰东印度公司德马尔森号商船运载中国青花瓷 203 箱 239000 件，1752 年 1 月 3 日黄昏在新加坡海峡对面海尔德礁触礁沉没，1984 年英国潜水员切尔·哈彻发现了该船，从沉船中捞起完整瓷器 15 万件。1993 年马来西亚历史打捞公司在丹绒比拉海岸发掘 1817 年沉没的英国商船戴安娜号、出水中国瓷器 500 多箱，计 23821 件[3]。这些沉船地点正好位于中国瓷器西运欧洲的航线上，以实物诉说着这条航线的惊奇与惊险。

---

1　（英）霍吉淑著，赵伟等译：《大英博物馆藏中国明代陶瓷》，故宫出版社，2014 年，第 683~685 页。
2　中国广西壮族自治区博物馆等：《海上丝绸之路遗珍——越南出水陶瓷》，科学出版社，2009 年版，第 18~19 页。
3　周世容、魏止戈：《海外珍瓷与海底瓷都》，湖南美术出版社，1996 年，第 46~47 页。

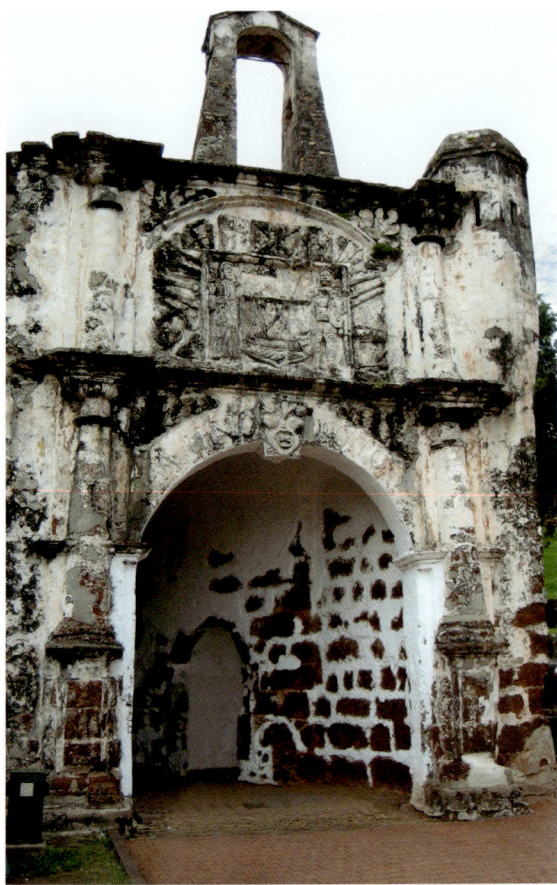

**圣地亚哥城堡**
*1511 年葡萄牙人修建。1607 年荷兰人攻占此堡，控制亚欧海上航路*

1581 年荷兰从西班牙独立后，迅速发展自己的海外商业。1602 年，荷兰成立东印度公司[1]，从事东方贸易；1603 年，荷兰人来到锡兰岛；1605 年，将葡萄牙人赶出柔佛和安汉，来到爪哇岛的雅加达，1619 年将其改名为巴达维亚，作为东方殖民扩张和贸易的据点。荷兰东印度公司为了避免与葡萄牙发生摩擦，凭借其先进的造船技术和航海能力，在其他国家海员不敢涉足的南半球偏西风海域探索，在 1610 年借助强力的顺风开辟了抵达巴达维亚的高速航线，大大缩短了通过印度洋的航行时间，降低了运输成本，提高了公司商品的竞争力。从此，荷兰船队从阿姆斯特丹港出发，经由苏格兰北部沿大西洋南下，在佛得角南端沿一条大大的弧线航行抵达好望角休养，然后沿南纬 36°~42° 的偏西风海域向东到达巴达维亚，全部行程耗时 8~9 个月，这条海上新航线成为荷兰繁荣的保障。荷兰人 1624 年占领台湾，切断了中国商人与日本、菲律宾之间的贸易通道；1641 年占领马六甲，切断了葡萄牙人从澳门到亚洲大本营果阿的联系，到 1660 年，荷兰人几乎抢占了葡萄牙人除澳门外在亚洲的所有据点，从 1669 年开始，每年停泊在广州的荷兰商船经常在 190 艘以上，上岸荷兰商人超过 1 万人[2]。在果阿、巴达维亚、马六甲等地的胜利，成功地阻断了葡萄牙人与印度之间的长途贸易，控制了东南亚与中国的贸易，为 17~18 世纪荷兰与中国之间的瓷器贸易打下了坚实的基础[3]。有意思的是，在

---

1　荷兰东印度公司也叫联合东印度公司，荷兰文为 Vereenigde OostIndische Compagnie，英文为 United East India Company，总部设在阿姆斯特丹，是 17~19 世纪荷兰殖民者对印度尼西亚进行经济掠夺和殖民扩张的机构。自 1597 年满载香料的荷兰船队首航印尼获得巨额利润后，荷兰商人纷纷派遣船队前往印尼从事香料贸易。为了避免竞争，1602 年 3 月荷兰各有关公司合并组成联合东印度公司，以建立对香料贸易的垄断。根据同年荷兰议会授予的特许状，联合东印度公司不仅是拥有从好望角至麦哲伦海峡广大地区贸易垄断权的商业公司，还是一个拥有国家权力的殖民机构，有权从事战争、拥有武装、修建堡垒、发行货币、任命官吏、缔结条约和设置法官。1610 年公司在印尼设立总督，统管公司在亚洲的各项事务。初期的主要目标是在印尼建立殖民据点，以垄断香料贸易。公司使用贿赂、屠杀等手段镇压当地人民的反抗，排挤英、葡等国势力。在 17 世纪中期完成对香料贸易的垄断和香料产地马鲁古群岛的控制。17 世纪 60 年代后，公司活动转为殖民扩张。到 18 世纪，公司在爪哇确立了殖民统治，并在苏门答腊等外岛海岸地区建立据点。公司在政治上实行分而治之的政策，建立公司直辖地和藩属土邦两种占领制度。在经济上，实行垄断贸易和强迫供应，实物定额纳税，咖啡强迫种植制和贩卖奴隶制。军事上，实行雇佣兵制度，以雅加达为总部，在重要地区派驻重兵，在殖民据点设防筑垒，同时派出军队控制藩属土邦。1800 年 1 月 1 日公司被解散后，公司的领地和财产划归荷兰政府。荷兰东印度公司从事东方贸易前后达 200 年，是中国瓷器销往欧洲市场的主要力量之一。

2　李知宴主编：《中国陶瓷艺术》，第 559 页。

3　林琳：《17~18 世纪荷兰东印度公司瓷器贸易研究》，第 7~8 页。

1729 年直接派船到广州与中国通商之前一百多年中，荷兰人除占领台湾的一段时间外，并没有在中国建立稳定的居留地，也没有同中国建立定期而直接的贸易关系，大多数时间是以巴达维亚为基地[1]，从中国商人或葡萄牙人、西班牙人手中购买中国瓷器，再运销东南亚、南亚和欧洲，有时甚至抢劫葡萄牙商船，荷兰人最初得到的 2 批中国瓷器都是通过抢劫葡萄牙商船获得的。1602 年 3 月，荷兰人在大西洋的圣·赫勒拿岛附近海域捕获葡萄牙圣·亚戈大帆船，将 28 筐瓷盘、瓷碟，14 筐瓷碗作为战利品带到米德尔堡；1604 年，海军司令贾柯布·范希姆·斯柯克率兵在马六甲海峡捕获葡萄牙圣·凯瑟琳娜号，获得约 10 万件、重 60 吨的瓷器[2]。这两批中国瓷器在荷兰引起了轰动，圣·凯瑟琳娜号货物拍卖收入 600 万荷兰盾，相当于荷兰东印度公司的总资金，因而改变了当时的荷兰以至整个欧洲人对中国货物的看法，也促使荷兰东印度公司开始重视与中国的瓷器贸易，荷兰东印度公司最盛时，拥有 6000 艘船[3]。

　　第二条为广州—澳门—日本长崎航线。在中日贸易航线上，1550~1638 年的 90 年中，葡萄牙船队共航行四、五十次，每次起码有五、六艘船一起航行。葡萄牙人每年夏季从澳门到日本航程约十二、三天，在日本停留到十月底东北季风起时返航澳门，日本白银通过这条航线流入中国。这条航线也可以视为第一条航线的补充。因为欧洲商船每年夏季乘西南季风来到澳门，这时春季广交会已过，要等到次年春天才能采购到回程所需货物，冬季再返航果阿，需要在澳门等待 10~12 个月。于是利用这个空档，把夏季广交会采购的货物运往日本，在日本停留到十月底东北季风起时返航澳门，卸下日本运来的中国所需货物，装上回程货物，乘东北季风扬帆果阿。这种安排，既大大提高了船舶的使用率，又增加了商业利润。

　　第三条为广州—澳门—马尼拉—美洲、拉丁美洲—欧洲航线。这条航线可分为两段，中国沿海港口直航菲律宾群岛各港口，是传统的中菲航线，乘东北季风和西南季风，每年一个来回。从广州、澳门出发，经万山群岛出珠江口折向东南，穿过东沙群岛，再向东南航行，抵达吕宋岛，沿西海岸南下抵达马尼拉。或者从福建沿海泉州等地出发，经澎湖到达吕宋岛。1571 年西班牙占领菲律

清代前期景德镇窑青花折枝花纹盖杯
越南头顿沉船出水，该船目的地为巴达维亚。引自《越南出水青花瓷》

---

1　20 世纪 90 年代，越南对沉没在其海域的头顿沉船（Vung Tau wreck）、金瓯沉船进行的考古发掘表明，这 2 艘中国古船应该是在将瓷器运往雅加达的途中沉没的。从船上打捞出水的货物绝大多数是康熙、雍正年间生产的中国瓷器。这些瓷器的样式、色彩及多种装饰布局不同于中国传统风格，很多种瓷器式样是仿照欧洲金银器或者是玻璃制品制作的，带有巴洛克艺术风格，应该是根据西方客户的订货要求生产的。其中的一套盘子的边沿绘水波纹，中心画（荷兰）Deshima 岛渔村风景，为东西文化结合的产物。根据海牙博物馆保存的东印度公司的记录，荷兰东印度公司在 1683~1729 年间购买的中国货都是在雅加达从中国商人手里购买的，再由荷兰东印度公司的船只转运回欧洲。沉船和记录正好相印证，参考万钧：《东印度公司与明清瓷器外销》，《故宫博物院院刊》2009 年第 4 期。

2　钱江：《十七至十八世纪中国与荷兰的瓷器贸易》，《南洋问题研究》1989 年第 1 期。

3　（法）伯德莱著，耿升译：《清宫洋画家》，第 187 页。

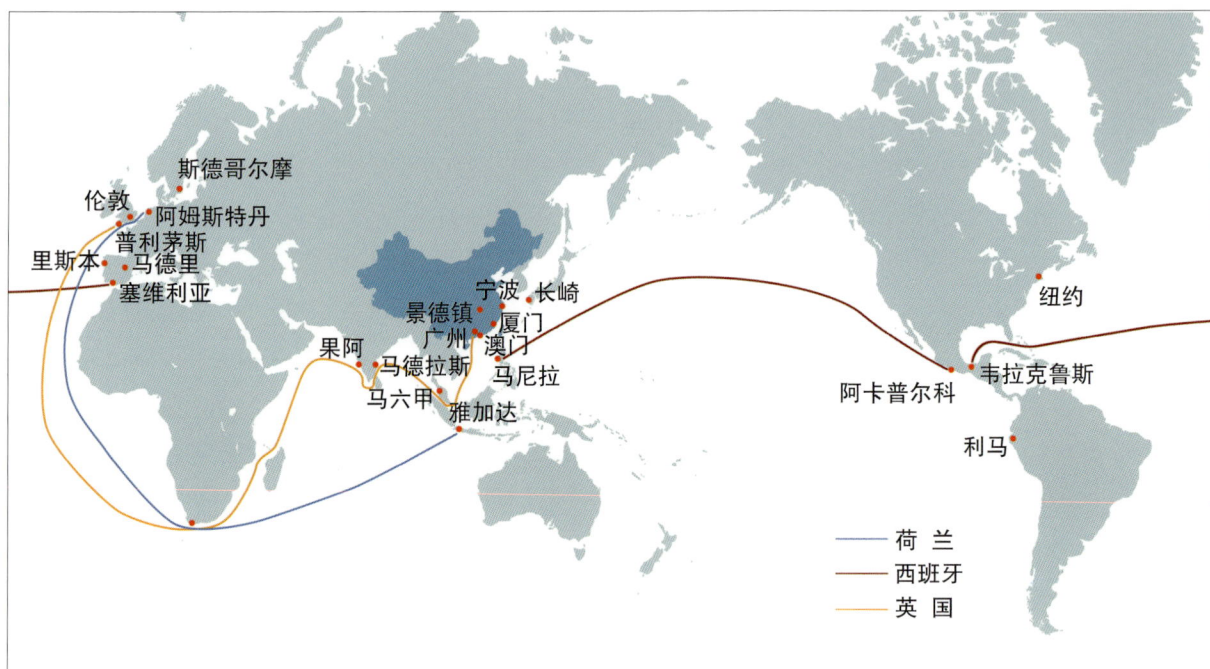

1650年后海上瓷路示意图

宾后，开辟了一条由马尼拉横渡太平洋通往墨西哥阿卡普尔科、再延伸到欧洲的航线。在这条航线上，中国至菲律宾段多数为中国人往来贸易；菲律宾至欧洲段航行的是西班牙大帆船，故人们称此种大帆船进行的贸易为大帆船贸易。在1565~1815年中，西班牙殖民政府每年都派遣1~4艘大帆船，来往于墨西哥与马尼拉之间[1]。这条航线上已发现运输瓷器的沉船有：1638年在关岛北部、塞班岛附近海域沉没的西班牙康塞普西翁号沉船；1579年在旧金山德雷克湾沉没的英国金鹿号；1595年在旧金山德雷克湾沉没的西班牙圣·奥古斯丁号；1574沉没在墨西哥北部下加利福尼亚州的圣·菲利普号沉船打捞出中国瓷器，该船装船货单显示总共有中国瓷器22300多件；1622年在美国佛罗里达海域沉没的西班牙阿托查号沉船；1641年在多米尼加圣多明各附近海域沉没的西班牙皇家商人号沉船；1588年在爱尔兰海域沉没的西班牙瓦伦西亚号沉船[2]。

　　西班牙人以马尼拉港为贸易基地，同中国进行间接贸易，即由葡萄牙或中国商人把中国瓷器及其他商品运到马尼拉，西班牙人再将它们装上驶向西属墨西哥、大西洋到达本土。至此，葡萄牙和西班牙两国在亚洲大致以菲律宾为分界线，对世界进行第一次大划分，各自向东、西进行殖民扩张，开辟了与中国的贸易航道，即"澳门——果阿——里斯本——巴西"和"塞维利亚——阿卡普尔科——马尼拉"。16世纪初，西班牙拥有约1000艘商船，几乎垄断了美洲、欧洲、北非洲和远东的贸易，获得了巨大的利润。巴塞罗那、巴伦西亚、塞维利亚等沿海城市，成为对外贸易的重要商埠。1992~1993年菲律宾国家博物馆与环球第一公司合作在菲律宾吕宋岛八打雁省幸运岛水域对西班牙商船圣迭戈号

1　杨仁飞：《明清之际澳门海上丝路贸易述略》，《中国社会经济史研究》1992年第1期。
2　（英）霍吉淑著，赵伟等译：《大英博物馆藏中国明代陶瓷》，第683~685页；李知宴主编：《中国陶瓷艺术》，第568页。

沉船进行发掘，发现了 500 多件明万历时期克拉克和非克拉克风格青花瓷。该船系 1600 年 12 月 14 日与荷兰毛里求斯号作战时起火沉没，表明西班牙经营的太平洋航线并不太平，不时受到它国干扰[1]。

马尼拉港 1571 年开放，每年约有三、四十艘中国大帆船来到那里，出售瓷器。西班牙的商舶再把购买来的中国瓷器转运，从马尼拉启航，顺着北太平洋洋流横渡太平洋，沿着加利福尼亚海岸南行到达墨西哥的阿卡普尔科。在阿卡普尔科上岸，经陆路运至加勒比海港口，重新装船，顺着墨西哥洋流运回欧洲。16 世纪末，作家莫尔加来到菲律宾，他在 1609 年出版的著作中叙述了西班牙和中国贸易的情况：中国的大帆船运来了生丝、用金线绣成美丽图案的天鹅绒、丝绸、织锦、麝香、国画、安息香、台布、轻便马车和车厢里的小地毯、珍珠、宝石、水晶、金和铜制成的脸盆、水壶、长袍以及质量优秀的各种规格的陶器、瓷器。他还风趣地写道：我所提及的这些中国货物还远远没有结束，因为没有足够的纸可以供我写下这些丰富的商品[2]。1570 年 5 月 8 日，西班牙人帕尼在将要敲开棉兰老岛时，知道有两艘中国大帆船即将在最近到达，于是匆忙地结束了繁忙的商务。当中国商舶到达时，他们请求登船拜访，一面进行侦察，一面企图建立商业上的友谊。但是，帕尼说，中国商人们警惕地作好了战斗准备，士兵们在船舱内巡回地搜查和巡逻，因为在货舱里贮藏着珍贵的商品，例如丝绸、一绞绞的生丝、金线、描金的瓷碗和瓷罐、布匹、麝香和其他珍奇的手工艺品，甚至连甲板上也都堆满了普通的廉价的瓷器和陶器，还有大的花瓶、瓷盘、瓷碗等。后来，他们又知道，在马尼拉海湾和吕宋岛也到达了 6 艘中国大帆船，它们也都装载了不少瓷器[3]。1575 年至 1815 年，每年驶往马尼拉的中国帆船数通常在 20 至 60 艘[4]。马尼拉作为中西贸易的中转港，中国货物从这里流向西方，西属美洲产的白银相当大一部分从这里流入中国。

**明代晚期景德镇窑青花丹凤朝阳纹盘**
圣迭戈号沉船出水。引自《菲律宾发现的中国与越南青花瓷》

**明代晚期景德镇窑青花锦地纹蛙形水注**
圣迭戈号沉船出水。引自《菲律宾发现的中国与越南青花瓷》

1 （菲）卜迪桑·奥里兰尼达：《菲律宾沉船发现的明代青花瓷》，《江西元明青花瓷》，香港中文大学文物馆，2002 年，第 221 页。
2 朱培初：《明清陶瓷和世界文化的交流》，第 43~44 页。
3 朱培初：《明清陶瓷和世界文化的交流》，第 45 页。
4 何芳川主编：《中外文化交流史》，第 946~951 页。

奥斯陆
斯德哥尔摩
赫尔辛基　莫斯科

都柏林　阿姆斯特丹　柏林　华沙
伦敦　　　　　　　布拉格
巴黎
安道尔

里斯本　马德里　罗马
拉巴特　突尼斯　　　　尼科西亚　德黑兰　　喀布尔　　北京
　　　　　　的黎波里　贝鲁特　巴格达　伊斯兰堡　　　　　　东京
　　　　　　　　　　安曼
拉斯帕尔马斯　　　　　　科威特　麦纳麦
　　　　　　　　　利雅得　　　　新德里　达卡　香港
　　　　　　　　　　多哈　阿布扎比　　　　　澳门
达喀尔　　　喀土穆　萨那
拉各斯　　　　　　亚丁　　　　　　曼谷
阿比让　　　洛美　　　吉布提　　　　　　文莱　马尼拉
　　　　　雅温德　　　　　　　　吉隆坡
　　　利伯维尔　基加利　　　　　　　新加坡
　　　金萨沙　达利斯萨拉姆

　　　　　　路易港
　　　　　　圣但尼

# 第二章　景德镇瓷器外销市场与品种

渥太华

华盛顿

墨西哥城　　　　　圣多明戈

特古西加尔　　　　圣约翰

巴拿马　加拉加斯

维拉港

苏瓦　　　　　　　利马

巴西利亚

圣地亚哥

蒙德维的亚

惠灵顿　　　　　　布宜诺斯艾利斯

　　　明清时期，欧洲国家的东印度公司把质量精良、品种丰富的景德镇瓷器运销世界各地，深受各国人民喜爱，景德镇瓷器摆满了各国的餐桌、装点着富人的厅堂……

# 第一节　外销市场

明朝前期实行严厉的海禁政策，严格管理对外贸易，元代发达的对外贸易受到影响，但即使是这样，中国瓷器的输出也没有停止过。郑和七下西洋，继承了宋元以来不断发展、因洪武海禁暂时走下坡路的中国对外贸易，使"海上丝绸之路"再度活跃，虽然郑和每次远航携带瓷器的数量没有确切文献记载，但是从随同郑和远航的费信所著《星槎胜览》、马欢所著《云涯胜览》看，当时郑和的船队到达哪里，景德镇瓷器就传播到哪里。中国的青瓷与青花瓷很受欢迎，《云涯胜览》特别提到爪哇"国人最喜欢中国青花瓷器"。当时的占城、锡兰、祖法儿等地，人们都争购中国瓷器，《星槎胜览》记载广泛交易瓷器的地方就更多。为了适应国外市场对中国瓷器和其他物品需求的形势，清政府解除海禁后，一方面允许中国商人出洋贸易[1]，另一方面，又允许外国人在广州开设贸易机构，为中国瓷器外销提供了更为便利的条件。我国大规模瓷器输出，主要是通过民间贸易来进行。世界各国通过不同渠道购买中国瓷器，景德镇瓷器大量销往国家主要有：亚洲的日本、越南、泰国、印度、斯里兰卡、阿富汗、伊朗、土耳其、新加坡、菲律宾、马来西亚、印度尼西亚、阿曼；非洲的埃及、肯尼亚、索马里、坦桑尼亚、莫桑比克、津巴布韦、圣赫勒拿；欧洲的葡萄牙、西班牙、荷兰、英国、法国、德国、瑞典、丹麦、比利时和俄国；美洲美国、墨西哥和巴西等。

## 一、东亚、东南亚与南亚

中国与东亚和东南亚各国人民之间在经济、文化方面的交往源远流长。明清时期景德镇瓷器在周边国家颇受欢迎，成为各国人民喜见乐用的日用器皿和珍贵礼品。景德镇瓷器外销周边各国主要有政府主导的官方朝贡贸易、民间外贸和西方各国东印度公司贩运三种方式。

明代前期，我国是最大的海上贸易强国，当时贸易的性质是以皇帝为中心的官方贸易，主要目的是在政治上耀兵异域，怀柔远人，以羁縻海外诸国，强化宗主国地位。海外各国与明朝的贸易是朝贡贸易，定期入贡，如琉球二年一贡，安南、占城、高丽三年一贡，日本十年一贡。贸易地点限定在宁波、广州、泉州等几个港口。这种建立在宗藩从属关系上的朝贡制度，对发展中国与周边国家之间在政治、经济和文化上的友好关系，维系中国在该地区影响曾经起过一定积极作用。16世纪以后，随着南洋诸岛国纷纷沦为西方各国殖民地，即使是表面上的宗藩从属关系也难以维持。正德、隆庆年间开放东西二洋法令的颁布，标志着传统的朝贡贸易制度向新型的民间海外贸易方式转变。

早在明朝永乐年间，中国人流离南洋群岛者已为数不少。在今印尼爪哇、苏门答腊一带，便有数千家闽粤军民旅居其地。此后，中国移民逐渐增多。究其缘由，一则是因泛海经商触犯禁律而不敢返

---

1 《皇朝政典类纂》卷一一七"市易五"记载："时王大臣等言，今海内一统，寰宇宁谧，无论满汉人等，一体令出洋贸易，以彰富庶之治，得旨允行。"

**元代进贡宝货碑**
福建泉州出土。福建博物院藏

归故里，二则远洋贸易需要建立一些海外居留地。前者如1556年葡萄牙人克律斯在《中国旅行记》一书中所说的："尽管对于国内出入和通商有了这样苛细的法令，但是中国人中，还有人不断地为着通商谋利冒禁向海外航行，那时一经到了国外便不能再回本国，这些人有的侨居在马六甲，有的侨居在暹罗或太泥，也有人散住在南洋其他各地。"[1] 后者如美国学者拉斯克指出："南洋各地原始的华人居留地，可以跟北海的汉萨同盟的居留地相比较。正如北海一样，南中国海每年都有一段时间风暴频仍，从前的远洋船舶必需冒很大的危险才能通过。因此，进行海上贸易的商人冒险家，就在外国各港口建立起商馆，积年累月也就在这些商馆周围形成了小型的永久居留地。"[2]

海禁开放后，民间海外贸易迅速复兴，正如明代官员、漳州籍御史周起元描述当时的盛况时所说："我穆庙时除贩夷之律，于是五方之贾，熙熙水国，刳舻艋，分市东西路，其捆载珍奇，故异物不足述，而所贸金钱，岁无虑数十万。"[3] 闽、粤商人每年有数千计的木帆船航行到东南亚各主要港口，还穿梭大小岛屿间进行大量

**泰国曼谷郑王塔**
以明代青花瓷片装饰。引自《云帆万里照重洋》

---

1 （日）岩生成一：《下港（万丹）唐人街盛衰变迁考》，《南洋问题资料译丛》1957年第2期。
2 （美）布伦诺·拉斯克：《华人在荷属东印度群岛的作用》，《南洋问题资料译丛》1963年第2期。
3 张燮：《东西洋考》，中华书局，1981年，第17页。

的岛际贸易，中国民窑粗瓷是必不可少的货品。日用瓷器价格低廉，经营利润微薄，供应东南亚的庞大而琐碎的业务始终掌握在闽、粤华商手中。1963 年，旅居南洋的华侨韩槐准先生一次向故宫博物院捐献自己在南洋收集的中国瓷器 315 件，其中明清瓷器 276 件，以景德镇青花和五彩瓷居多，足见当年景德镇瓷器外销东南亚之盛，也大致能反映出外销东南亚瓷器的种类[1]。

### 日本

据日本学者松浦章先生研究，978~1254 年，宋朝商船赴日本贸易者共 105 艘，多的时候，每年有 4、5 艘，平均 2.6 年一艘[2]。明清时期，日本社会经济发展水平落后于中国，当时日本所需基本上都来自中国，"彼中百货取资之于我，最多者无若丝，次则瓷，最急者无如药，通国所用，展转灌输，即南北并通，不厌多也。"[3] 据嘉靖时曾到日本经商的商人童华回忆："大抵日本所须，皆产自中国，如室必布度，杭之长安织也；妇女须脂粉、扇漆诸工须金银箔，悉武林造也；他如饶之瓷器、湖之丝绵、漳之纱绢、松之棉布，尤为彼国所重。"[4]

正统二年（1438）十月，"福建按察司副使杨勋鞫龙溪县民私往琉球贩货。"[5] 景泰三年（1452）六月，

**明晚期景德镇窑青花商山四皓图盘**
盘外底有"天启"伪托款。引自《贸易品味和嬗变》

1　王健华：《从韩槐准先生的捐献品看中国古陶瓷在南洋的外销》，《故宫博物院院刊》1988 年第 3 期。
2　（日）松浦章著，郑洁西等译：《明清时期东亚海域的文化交流·序论》，江苏人民出版社，2009 年，第 1~30 页。
3　徐光启：《徐光启集》卷一"海防迂议"，上海古籍出版社，1984 年。
4　姚士麟：《见只编》卷上，中华书局，1985 年。
5　《明英宗实录》卷四七"正统三年十月壬子"。

清早期景德镇窑青花五彩盘
画面构图模仿日本伊万里样式。
引自《贸易品味和嬗变》

清早期景德镇窑五彩官上加官盘
引自《贸易品味和嬗变》

英宗"命刑部出榜约福建沿海居民，毋得收贩中国货物、置造军器，驾海交通琉球国。"[1]

嘉靖二年，日本使臣宗设、宋素卿分道入贡，互争真伪。市舶中官赖恩纳素卿贿，右素卿，宗设遂大掠宁波。给事中夏言言倭患起于市舶。遂罢之。市舶既罢，日本海贾往来自如，海上奸豪与之交通，法禁无所施，转为寇贼。嘉靖二十六年，倭寇百艘久泊宁、台，数千人登岸焚劫。浙江巡抚朱纨访知舶主皆贵官大姓，市番货皆以虚直，转鬻牟利，而直不时给，以是构乱。经过这场争贡事件，明政府停止了双方的朝贡贸易和民间贸易。隆庆元年虽然开禁，但鉴于倭寇之害，明政府仍严禁与日本贸易，这为葡萄牙人带来了巨大的商机。从1555年开始，葡萄牙人以澳门为基地，垄断澳门至长崎的航线，至1636年日本禁止与葡萄牙、西班牙通商之前，通过这条航线给日本带去了各种急需商品，当然其中也包括日本人喜欢的中国瓷器。1615年，在日本江户的荷兰商人洛德斯特恩在其一封信中提及有一艘葡萄牙商船运载着大量中国瓷器到达长崎[2]。

1600年荷兰正式与日本建立贸易关系，开始与葡萄牙人进行商业竞争。1609年，荷兰人从平户进入日本，在平户设立商馆，于1613年（日本庆长十八年）开始从事中国瓷器的对日贸易。据荷兰方面的文书记录，在1638年（日本宽永十五年）之前数年，荷兰东印度公司几乎每年都将数以万计或十万计的瓷器输入日本。1624年，荷兰人在窃取台湾后，已经渐渐夺取了葡萄牙人在东方贸易的霸主地位，台湾也迅速成为荷兰东印度公司的又一个瓷器贸易中心，大量瓷器从这里被运往日本。如1635年8月18日至31日，"阿姆斯特丹"号等4艘商船从我国台湾装运了4船瓷器到日本，其中有38865件青花

1 《明英宗实录》卷二一七"景泰三年六月辛巳"。
2 刘洋：《明代青花瓷外销分期研究》，《明史研究论丛》第七辑，紫禁城出版社，2007年。

**清早期景德镇窑青花水族纹提梁水罐**
引自《贸易品味和嬗变》

碗，1400 件青花盘和 650 件三分之一尺寸的青花盘，450 件五彩盘和 190 件较小的五彩盘，94350 件小碗和茶杯，总数有 135905 件之多[1]。日本有关方面于 1989~1992 年对平户荷兰商馆遗址进行三次大规模考古调查与发掘，出土了大量中国明代晚期克拉克瓷标本，印证了荷兰方面的文书记录[2]。

在海禁期间，日本获得中国瓷器，除民间贸易、葡萄牙人、荷兰人贩运外，还有日本商人从西属菲律宾、马来西亚、印度尼西亚、越南、泰国等地转运。"倭自知衅重，无由得言贡市，我边海亦真实戒严，无数通倭者，即有之，亦眇小商贩，不足给其国用。于是有西洋番舶者，市我湖丝诸物，走诸国贸易，若吕宋者，其大都会也，而我闽浙直商人，乃皆走吕宋诸国，倭所欲得于我者，悉转市之吕宋诸国。"[3]

晚明中国销往日本的瓷器中有一个明显特征，即所谓的"虫食"，原本是由于瓷土研磨不均匀，瓷器烧造过程中瓷坯收缩快于釉面，冷却时边缘和尖突部位出现的局部釉面剥落。一类是专为日本市场制作的茶具，有盛水罐、小瓮、水罐、香盒、篮子形状的盘和碟等，尤其是丰富的五件套、十件套或更多件套的碟子，形状呈笛子、扇面、动物、蔬菜、花卉甚至人物形状。装饰风格也大致可以分为两类，一类为日本风格，采用不对称法或块面分割法构图，往往图案与背景之间对比鲜明，与中国人的审美观有明显的差别。另一类为中国式图案，诸如山水、花卉、人物、佛道故事等，常见于适合社会大众生活日用瓷上[4]。

2007 年北京大学考古文博学院、江西省文物考古研究所等单位对景德镇观音阁明代窑址的发掘表明，日本皇室也曾于明嘉靖时期向景德镇订烧瓷器。该遗址中出土 1 片瓷碟残片，外底落青花"天文年造"款，"天文"是日本后奈良天皇的年号之一，历时 23 年，相当于明嘉靖十一年至三十三年（1532~1554）。这一发现，既说明日本皇室曾向景德镇订烧瓷器，又探明了订烧瓷器的具体窑厂[5]。

### 越南

中、越两国关系密切，历史悠久。越南在五代之前一直是中国的属国，五代后独立。自宋代至

---

1　刘洋：《明代青花瓷外销分期研究》，《明史研究论丛》第七辑。
2　万钧：《东印度公司与明清瓷器外销》，《故宫博物院院刊》2009 年第 4 期。
3　徐光启：《徐光启集》卷一"海防迂议"。
4　（美）朱丽雅·柯蒂斯著，荣翔译：《贸易品味和嬗变：1620-1645 年景德镇外销日本的瓷器》，*Trade Taste & Transformation:Jingdezhen Porcelain for Japan*, China Institute Gallery,New York,2006.
5　北京大学考古文博学院、江西省文物考古研究所等：《江西景德镇观音阁明代窑址发掘简报》，《文物》2009 年第 12 期。

1858 年，越南一直与中国保持着朝贡关系，这种朝贡关系是中国与越南政治经济贸易往来与文化交流的一个非常重要的途径。据王伟先生初步统计，从北宋乾德元年（963）至南宋咸淳五年（1273），占城向中国朝贡约 40 余次，北宋建隆元年（960）至南宋庆元元年（1195），交趾向中国朝贡共 30 余次。元朝时期朝贡 61 次，明朝时期朝贡 122 次[1]。越南是中国通往东南亚和南亚各国重要通道，郑和七次出海远航，每次皆由此道，在此播下了友谊的种子，进一步加强了中越两国间的经济文化交流。郑和每次出使都带去大量的丝绸、瓷器、茶叶、铁器、察香、金属货币等等，而在这些礼品中，瓷器最受欢迎。《瀛涯胜览·占城国》中记载："占城。货用青瓷花碗、金银首饰、酒、色布、烧珠之属……灵山。贸易之货，用粗碗、烧珠、铁条之属。""中国青瓷盘碗等品……甚爱之。""占城国。所喜者中国青瓷盘碗等器，及纻丝绫绢硝子珠等物，皆执金来转易而去。国王罗采方物、犀角、象牙、茄蓝等香赴中国进贡。""其所齐恩颁谕赐之物至，则番王酋长相率拜迎，奉颁而去。举国之人奔趋欣跃，不胜感戴。事后，各具方物及异兽珍禽等件，遣使领齐，附随宝舟赴京朝贡。是皆皇恩滂沛、德化溥敷，致远人之归服也。"[2]

**清早期景德镇窑粉彩佛像纹铺首尊**
该尊造型是中国传统式样，但装饰风格少见，是为东
南亚与南亚市场专门设计的产品。越南国家博物馆
藏。引自《清代瓷器》

1　王伟：《十四至十七世纪受中国影响的越南青花瓷》，《收藏家》2009 年第 3 期。
2　巩珍：《西洋番国志·自序》。

清康熙景德镇窑五彩八仙纹四方瓶
外底有"大清康熙年制"青花款。越南
国家博物馆藏。引自《清代瓷器》

清乾隆景德镇窑粉彩八宝
外底有"大清乾隆年制"青花款。越南
国家博物馆藏。引自《清代瓷器》

　　中越之间的瓷器交流，早在东汉时期就已开始，此后，瓷器在中国对越南的商品输出中占有一定地位，越南上至王公贵族，下至平民百姓都喜爱中国瓷器，明清时期，中国瓷器大量输入越南。在厉行海禁的情况下朝贡贸易几乎成为中越两国经济贸易交流的唯一渠道，也成了当时瓷器外销的主要方式，所以越南多次请求纳贡，中国明政府又因其纳贡太为频繁，命其三年一贡，"洪武七年：诏三年一贡，新王世见。寻复遣使贡，帝令所司谕却，且定使者毋过三四人，贡物无厚。"[1]"洪武二十一年：帝以其频烦，且供物侈，命仍三岁一贡。"[2]尽管如此，越南在洪武 30 年间朝贡次数达到 30 次之多，其中还罢其请求 4 次，由此可见，越南国内对中国瓷器的需求量相当可观。新航路开辟后，越南兴安、会安等港口因国际贸易迅速繁荣。每年东北季风季节，中国商人运来各种瓷器、丝绸，成为越南获得中国瓷器最为主要的渠道。16 世纪以来，越南对中国瓷器的需求更大，从明代的简单购买中国瓷器发展到定向订烧[3]。此时越南订制瓷器分为两类，一类为王室御器，一类为贵族用器。

---

1　《明史》卷三百二十一"外国二·安南"。
2　《明史》卷三百二十一"外国二·安南"。
3　越南学术界对越南在中国订制的瓷器命名还未统一，有称作"越南在中国订制的陶瓷器"或"越南寄矫瓷器"，也有称作顺化靛器"或"阮时青花瓷"，更多的则是依照法语或英语称之为"顺化青釉瓷"，或命名为"越南在中国订制的瓷器"，参考蒋国学、杨文辉：《越南在中国定制的瓷器与中越文化交流》，《云南师范大学学报》2008 年第 1 期。

063  |  第二章　景德镇瓷器外销市场与品种

　　王室御器一般由国王提出意向，然后由内造所下属的画匠局按要求绘出订制瓷器的草图、诗文交国王御定。经国王御定后图纸一般由外交使团或商人送往中国订烧，景德镇烧成后再由外交使团或商人带回越南。在阮郑纷争时期，北河的订制瓷器有内府系列和庆春系列。内府系列瓷器的主要特征是在瓷器上题有以内府打头的两行汉字：内府侍中、内府侍右、内府侍北、内府侍兑（兑即西，为避西都王郑柞（1657~1682）之讳而用）、内府侍东和内府侍左等。这一系列的瓷器包括碗、盘、花盆、笔筒等郑王府生活用具，有明朝御用瓷器风格。庆春系列瓷器在底部题有以"庆春"打头的汉字，如庆春侍左、庆春侍右等。阮朝明命时期从中国订制了大量瓷器，从生活用品如碗、盘、杯、盏到装饰物品如水瓮、花盆、瓷墩等都有。瓷器上的题款有标明制造年份的如"明命年制"、"明命年造"、"庚辰年制"、"丙戌年制"、"甲申年制"、"戊子年制"等，也有的仅题有"内府"或"日"字。瓷器上常绘有越南风景或题有喃字诗。绍治时期是越南历史上向中国订烧瓷器最多的朝代，订制的瓷器大多绘有龙纹，制作技术和艺术品位都很高。此外还借鉴了西方瓷器的款式，如六边形、八边形等棱角分明的形状。题字多为"绍治年制"、"绍治年造"、"辛丑年制"、"乙巳年制"和"日"等。嗣德时订制的御用瓷器不多，且风格与明命朝相似。题款有"嗣德年制"、"嗣德辛未"、"辛未年制"、"寿"等。

　　从现有实物来看，越南在中国订制的瓷器可分为四大类：饮食用具有碗、盘、匙、盌、茶壶、茶杯、茶托、茶瓶、托盘、京烟烟具、鸦片烟具、痰盂、槟榔盒等；容器有笔筒、墨盒、首饰盒、化妆盒等；礼仪用品有香碗、沉香鼎、盛放祭品的碗盘、家谱盒、装敕封书的匣子等；装饰品有墩、瓮、瓶、瓷板画、画架等。这些器物有的款式、形状大多为两国人民所熟悉，但也有一些为越南所特有，如盌、京烟烟具等。茶杯底部多数题有"雅玉、珍玉、玩玉、红玉、珍玩"或表示制作年份的款识，杯身上一般描绘山水景物或太平寺、桃源洞、白禄洞美好传说并配有诗文，装饰精致生动，这是因为越南"茶道"的精髓在于一边品味茶香，一边欣赏茶具上的景致和吟咏茶具上的诗歌，与中、日两国茶道讲究茶叶的质量、饮法或饮茶礼仪明显不同[1]。

### 菲律宾

　　明代开辟了一条由福建或广东沿海直航吕宋的新航线，取代宋元以来经占城绕道加里曼丹岛北端的文莱至吕宋的旧航路。新航线的开辟，大大缩短了中国至菲律宾的航程。明朝开放海禁以后，以福建漳、泉私商为主体的中国东南沿海海商纷纷前往菲律宾贸易。从福建漳州月港出发的中国商船，乘东北季风十余日便可到达马尼拉港，往来十分便捷，"闽人以其地近且饶富，商贩者数万人。"[2]

　　西班牙人占领菲律宾后，急需同中国建立贸易关系。黎牙实比在1569年7月发给西班牙国王的请示报告中就明确指出："我们必须想方设法同中国建立商业联系，以期获得中国的丝绸、瓷器、安息香、麝香和其他物资。通过开展此种商业活动，（菲律宾）居民便可以马上增加他们的财富收入。"为了招徕、鼓励中国海商赴吕宋贸易，西班牙殖民远征队的头目黎牙实比曾命令航赴武端的舰只要善待途中可能遇到的中国商船。1570年西人攻占马尼拉时，不仅没有伤害当时在彼贸易的4艘中国商船及被俘的马尼拉华人，反而将华人送回中国商船，并用黄蜡与中国商人交易陶罐和瓷器。1573年6月29日，拉维

---

1　蒋国学、杨文辉：《越南在中国定制的瓷器与中越文化交流》，《云南师范大学学报》2008年第1期。
2　《明史》卷三二三"外国四·吕宋"。

**明中期景德镇窑青花海螺纹碗**
菲律宾利纳浅滩沉船出水。引自《江西元明青花瓷》

**明晚期景德镇窑青花开光松鹿纹盘**
菲律宾圣选戈号沉船出水。引自《江西元明青花瓷》

萨礼示给西班牙国王菲力普二世的报告中得意地声称：自从我们到此地以后，中国人即至此贸易，这是因为我们总是设法善待他们……自从他们与西班牙人贸易以来，每年均运来较为精美、丰富的商品。次年，拉维萨礼示在给国王的信中，再次提及由于西班牙人成功地实行招徕政策，中国商人正逐年增加他们的贸易量[1]。

据研究，每年到菲律宾的中国商人约有 1000 人，而西班牙商人也依靠这些中国商人来保持双方的贸易[2]。1570 年以后的 10 年中，共有 75 艘中国商船至马尼拉贸易，平均每年入港 7.5 艘，最高年份达到 14 艘。1579 年以后，中国与西属菲律宾的帆船贸易进入鼎盛时期，1580~1643 年的 64 年中，赴马尼拉贸易的中国商船共有 1677 艘，平均每年入港 26.2 艘。1644 年以后的 40 年，由于清朝海禁政策的影响，中国与西属菲律宾的贸易一度中衰。1644~1684 年，驶入马尼拉港的中国商船共 271 艘，年平均 6.6 艘，只有鼎盛时期 26 艘的四分之一。清朝开放海禁以后，中国与西属菲律宾的贸易迅速恢复和发展。1685~1716 年进入马尼拉港的中国商船数量一般在 20 艘左右，其中，最多的一年达到 43 艘。1717 年，清朝颁布了"南洋禁航令"，加之英国东印度公司的竞争，中国与西属菲律宾的传统帆船贸易开始出现衰退迹象。1717~1760 年到达马尼拉的中国商船共有 549 艘，年均 12.4 艘，占鼎盛时期入港船数的 45%。1757 年以后，西班牙殖民当局大肆驱赶菲华侨，导致中菲贸易规模缩少。1570~1760 年，到达马尼拉的中国商船共计 3097 艘，其中，来自中国大陆的商船 2896 艘，来自澳门的商船 116 艘，来自台湾的商船 85 艘[3]。从中国大陆来的商船，一般均载有数量不等的瓷器，粗瓷多半在菲律宾本地及周边国家销售，精瓷则大部分运往西属美洲或欧洲，比如，1739~1740 年菲律宾的西班牙贸易当局有关中国

1　钱江：《1570~1760 年中国和吕宋贸易的发展及贸易额的估算》，《中国社会经济史研究》1986 年第 3 期。
2　朱培初：《明清陶瓷和世界文化交流》，第 45 页。
3　喻常森：《明清时期中国与西属菲律宾的贸易》，《中国社会经济史研究》2000 年第 1 期。

帆船装载货物记录显示,一艘厦门来的海马号小货船,装载了粗瓷杯150个,粗瓷盘9600个,大瓷盘35600个[1]。除了华船以外,1584年澳门至马尼拉航线的开通也使得葡萄牙人的商船大量南下马尼拉,这一局面持续到1633年西葡两国交恶后西班牙禁止葡萄牙商船停靠马尼拉。

　　菲律宾土人差不多有三分之一的家庭珍藏着中国古瓷,有宋朝至元明清的罐、药盅、油瓮、大盘、大碗、小碗、大碟、小碟,人们以家藏中国古瓷多少,作为家庭富豪的标准[2],出土景德镇瓷器的地点,几乎遍及整个菲律宾群岛。从陶瓷器的品种来看,包括碗、碟、盘、瓶、长颈水瓶、壶、瓮、盖碗等,从珍贵的官瓷到民间陶瓷器,应有尽有,以后者为大宗。在马尼拉202个墓地中出土了1513件10~15世纪的中国陶瓷以及一定数量的泰国瓷、越南瓷。菲律宾吕宋岛西南部加洛他干半岛505个墓地中出土了411件14~15世纪的中国陶瓷,96件泰国瓷,9件越南瓷[3]。八打雁岛卡拉塔甘、潘哥西南岛的博林那峨和圣卡洛、雷扎岛莫隆,民都洛岛的波多格拉以及吕宋岛其他遗址发现了大量明代瓷器。事实上,在15世纪有关官方和民间贸易的明代文献记载中,吕宋经常出现,几乎是菲律宾的代称[4]。菲律宾群岛各岛屿的沿海地带,已经发现了100多处出土中国瓷器的地点。1995年菲律宾国家博物馆在巴拉望省藩达南岛海域发掘了藩达南沉船,出水4700多件中国和越南青花瓷器,专家断定这是一艘中南半岛地区的商船。1996年菲律宾国家博物馆与远东水下考古基金会在吕宋岛三描士海岸发掘了圣伊西德罗沉船,出水一大批明代青花瓷,专家断定这是一艘充当零售商角色的当地商船。1997年菲律宾国家博物

明中期景德镇窑青花龙凤纹盘
菲律宾藩达南沉船出水。引自《菲律宾所见中国和越南青花瓷》

明中期景德镇窑青花花卉纹盘
菲律宾圣伊西德罗沉船出水。引自《江西元明青花瓷》

---

1　(墨)维罗加西亚:《马尼拉帆船1739—1745》,《中外关系史译丛》第一辑,上海译文出版社,1984年。
2　周南京:《菲律宾与华人》,菲律宾华裔青年联合会,1993年,第105页。
3　(日)三上次男著,胡德芬译:《陶瓷之路——东西方文明接触点的探索》,天津人民出版社,1983年,第226~227页。
4　(菲)庄良有:《菲律宾所见明代民窑青花瓷的成就》,*Chinese and Vietnamese Blue and White Wares Found in the Philippines*,Makari,1997.

馆及远东水下考古基金会合作对巴拉望省北部布桑加岛水域利纳浅滩沉船进行水下考古发掘，发现了大量中国及东南亚陶瓷，陶瓷以青花为主，器类包括不同形制、尺寸的盘、碗、壶、罐、盖盒、杯、碟、军持、瓶等；纹饰种类繁多，有海螺、鹿、麒麟、龙、凤、花鸟、山水等，专家根据文物断定这是一艘明代弘治时期中国商船[1]。从沉船地点来看，这艘商船不是驶向马尼拉的运货船，属于在菲律宾各岛屿间进行岛际贸易的商船。这三艘沉船的发掘，表明当时在菲律宾进行瓷器贸易的，既有中国商人，也有本地商人和东南亚其他国家的商人，即使是在中国海禁时期，照样有中国商人非法出境到菲律宾经商，照样有中国瓷器走私到菲律宾。与麦哲伦一起航海到菲律宾的意大利历史学家安东尼奥·彼格菲塔，对他1519~1522年间在维萨亚斯岛和棉兰老岛的见闻作了详细记载。比如，可能产自中国的瓷盘、瓷罐被当地贵族用于盛食物和宗教场合。菲律宾群岛各地所发现的大量15世纪后期至16世纪前期青花瓷，表明当时非法贸易已波及该岛南部[2]。

中国瓷器之所以畅销菲律宾，第一，菲律宾流行瓮葬文化，以前使用陶瓮，明代中国瓷器大量倾销菲律宾后，相当一部分人改用瓷瓮。第二，菲律宾内地各部落以中国瓷器作为衡量财富的标准，并以中国瓷器作为世代相传的传家宝。部落之间、家族之间发生械斗，和解时以中国瓷器作为赔偿（一般是一个人头赔一个瓷瓮）。在菲律宾人的婚姻生活中，瓷器具有十分重要的地位，新郎给新娘的聘礼全部或部分是瓷器。在描拉湾的巴塔克族中间有一不成文法，若男人对妇女有非礼行为，则须用瓷器赔偿损失，如摸身罚瓷器10件，抚乳罚30件，强奸罚100件。在社交中瓷器是一种珍贵的礼品，例如，1574年菲律宾各酋长为了向西班牙国王表示忠诚，赠送了瓷器和丝绸。第三，菲律宾人日常生活中需要大量各种陶瓷器，主要是餐具和家庭陈设品。第四，菲律宾各种仪式、宴会都离不开盘、瓮等瓷器；在宗教仪式上，献给精灵的供物也放在瓷盘上。在菲律宾南部，跳宗教舞蹈时男女舞蹈者必须头顶盛装米饭和其他供物的瓷碗。在这种场合，谁要是拿不出中国瓷器，则被认为是奇耻大辱[3]。

### 印度尼西亚

印度尼西亚是中国近邻，法国著名学者费朗在《苏门答腊古国考》中引证1789年和1848年西方出版的史籍指出，印度尼西亚的爪哇岛当时是中西贸易的主要商港。西洋商贾欲至中国贸易者，在明初"仅能达于斯国。此外，中国诸地，因路途远而宗教异，皆不能至"。于是，中国商舶运来大批瓷器、樟脑、香油等，通过爪哇，再由西洋商贾转售西方各国[4]。郑和下西洋后，南洋海路通畅，双方民间贸易发达。正统九年（1444）二月，"潮州府民滨海者，纠诱旁郡亡赖五十五人私下海，通货爪哇国。"[5]正统十年（1445）三月，"福建缘海民有伪称行人正使官，潜通爪哇国者。"[6]荷兰殖民者占据雅加达后，以此地为东方贸易的基地，每年荷兰东印度公司吸引中国商人大量输入瓷器，转运亚、非各地和欧洲，印度尼西亚各岛屿的贸易完全由荷兰东印度公司垄断。1606年仅一个中国商人就贩运瓷器10.8万件到

1 （菲）卜迪桑·奥里兰尼达：《菲律宾沉船发现的明代青花瓷》，《江西元明青花瓷》，香港中文大学文物馆，2002年，第211~220页。
2 （菲）庄良有：《菲律宾所见明代民窑青花瓷的成就》。
3 周南京：《菲律宾与华人》，第106~107页。
4 朱培初：《明清陶瓷和世界文化的交流》，第9页。
5 《明英宗实录》卷一一三"正统九年二月己亥"。
6 《明英宗实录》卷一一七"正统十年三月乙未"。

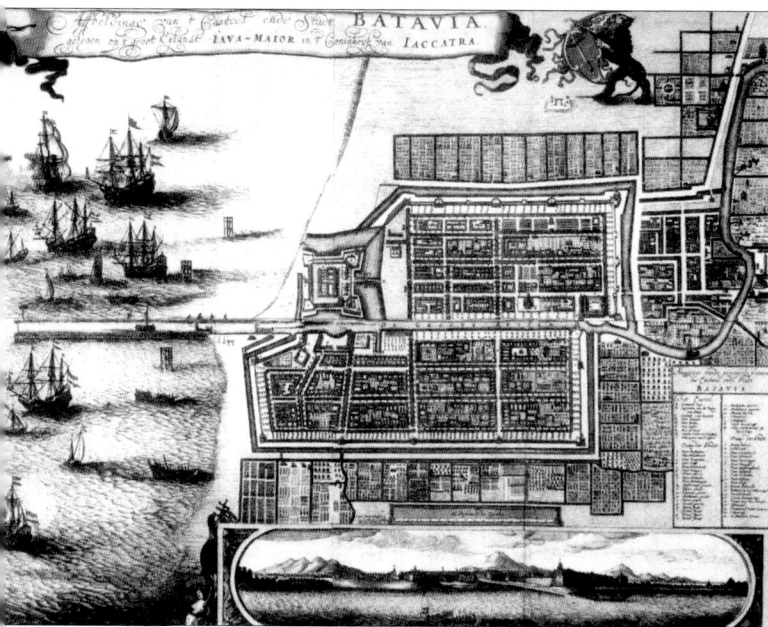

巴达维亚城市及城堡平面图

18 世纪初。弗肯绘，鹿特丹海事博物馆藏。引自《荷兰东印度公司》

巴达维亚港一角

画面显示，有东印度公司的商船，也有中国赴印尼贸易的容克船。格林威治国家海事博物馆藏。引自《荷兰东印度公司》

大泥[1]。1636 年每月都有瓷器从巴达维亚运往爪哇的万丹、齐里彭、亚拉伯、弟加尔、贝加龙干和柔丹、巴厘岛、安坟岛，苏门答腊的詹卑、英德拉哥里、西里巴、旧港、苏门答腊西海岸和亚齐，婆罗洲的苏加丹那、马塔甫拉和文郎马神，全年总数达 379670 件[2]。

　　根据荷兰人记载，荷兰东印度公司的船员每到一个港口，往往见到中国商船停泊，以美丽的瓷器和丝绸与爪哇人贸易。1625 年有 5 艘中国船到达巴达维亚，多数是 600 或 800 吨，总的吨级超过东印度公司回航舰队的总吨数，各船分别载 500 人、480 人、100 人和 50 人。在 1627 年，又来了一队 800 吨的中国船，船上分别载了 500 人及 450 人。在巴达维亚的贸易只是中国人重要的海外贸易的一支。1626 年由福建港口起航的船，有 4 艘往巴达维亚，4 艘到柬埔寨，4 艘到越南，3 艘到暹罗（泰国），1 艘到北大年，1 艘到詹卑，1 艘到查拉坦，并有 100 艘左右较小的商船驶往航程较近的马尼拉[3]。1625 年 2 月 24 日《吧城日志》发表的报告就记录，一艘由泉州驶抵巴达维亚的华船运来各种粗细货品，并且运来 40 名商人、80 名船员和水手，还有 360 名随货同来的商贩。费慕伦博士特别指出随货同来的 360 人都是肩挑中国瓷器到处叫卖的小商贩。这种小商贩的活动自明延续到清，遍布南洋各地。如 1820 年克拉福氏在其著作《印度群岛史》第三章中提到："暹罗与外国贸易，最多是由中国输入，中国贸易之中心为曼谷，其次为宋卡及六坤，由中国各港口航来之贾舶，多自广州、江门及樟林，福建之厦门。……

1　沈定平：《论十六至十八世纪中国与东南亚的贸易关系》，《学术研究》1987 年第 3 期。
2　万钧：《东印度公司与明清瓷器外销》，《故宫博物院院刊》2009 年第 4 期。
3　朱杰勤：《中国陶瓷和制瓷技术对东南亚的传播》，《世界历史》1979 年第 2 期。

在商业上，通称此种贾舶为杂货船，其载来主要之商品为粗陶器及瓷器"。此外，"印度群岛及中国殖民地由中国供给日常需要普通宴席用之全套白地青花粗瓷，早已大宗销卖于此间，其各种精美之细瓷，虽亦有输入，但需要不多，中国瓷器比我们的陶器，尤价廉物美"。1821 年，英国上议院特别委员会在关于外贸的报告中谈及中国帆船在印度尼西亚贸易的情况："从中国来的出口货物，主要是粗陶瓷器、丝织品、茶叶、家具以及其他华侨的家常用品"。从目前东南亚考古发掘得到的遍布各大沿海港口城市和内陆聚居地的中国瓷器碎片，可以知道华商在此进行的传统瓷器贸易规模之大[1]。

## 东南亚其他国家

《明实录》记载，1383 年明朝一次运往占城、暹罗、真腊等地瓷器 1.9 万件。郑和七下西洋时，曾 3 次到过泰国，费信《星槎胜览》和马欢《瀛涯胜览》记载了郑和船队把中国青花瓷运到泰国，与当地人贸易。20 世纪泰国考古队在暹罗湾发现多艘中国帆船，打捞出大量中国瓷器，如 1983 年，在暹罗湾锡昌岛近海发现一艘中国明代沉船，载有 1619 年以前的中国瓷器及其他物品[2]。泰国王室喜欢使用中国瓷器，大城时代末期至曼谷时代初期，在中国订烧的瓷器被称为宾加龙瓷器，意即多彩瓷器，包括五彩、粉彩、斗彩、珐琅彩等彩瓷，由王室专门设计，派人送往中国景德镇订烧，器种有杯、碟、钵、盖碗、台座、化妆盒等。这类瓷器彩绘纹样轮廓喜用金线，纹样多数为花卉、卷草，也有神像、半人半狮像、半人半鸟像、佛像及佛教故事等；器底书写中国年号[3]。曼谷时期，王室在中国订烧被称为拉依娜么同的瓷器，器类有盖碗、壶等。金彩桃红蔷薇花构成画面主体，富有泰国风情，底色填满金彩，红色以桃红色的金红为主，装饰技法为粉彩或珐琅彩，器底书写中国年号[4]。

明代中国与柬埔寨往来密切，吴哥王朝向中国遣使 23 次，得到丰厚的礼物，比如，1388 年，明太祖回赠吴哥国王的礼物中包括 1.9 万件瓷器[5]。绰号甜齿仔（名 Sisicq）的船主，在 1610 年从台湾航行到柬埔寨，其船货中有粗瓷器 37500 件[6]。

关于中国与新加坡的瓷器贸易，西方人著作中有一段颇为生动的描述：每年，当第一艘中国民船在海港出现时，住在新加坡的中国人便乘着小船飞快地迎上前去，他们把小船拴在民船上，让他扯着走，一边

**清晚期景德镇窑粉彩花卉纹盖碗**
这种彩绘风格是景德镇窑专门为泰国生产的宾加龙瓷器。泰国还从景德镇订购白瓷，在当地窑厂加彩，仿制此类产品。引自《世界陶瓷》

1 翁舒韵：《明清广东瓷器外销研究（1511~1842）》，第 24 页。
2 何芳川主编：《中外文化交流史》，国际文化出版公司，2008 年，第 329~330 页。
3 陈进海：《世界陶瓷》第三卷，万卷出版社，2006 年，第 482 页。
4 陈进海：《世界陶瓷》第三卷，第 483 页。
5 《明史》卷三二四"真腊传"。
6 李金明：《明代后期部分开放海禁对我国社会经济发展的影响》，中外关系史学会编《中外关系史论丛——关于我国历史上的开放与闭关政策专辑》第三辑，世界知识出版社，1991 年。

高声向民船上的人打听来自中国的消息，中国民船到达海港内停泊地时，就在船上搭起篷盖，一艘艘船看起来就像浮在水面的屋子一样。中国商人就在船篷底下把他们的茶、丝绸、瓷器卖给市镇里的商人[1]。

### 印度

《马可·波罗行纪》第154章记载，马可波罗在泉州城看到："印度一切船舶运载香料及其他一切贵重货物，咸蓗此港……由是商货、宝石、珍珠输入之多，竟至不可思议。"印度以及阿拉伯国家前来购买瓷器的船舶约有一百多艘。在印度果阿，"有一条街都是这些印度异教徒，他们出售从中国运来的名贵瓷器"[2]。

"阿姆斯特丹号"、"毛里求斯号"、"霍兰迪亚号"以及"杜伊夫根号"快艇离开万丹

彼特·塞沃特雕刻。阿姆斯特丹皇家版画馆藏。引自《荷兰东印度公司》

莫卧儿帝国时代的帝王或地方长官所居住的城堡，现在处处都充当着作为博物馆的新角色。而在这些博物馆里，几乎可以说一定陈列着几件十四、十五世纪至十七、十八世纪的中国陶瓷。这些可能都是过去城堡主人的部分收藏物[3]。

14世纪后期德里的图格鲁克苏丹晚餐或宴客时使用瓷器[4]。17世纪英属东印度公司某位驻印度代理报告：各式各样的中国器皿在此间广受珍视并大量使用，各种尺寸、价位和样式，每年销售量至少一百吨。1578年意大利耶稣会士帕西奥在印度果阿看到大量中国瓷器后记述：这么多瓷器，这么吸引人的价格，根本不见当地还有人用黏土制作任何类似玩意。瓷器这么便宜，哪里还能用任何价钱卖掉那些陶锅子呢，只是白白浪费时间直接赔钱而已[5]。17世纪英王詹姆斯六世派往蒙兀儿皇帝贾汗吉宫廷的大使罗伊爵士，一抵达印度，就期待痛快大肆采购一场：我原以为，全印度就是间大瓷器铺，应该替我所有朋友都买上一些少见的珍品[6]。

1612年，Dergoes和Duyfken号从万丹经亚齐航行到印度的科罗曼德尔沿岸，从巴达维亚装上各种粗瓷31272件，从万丹装上6140个奶油盘，水果盘及各种杯[7]。1987年印度考古学家对印度东南沿海古马八儿国大丹遗址进行考古发掘，出土13~14世纪中国古瓷片1000多片，其中景德镇青白瓷、青花瓷占15%。20世纪80年代印度泰米尔那度大学考古学教授苏拔拉雅鲁在斯里兰卡满泰半岛相对的印

1　朱杰勤：《中国陶瓷和制瓷技术对东南亚的传播》，《世界历史》1979年第2期。
2　刘洋：《明代青花瓷外销分期研究》，《明史研究论丛》第七辑。
3　（日）三上次男著，胡德芬译：《陶瓷之路——东西方文明接触点的探索》，第211页。
4　（美）罗伯特·芬雷著，郑明萱译：《青花的故事》，第191页。
5　（美）罗伯特·芬雷著，郑明萱译：《青花的故事》，第293页。
6　（美）罗伯特·芬雷著，郑明萱译：《青花的故事》，第293页。
7　李金明：《明代后期部分开放海禁对我国社会经济发展的影响》。

**清中期广彩开光骑象纹盘**

专为印度市场制作。英国维多利亚与阿
尔伯特博物馆藏。引自《中国外销瓷》

**元景德镇窑青花双凤穿花纹盘残片**

印度德里图格鲁克宫殿遗址出土。外底有"御膳房"题款和
字母"ｓａｄ"字样,表明此盘系宫廷御器。引自《瓷之韵》

度南端帕里雅八丹发现了一些14世纪景德镇青花瓷片[1]。1960年印度德里塔格拉克宫遗址出土元代青花瓷67件，青瓷5件，为盘、碗一类日用品，多数在底部刻有"王室的厨房"、"王室厨房的财产"铭款，据研究它们是苏丹菲鲁兹在位后期倾向于正统伊斯兰教派，将厨房用具中有动物、花卉图案的瓷器打碎后形成的堆积[2]。

## 二、西亚、北非

亚洲中、西部和非洲北部以至欧洲南部某些地区的中古文明，是与伊斯兰文化联系在一起的。在中国元、明、清时期，这一地区主要有伊儿汗王国、蒙古帖木儿王朝、萨菲王朝和塞尔柱王朝和奥斯曼土耳其帝国。

中国瓷器很早就经陆上丝绸之路和海上瓷器之路传入阿拉伯世界，并中转到欧洲和非洲。阿拉伯人非常喜欢中国瓷器，他们视瓷器为珍品，称瓷器为"绥尼"，意即"中国的"，用中国瓷器做碗、盘、杯、碟等餐具，还广泛用作宫殿、寺院、厅堂等建筑装饰，或用为珍贵礼品馈赠他人[3]。从中亚土库曼斯坦共和国通向伊朗北部的道路，经过马鲁和阿什哈巴德以后，进入伊朗北部的戈尔甘，由此往西，穿过伸展在厄尔布尔山脉北侧和里海之间的富庶的马赞德兰，然后到达高加索地方以及伊朗西北部的草原和山地。从此可以前往高加索和黑海方面，或安纳托利亚和底格里斯河上游。阿塞拜疆共和国卡巴顿、阿兰、卡拉、古格养希城、巴库等地也出土了精美的中国陶瓷[4]。在郑和七下西洋的直接推动下，中国与非洲的交流大大加强，中国官船、民间商船输入大量丝绸、瓷器、铁器之类商品，以瓷器为例，已从装饰品扩展到日用品，东非发现的中国明代瓷器就以碗、壶、盘、罐最为常见，尤其是盘、碗[5]。

1605~1661年，荷兰东印度公司除了把中国瓷器运往荷兰销售外，还载运了大约500万件中国瓷器至安南、暹罗、缅甸、锡兰、印度、波斯和阿拉伯等地。1636年10月5日范登伯格从台湾写给巴达维亚的信里有这样一段话："按照运来桶装的样品为苏拉特、波斯

元景德镇窑青花花卉纹蒙古包

俄罗斯艾尔米塔什博物馆藏

1　刘迎胜：《宋元时代的马八儿、西洋、南毗与印度》，《海路与陆路——中古时代东西交流研究》，北京大学出版社，2011年，第32~56页。
2　（英）S·斯马特、叶倩：《德里塔格拉克宫所藏十四世纪中国瓷器》，《上海文博》2009年第1期。
3　何芳川主编：《中外文化交流史》，第580页。
4　（日）三上次男著，胡德芬译：《陶瓷之路——东西方文明接触点的探索》，第173页。
5　何芳川主编：《中外文化交流史》，第663页。

《游行场面》局部
15 世纪初。土耳其托普卡普皇宫博物馆藏

《树下游乐图》局部
1425～1450 年，图中绘有青花罐、青花碗。美国波士顿美术馆藏

和考罗满达配备的 2 万考其（40 万件）……以及根据您的指示为波斯订制一万考其的瓷器，都已经与前任签订了合同，中国商人答应在 1637 年的二三月里交货。"1643 年 3 月 16 日从苏拉特开往阿拉伯摩查的"尤特该司特"号就装有 108693 件细瓷，值 5962 弗罗林。1644 年 7 月 22 日公司驻波斯代表写信给巴达维亚需要各种瓷器 20 万件。同年 11 月 30 日"弗利特"号从台湾开往苏拉特，载去 159713 件瓷。1645 年"在另外一件给苏拉特公司的主任的说明里（日期为 10 月 20 日），我们知道今年已有 24 条船到达摩查，其中包括装有其他物资的 3 条英船在内，计有各式各样的粗、细瓷器 15000 考其"[1]。

　　正如朝鲜国王、足利幕府和菲律宾头目一样，帖木儿也借助中国声望擦亮自己的文化资历，一路征服建立霸业之余，他不忘沿途搜集瓷器。1398 年帖木儿大肆掠夺德里苏丹国的图格鲁克王朝首府德里，缴获大批明朝青花瓷。两年后攻破马穆鲁克叙利亚的大马士革，又收获了一批瓷器。1396 年在巴格达，波斯名画师居奈德为一本诗集手稿作了一系列袖珍插图，画中帖木儿要人欢乐集会，席间使用的器皿就是青花瓷。波斯后期艺术作品中凡有王公贵族享乐，必有青花瓷器在场。这种关联性的建立，居奈德功不可没[2]。15 世纪初有幅帖木儿王朝配图手稿《游行场面》，现藏土耳其托普卡普皇宫博物馆，描绘了出使任务的景象，充满了奇思幻想，只见一片多岩的沙漠，九位身穿鲜艳中式袍褂的男子，护送一辆驴车，车上满载的巨大青花缸压得车身下沉，车中盖罐上的龙纹具有浓郁的伊斯兰绘画风格，一旁蓝衣老者手持青花执壶做饮状[3]。1444 年版卷头插画《皇家园中盛宴》，画了一对帖木儿王室夫妇，正在接受三名头戴黑帽的中国使者献上一打青花瓷器[4]。帖木儿孙子乌鲁伯格在撒马尔罕盖了一幢瓷

1　万钧：《东印度公司与明清瓷器外销》，《故宫博物院院刊》2009 年第 4 期。
2　（美）罗伯特·芬雷著，郑明萱译：《青花的故事》，第 297 页。
3　（美）罗伯特·芬雷著，郑明萱译：《青花的故事》，第 298 页。
4　（美）罗伯特·芬雷著，郑明萱译：《青花的故事》，第 298 页。

屋，配有瓶形墙龛，专为摆放瓷器[1]。

1611年阿巴斯将1162件瓷器捐赠里海之滨位于阿尔达比勒的萨菲纪念祠。阿巴斯功业彪炳，被推崇为王朝最重要推手，这批精美器皿只是他留予后代子孙巨大遗产的一部分。内含400多件青花，全部陈列在一栋蓝、金装饰的八角形大建筑瓷屋内[2]。

奥斯曼帝国全盛时期，控制了今欧、亚、非三洲的埃及、土耳其、叙利亚、也门、希腊、罗马尼亚、保加利亚等近40个国家和地区，陆上、海上丝绸之路在这里交汇，控制了地中海东部和红海、波斯湾的制海权，掌握了该地区海陆贸易的主导权，中国瓷器和丝绸大量被运销这里。明代与奥斯曼帝国有密切往来，仅在嘉靖一朝，奥斯曼帝国曾6次派遣贡使来华[3]。

奥斯曼帝国时期，对中国瓷器尤其偏好，特别是对那种蓝白相间的中国青花瓷情有独钟，拥有及使用中国瓷器成为身份和地位的标志，18世纪时安东尼嘎兰写道："相信皇帝拥有一套以这种陶土烧制的餐具，价值八千库如许。首相不久前也花了三百库如许买来一套试用。豪门巨室无不以拥有几件这类盘子为荣。"[4]苏丹和大臣进餐时使用青花瓷。奥斯曼人相信中国瓷器餐具可以防毒，特维诺曾访问一名皇宫的前侍从，获悉苏丹要用中国瓷土制作的碟子进食，而这些瓷器比其他瓷器珍贵是因为能防毒。安东尼嘎兰谈及瓷器时说："我见过一只来自印度，以一种青色瓷土制造的碗。土耳其人极珍视这种接触毒物便会破裂的瓷碗，愿意付重金购入。苏丹那些经常害怕下毒的兄弟们，只肯用这种盘子进食。"[5]根据文献记载，结合当时绘画，可以推断瓷器的用途，把壶除了用作盛放净水，供礼拜前净手之用外，

**元景德镇窑青花花卉纹菱口盘**
大盘是为阿拉伯世界饮食习惯需要专门设计烧制，外腹部刻有阿巴斯·萨菲的名字。
伊朗国家博物馆藏

**明宣德景德镇窑青花折技花纹执壶**
土耳其托普卡普皇宫博物馆藏

1 （美）罗伯特·芬雷著，郑明萱译：《青花的故事》，第298页。
2 （美）罗伯特·芬雷著，郑明萱译：《青花的故事》，第300页。
3 马文宽：《中国瓷器与土耳其陶器的相互影响》，《故宫博物院院刊》2004年第5期。
4 （土耳其）艾斯尔多度：《中国瓷器在奥斯曼人生活中的地位》，土耳其外交部编《伊斯坦布尔的中国宝藏》，伊斯坦布尔，2001年，第104页。
5 （土耳其）艾斯尔多度：《中国瓷器在奥斯曼人生活中的地位》，第109页。

元景德镇窑青地白花花卉纹菱口盘
土耳其托普卡普皇宫博物馆藏

明中期景德镇窑青花龙纹盘口长颈瓶
土耳其托普卡普皇宫博物馆藏

还用于饭前洗手；大碗和瓷盘是用来盛食物，放在圆形矮桌的中央，最少三至四人盘腿围坐或跪坐于地上，共享美餐。大盘是用来盛食物供众人共享食物，小碗是盛汤、炖果茸、酸奶酪等。皇宫档案瓷器账册表明，有盛泉水的碗盘、玫瑰水壶、咖啡壶、茶壶、冷杂饮杯、玫瑰果酱盘、羔羊盘等[1]。

历代苏丹对中国瓷器特别喜爱，每逢登基、大寿、大婚和其他重要活动，中国瓷器是大臣们必送的贺礼和苏丹赏赐的礼物，甚至苏丹生病时，大臣们也会献上中国瓷器，祝苏丹早日康复。例如：穆罕默德四世抱病时，教长曼卡里扎德曾献上中国黄釉瓷瓶。1768年掌玺大臣伊民·帕夏晋升为首相时，苏丹送去首相府的礼品中有10件中国瓷盘[2]。在重大外交活动中也要用到中国瓷器，1741年接待波兰大使时用中国瓷餐具；奥斯曼大臣出使时则从皇宫领用中国瓷器供出访期间使用，以彰显帝国气派。

土耳其托普卡皇宫博物馆就收藏1万多件中国瓷器，尤其是精美的元代和明初青花瓷，该博物馆展厅的前言写道："如今在世界上任何一个地方，甚至是这些瓷器的祖国，你都再也找不到藏品如此丰富的瓷器馆，它是世界上独一无二的。"[3]该馆所藏档案中保存了大量有关中国瓷器入藏经过及名称、用

1 （土耳其）艾斯尔多度：《中国瓷器在奥斯曼人生活中的地位》，第122页。
2 （土耳其）艾斯尔多度：《中国瓷器在奥斯曼人生活中的地位》，第110页。
3 张燕：《奥斯曼帝国与中国瓷器》，中国古陶瓷学会编《中国古陶瓷研究》，紫禁城出版社，2008年，第430~434页。

土耳其托普卡普皇宫博物馆瓷器展厅
当年为皇宫御厨房，改为博物馆后，辟为瓷器展厅

途等方面的记录，当时人们记述中国瓷器有一套特殊用语，比如称青瓷为"马塔班尼"，其他瓷器为"法富尔"或"法富利"，"法富利"意即中国皇帝，"泽图尼"为黄绿色，"阿拉卡"代表斑驳的杂色，"必雅斯"代表白色，"撒日"代表黄色，等等。"木哈勒法"登记薄（去世及革职官员财物回归国库清册）表明，博物馆藏品中相当一部分来自帝国各地，反映了当时西亚北非广大地区贵族的中国瓷器收藏风尚和品味。一份1514年的文献，记录了苏丹塞林一世征伐波斯时，在查德兰大捷后从大不里士的波斯皇宫夺得一批瓷器。数年后，塞林一世征服大马士革和开罗，也俘获一批瓷器。

瓷器在土耳其极为珍贵，镶嵌金银珠宝来装饰，操此业的工匠称为"瑟哲"或"瑟尼参哲"，基本工序是先在瓷器表面挖出浅洼，嵌入黄金片或镀金银片打制的托子，再将宝石嵌进托子，处理出色的话，会令人叹为观止，首相伊巴希姆·帕夏呈献给苏丹的礼品中有一只饰有宝石的中国瓷碗，像轻呷一口水那般优美，碗内映着红宝石的光彩，如石榴溶于水中，镶嵌的宝石光芒眩目，看似水上的泡沫，托普卡普皇宫博物馆中藏有这种镶嵌宝石的中国瓷器273件。正因为瓷器珍贵，破损了也不会丢弃，而是加以修补再利用，出现了一个修缮瓷器的专门行业，当年伊斯坦布尔有25名精于修缮瓷器的工人和10间瓷器修缮作坊[1]。

---

1 （土耳其）艾斯尔多度：《中国瓷器在奥斯曼人生活中的地位》，第124~125页。

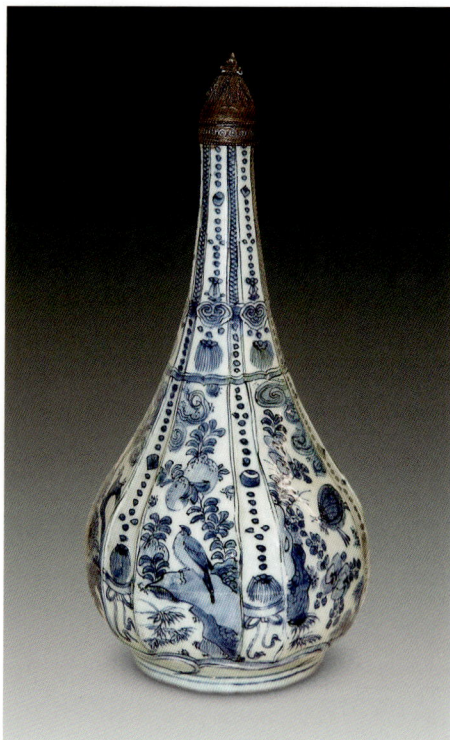

**明晚期景德镇窑青花开光花鸟纹长颈瓶**
银盖系瓷瓶运抵土耳其后配制。土耳其
托普卡普皇宫博物馆藏

中国瓷器沿地中海西岸向北非分布，直至摩洛哥。摩洛哥旅行家伊本·白图泰在游记中记述：中国"瓷器运销印度等地区，直至我国马格里布"[1]。苏丹境内阿伊扎布港在1058～1368年，是中国瓷器运销阿拉伯世界的重要转运港口。"从十世纪前后起，由印度方面溯红海向埃及行驶的船只，其目的地都是阿伊扎布港。至于从阿伊扎布港出发的船只，其航向一半去遥远的印度西南的马拉巴尔海岸，另一半则往西北岸的格贾拉特。所以这个港口的使命，并不仅仅是向附近的麦加航行的进香船舶的基地，根据也门犹太商人的纪录，从印度运往阿伊扎布的商品，首先是中国陶瓷。"[2]中国瓷器从阿伊扎布港卸货后，由骆驼商队经陆路向西走10天左右，到达埃及尼罗河岸的库斯和阿斯旺，一部分沿河而下，运抵尼罗河口，一部分溯河而上，运抵埃塞俄比亚。中国瓷器输入埃及，在阿拔斯王朝时期从波斯湾转运，到法蒂玛王朝时期，则直航红海，有的从阿伊扎布港转运，有的通过连接尼罗河的运河直接运到福斯塔特，质地精良、图案绚丽、造型美观、胎质细薄的中国瓷器深受埃及人民欢迎。大量的证据来自希腊、罗马和阿拉伯的作家，他们叙述运河能使船舶从尼罗河运货到红海，反之亦然。谷物由苏丹的麦田运往罗马、麦加、阿拉伯与印度；中国的瓷器与丝绸可以带到罗马，而威尼斯的玻璃也到了印度[3]。从考古发现来看，埃及红海沿岸、尼罗河流域都有宋代以来的景德镇瓷器出土，分布十分广泛[4]。在开罗，中国瓷器时有出土，给人的感觉是，"好像家家户户，在当时都使用中国陶瓷。"[5]在开罗南郊的发掘中出土了中国陶瓷，年代经鉴定为10～14世纪。在《福斯塔特出土的中国瓷器》一文中，考古学家霍伯森说明陶瓷发掘物的意义：翻看存放在福斯塔特与开罗的阿拉伯博物馆中的碎片……我们很清楚地认识到埃及与远东地区之间的贸易，范围广大，年代久远。例如，有若干上米色釉、带绿色及褐黄色斑点的淡黄色瓷片，是属于中国唐代的；有数种标示宋朝贸易商的青瓷。还罗列着从元代到明末时期的青花瓷……在明朝，跟中国的贸易量应该会增加，这是理所当然的……这一点由埃及有大量的青花瓷可以证明，其碎片不仅在福斯塔特触目皆是，整个开罗也有很多……其中最早的标本是一只碗的底部有永乐，即朱棣的年号[6]。在郑和时代，开罗有11间客栈，23座市场进行国际贸易，50处较小的市场供地方贸易使用，还

1 （摩洛哥）伊本·白图泰原著，马金鹏译：《伊本·白图泰游记》，宁夏人民出版社，1985年，第546页。
2 （日）三上次男著，胡德芬译：《陶瓷之路——东西方文明接触点的探索》，第31页。
3 （英）孟席斯（Gavin Menzies）著，洪山高译：《1434：中国点燃意大利文艺复兴之火》，台北远流出版事业股份有限公司，2011年，第87页。
4 马文宽、孟凡人：《中国古瓷在非洲的发现》，紫禁成出版社，1987年，第55~58页。
5 （日）三上次男著，胡德芬译：《陶瓷之路——东西方文明接触点的探索》，第37页。
6 （英）孟席斯（Gavin Menzies）著，洪山高译：《1434：中国点燃意大利文艺复兴之火》，第89~90页。

**埃及亚历山大港**
新航路开辟前中国瓷器经此港口转运地中海沿岸的北非、欧洲各国

**明晚期景德镇窑青花瓷**
马达加斯加武海马尔墓葬群出土。重庆师范大学孔令远教授摄

**肯尼亚的穆斯林柱墓**
以明代景德镇窑青花瓷盘装饰。引自《云帆万里照重洋》

有 11 座马场[1]。

　　大约从 13 世纪起，中国瓷器运到红海泽拉港附近的萨阿德丁岛，埃及商人由此起岸运到埃塞俄比亚和索马里，尤其是郑和船队在 1413~1433 年间 4 次到达东非，开辟了从印度南部的小葛兰或锡兰的别里罗横渡印度洋到达东非的新航路，与当地 10 多个国家建立了友好关系，因而瓷器在东非分布更广，数量大、品种多，坦桑尼亚的松加姆拉岛、基尔瓦岛、马斐亚岛，肯尼亚的盖代遗址都有中国明清瓷器出土，在埃塞俄比亚东部，"与面临亚丁湾的索马里港口吉布提之间的通道上，有一些城镇如阿马特、阿巴萨、戈吉萨和更内地的哈拉尔、达迦布尔、埃伊克等地，都发现了中国宋、元、明各代的陶瓷碎片。"东非海岸和岛屿，中国古代瓷器残片星罗棋布，20 世纪 50 年代，英国弗里曼·格伦维尔在坦桑尼亚就发现了 46 处出土中国古代瓷片的遗址。三上次男先生实地考察后指出，这一地区出土古代中国瓷片的重要遗址有：索马里萨丁岛和柏培拉，以及滨临印度洋的摩加迪沙、基斯马尤和科亚马群岛；肯尼亚邓福特港、帕塔岛、曼达岛、拉木岛、曼布鲁伊、吉迪、马林迪、基利菲、姆纳拉尼和蒙巴萨；坦桑尼亚奔巴岛、马非亚岛、基尔瓦基西瓦尼岛、松加姆纳拉岛、森吉亚凯托岛和基尔瓦岛等。曾经考察东非海岸和岛屿的美国学者约翰·波普看到的情况是，那时既有唐末到宋初的越州窑瓷和白

1　（英）孟席斯（Gavin Menzies）著，洪山高译：《1434：中国点燃意大利文艺复兴之火》，第 94 页。

肯尼亚蒙巴萨博物馆陈列的中国元明青花瓷
引自《云帆万里照重洋》

瓷碗，也有为数众多的十四、十五世纪初的青瓷，包括十四世纪前期和中期绘有凤凰和蔓草花纹的瓷器。其中还有元代的素底雕花白瓷，即所谓枢府瓷，种类繁多[1]。

至少在 15 世纪，东非富有的人家已不使用进口的伊斯兰釉陶，而改用景德镇瓷器，帕泰岛上层社会在宴会上以使用中国瓷器为时尚，每个酒杯上均有精美的装饰[2]。当地人还把珍奇而又昂贵的中国瓷器作为室内的摆饰，用以夸耀兴趣高雅或家庭富裕。此外，在宴会中使用中国瓷器的餐具和酒壶，其情况也与当时的其他城市相同。在非洲，中国瓷器除了日用外，还被用于装饰清真寺、墓标等宗教礼仪性建筑。这种一见就使人感觉新奇的壁面装饰，在这一带的中世纪大型建筑中极其普遍。例如，在坦桑尼亚的松加姆纳拉岛上，宫殿遗址的墙壁和顶棚上，次序井然地镶嵌着内侧朝外的青瓷碗，

清代景德镇窑青花瓷
南非国家历史文化博物馆藏

---

1 （日）三上次男著，胡德芬译：《陶瓷之路——东西方文明接触点的探索》，第48~52页。
2 何芳川主编：《中外文化交流史》，第663页。

看去颇像四方形的花纹图案。在朱阿尼岛的卡阿中世纪清真寺里，米希拉布的壁上，也整齐地镶嵌着中国陶瓷。从索马里穿越肯尼亚到坦桑尼亚的沿海地带伊斯兰时代遗迹中，有许多柱墓。这种柱墓的建造，用中国陶瓷碗、盘装饰，多数为 15 世纪以后的中国陶瓷。除了青瓷和青白瓷以外，还装饰着在白底上绘着天蓝色花纹的大量瓷碗，花纹有花卉、水果、鸟类、麒麟、鱼，以及由蔓藤花草构成的万宝图，显得丰富多彩。所以，用这种瓷器装饰的柱子，琳琅满目，美不胜收[1]。

明清时期，中国瓷器由非洲东岸向西、向南、向内陆扩展，津巴布韦、莫桑比克、坦桑尼亚、肯尼亚、刚果、马达加斯加、南非等地均有中国明清瓷器出土[2]。1948 年以来，肯尼亚曼达岛·安哥瓦那给地、基尔朴瓦、基那尼、蒙巴萨和杰萨斯堡等 10 多处遗址和杰萨斯堡附近的一艘葡萄牙沉船进行了系统的考古发掘，出土了一批中国瓷器，另外还在 40 多个遗址的考古调查中也发现了中国瓷器，这些中国瓷器时代在 14~19 世纪。

在东非发现的中国青花瓷，上面画着独特的花纹，其中有不少就连在中国、日本、欧洲等收藏地也从未见过。但它们与波斯一带的中东地区遗迹出土的中国陶瓷，却有相同之处。由此可以作出这样的推测，即画着这种别致花纹的青花瓷器，是专为中东市场烧制的[3]。

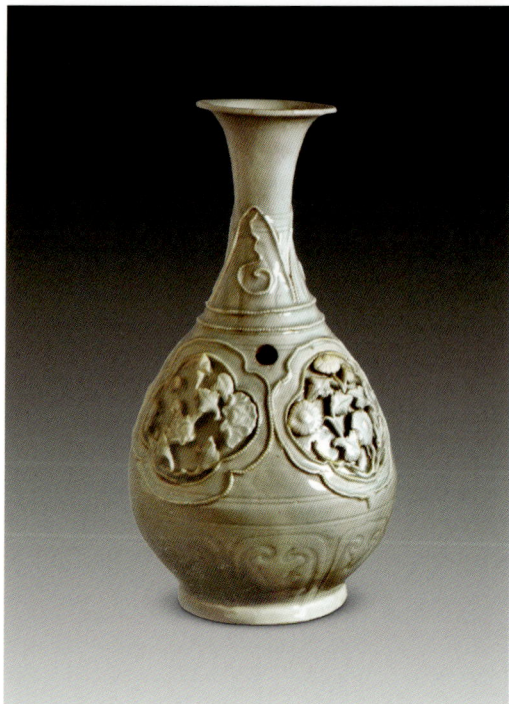

**元景德镇窑青白釉丰山瓶**
此瓶 14 世纪属于匈牙利国王，15 世纪属于那不勒斯女王，16 世纪到了法国，是目前所知较早到达欧洲、流传有序的中国瓷器。1882 年入藏爱尔兰国家博物馆

## 三、欧洲

在新航路开辟以前，中国瓷器很少作为商品进入欧洲市场，中国瓷器销往欧洲的贸易由阿拉伯湾转口，被阿拉伯商人垄断，欧洲只能以转口贸易方式从西亚和埃及市场获得少量中国瓷器。16 世纪之前，欧洲普遍使用锡釉陶器，"十七世纪初中国陶瓷的进口，还只是星星之火，然而不久，很快点燃了欧洲人对于中国青花瓷的渴求。"[4] 荷兰罗纳尔多·博烙韦尔博士指出：中国瓷器为什么会获得巨大成功并在荷兰被喻为"蓝色革命"？不仅是因为它的精美绝伦，更重要的是欧洲人不懂如何制作陶瓷，这对他们来说是个秘密。对欧洲民众来说，中国瓷器就是一个光芒四射的白色谜团。首批中国瓷器被欧洲人所迷恋主要是因为这些蓝色装饰的瓷器表面光滑，并释放神奇光芒，后来都被放在展柜陈列或被贵族和君主们收藏。在餐桌上，瓷

---

1 （日）三上次男著，胡德芬译：《陶瓷之路——东西方文明接触点的探索》，第 55~58 页。
2 马文宽、孟凡人：《中国古瓷在非洲的发现》，第 30~54 页。
3 （日）三上次男著，胡德芬译：《陶瓷之路——东西方文明接触点的探索》，第 61 页。
4 程庸：《国风西行——中国艺术品影响欧洲三百年》，上海人民出版社，2009 年，第 14 页。

**清中期景德镇窑彼特·戈雷家族青花纹章盘**
彼特曾任英国东印度公司广州理事会主席，任职期间订购了此盘。南昌大学博物馆藏

器能消除食物中的有害物质，贵族们对此更是坚信不疑。瓷器放在桌上显得高端大气，便于清洗，表面光滑，这导致了中国瓷器与众不同[1]。16 世纪以来，远赴中国的传教士向欧洲传回越来越多的报道，引起了欧洲人对东方的好奇心，王公显贵对中国瓷器如痴如醉，喜爱中国瓷器，更为神秘的中国文化所吸引、所感染，毫不夸张地说，中国瓷器极大地影响了欧洲人的生活，人们为能拥有一件中国瓷器而感到骄傲和荣幸，一些人也靠中国瓷器贸易而一夜暴富，乃至在当时欧洲掀起了一股"中国风"，中国瓷器以直接或间接的方式进入到几乎所有欧洲国家的王宫以及贵族的厅堂。

葡萄牙人首次直接从中国大量贩运瓷器到欧洲，但将其推向高潮的是以荷兰东印度公司为代表的各国东印度公司[2]，英国、荷兰等 8 个国家相继成立由政府授权与东方进行贸易的东印度公司，其中以荷兰和英国东印度公司最为重要，荷兰东印度公司兴盛于 17 世纪，英国东印度公司称雄于 18 世纪。1715 年英国东印度公司率先在广州开设贸易机构，接着法国在 1728 年，荷兰在 1729 年，丹麦在 1731 年，瑞典在 1732 年也相继设立了贸易站，直接从中国贩运瓷器，将中欧瓷器贸易推向新的高潮[3]。从 17 世

---

1 （荷）罗纳尔多·博烙韦尔：《蓝色革命——值得拥有的瓷器》，彭劲松、邓景飞主编《蓝色革命：海上丝绸之路》，中国文艺出版社，2014 年。
2 欧洲各国成立的从事东方贸易的东印度公司主要有：1600 年创立英国东印度公司，1602 年创立荷兰东印度公司，1616 年创立丹麦东印度公司，1664 年创立法国东印度公司，1722 年创立奥斯登德公司，1731 年创立瑞典东印度公司，1751 和 1753 年普鲁士成立两个亚洲公司，1770 年创立奥地利公司，等等。
3 万钧：《东印度公司与明清瓷器外销》，《故宫博物院院刊》2009 年第 4 期。

纪起，瓷器就成为各国东印度公司商船在中国采购的大宗商品[1]，欧洲因此成为景德镇瓷器的最大市场。据最保守的估计，在 18 世纪，输入欧洲的中国瓷器在 6000 万件以上[2]。罗伯特·芬雷认为，1777~1778 年的航季期间，荷属、英属，连同其他欧洲各国的东印度公司，总共 22 艘船舰，从广州运走了 697 吨（约合 870 万件）瓷器。从葡萄牙人来华算起，3 个世纪内约有 3 亿件中国瓷器在欧洲登岸。多数产自景德镇，虽然广东、福建沿海窑厂出口了相当数额供应韩国、日本和东南亚等地，但地位却远远不及景德镇[3]。

### 葡萄牙

中国瓷器是葡萄牙东方贸易的重要商品，葡萄牙人称这条商路为瓷器之路或香料之路、丝绸之路。但是在 1514 年以前，由于没有和中国建立直接贸易关系，葡萄牙人只能辗转从其他亚洲国家得到少量中国瓷器，瓷器贸易在规模和质量上都受到限制。1507 年葡萄牙人占据位于波斯湾入口处的霍尔木兹岛，1510 年占领印度西海岸港口城市果阿，1511 年在马来半岛西部的马六甲（Malacca，明代称为满剌加）

明晚期景德镇窑青花开光花卉纹碗
澳门博物馆藏

明中期景德镇窑青花葡萄牙纹章壶
该壶制作于 1519~1521 年，是迄今为止发现的中国景德镇窑为欧洲特殊订货所制作的最早外销瓷。美国大都会博物馆藏

---

1　在荷兰、英国和法国东印度公司创建之后，中国产品（茶叶、布匹、彩纸、漆器、瓷器和象牙）都流向了欧洲，欧洲对这一切着了迷，将此充入了日常生活的财富中。这样一来，中国货的贸易从 17 世纪起就占据着重要地位。（法）伯德莱著，耿升译：《清宫洋画家》，第 187 页。
2　戈登：《收集中国外销瓷》，转引自夏鼐：《瑞典所藏的中国外销瓷》，《文物》1981 年第 5 期。
3　（美）罗伯特·芬雷著，郑明萱译：《青花的故事》，第 40 页。

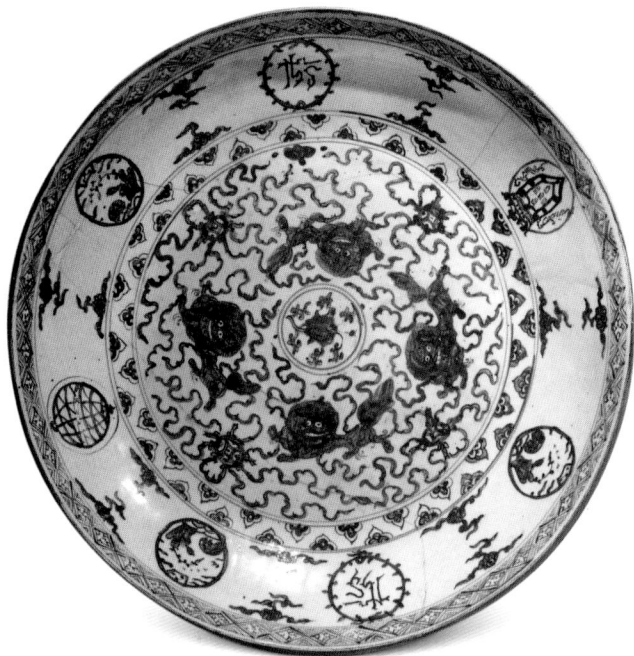

**明中期景德镇窑青花葡萄牙纹章盘**

这种大盘是为外销伊斯兰市场专门设计烧制，但加绘了葡萄牙皇室、军
队和教会的纹章，具有早期订烧瓷的特征。美国大都会博物馆藏

建立贸易中心，成为葡萄牙发展与中国贸易的一个重要转折点，也是葡萄牙人进入中国的跳板。1514 年，葡萄牙人到达广州附近的屯门岛（今深圳南头附近），购买了一批瓷器[1]，这是葡萄牙人第一次来到中国，不仅意味着欧洲与中国直接贸易关系的开始，也意味着中西瓷器贸易的开端，开辟了通向中国的新航路。葡萄牙人通过霍尔木兹、果阿、马六甲、澳门等近 50 个商埠，控制印度洋贸易，迫使所有商船必须购买安全通行证，才能停靠葡萄牙的贸易商埠，没有通行证的船只则连同货物一起被没收，这样，葡萄牙人控制了中国与欧洲大陆贸易的大部分，成为 1641 年荷兰占领马六甲以前百年间中欧瓷器贸易的主宰者。

　　随着双方贸易的发展，为了使中国瓷器更符合欧洲人的生活习惯和审美取向，葡萄牙人尝试采用订货的方式，向中国商人提出款式、花色等方面的要求，在下一个贸易季节取货并根据市场变化和需求再提出新的订货要求。1528 年，若热卡布拉尔从马六甲致函国王："我向一个来到此地的中国船长，为殿下订制了几件（瓷器），他把瓷器带来了，可是，不是我想象的那种。当我回去以后，殿下就知道是什么样子了。由此，我知道中国人在满剌加很守信用，因为如果向他们定货，就会带货回来。"[2]1522

1　王莉英：《中西文化交流中的中国瓷器》，《故宫博物院院刊》1993 第 2 期。
2　金国平、吴志良：《流散于葡萄牙的中国明清瓷器》，《故宫博物院院刊》2006 年第 3 期。

**明中期景德镇窑青花纹章长颈扁腹瓶**

该瓶造型仿自中东金属瓶。青花装饰为中国传统式样，瓶腹一面绘中国风景图，
另一面绘有西班牙菲利普二世的纹章。他于 1556 年任西班牙国王，1580~1598 年
兼任葡萄牙国王，纹章仿自 8 雷亚尔西班牙银币背面图案，系景德镇专门为外销
欧洲市场设计烧制。大英博物馆藏。引自《瓷之韵》

年，葡萄牙国王宣布从印度返程的商船可装运占总船货 1/3 的瓷器[1]，当年中葡贸易中，瓷器正好占贸
易总额的 1/3[2]，里斯本因此很快取代了中世纪时意大利的威尼斯，成为欧洲的瓷器贸易中心，涌现许多
专门经营中国瓷器的商店。1580 年，里斯本仅"商人新街"上便有 6 家中国瓷器店，当时的诗人斯卡
尔隆写道："请告诉我现在葡萄牙的售货亭，至少我们会看到一些新奇的事物。所有的财富都来自中国，
完美的瓷器是如此值得称赞和夸耀。"[3] 一份 1620 年的文档中，记录有 17 家中国瓷器商，运来大量瓷器，
不少船只载运两三千套，每套 20 件[4]。最吸引人的是以销售中国瓷器著名的格尔明街，包括荷兰在内的
其他欧洲国家，都要从里斯本转运瓷器到本国销售。

　　尽管当年葡萄牙人前往东方主要是寻找香料与丝绸，并不了解瓷器的价值，但作为压舱物的瓷器，
以其晶莹的质地、美丽的色彩一下子吸引了上流社会的关注，人们开始争相追逐，欧洲王室以拥有中
国瓷器作为炫耀海权的手段，贵族则以其夸耀财富，而饰有个性化纹章的瓷器更是显赫社会地位的象

---

1　孙锦泉：《华瓷运销欧洲的途径、方式及其特征》，《四川大学学报》( 哲学社会科学版 ) 1997 年第 2 期。
2　严建强：《十八世纪中国文化在西欧的传播及其反应》，第 52 页。
3　朱培初：《明清陶瓷和世界文化的交流》，第 38 页。
4　金国平、吴志良：《流散于葡萄牙的中国明清瓷器》，《故宫博物院院刊》2006 年第 3 期。

征，一时间，里斯本成为传播中国瓷器文化的中心：

> 1563年，葡萄牙修道士巴托勒梅乌·杜斯·马尔蒂雷斯在教皇庇奥四世的宴会上，主张用瓷器取代豪华的银器，说"在葡萄牙我们使用一种泥土作的餐具，比银餐具更加美观清洁，我建议所有的亲王都使用它，而不用银器和其他器皿。在葡萄牙，把这种餐具称作瓷器，来自印度，产于中国。这种陶细密透明，白得使水晶和美玉褪色，那种青花图案，令人眼花缭乱，以为是美玉和蓝宝石的镶嵌。"教皇明白葡萄牙主教是在暗中批评教廷的奢侈，就请他为罗马从里斯本定购了大批的瓷器。
>
> 1570年，唐·若昂三世的王后唐娜·卡塔琳娜购买了印度的床罩、水晶，中国的乌木家具、瓷器、牙扇和画。王后的喜好，也影响了宫廷仪式，常常用中国瓷器举行盛大宴会。中国瓷器还成为葡萄牙国王送给重要外国使节的礼品[1]。

从这段话我们可以了解当时欧洲贵族对中国瓷器的垂青，同时也清楚地看到葡萄牙地理大发现期间，天主教教廷对社会生活的影响力。欧洲各国从葡萄牙购买中国瓷器，比如：阿尔布雷特·丢勒1520年在安特卫普从一位葡萄牙人手中得到中国瓷器，亨利八世拥有一套镶银的中国瓷碗，神圣罗马皇帝查尔斯五世订制了一套多彩瓷；1653年教皇庇奥四世订制了一套餐具[2]。

葡萄牙雷伊斯国立博物馆景德镇瓷器展厅一角

1 金国平、吴志良：《流散于葡萄牙的中国明清瓷器》，《故宫博物院院刊》2006年第3期。
2 （英）霍吉淑著，赵伟等译：《大英博物馆藏中国明代陶瓷》，故宫出版社，2014年，第39页。

　　葡萄牙人到达中国近海时，正值明政府实行严厉海禁政策，葡萄牙人旺盛的需求加剧了中国沿海业已存在的民间走私贸易，一些沿海商人不遵守明政府的禁海令，把有利可图的商品非法贩运至中国近海乃至南洋。葡萄牙人通过南下的中国人在马六甲进行贸易，采购中国货物，特别是瓷器，或从马六甲航行到中国沿海直接与中国人交易。一位曾参与葡萄牙大发现的意大利人安德雷·科萨里在1515年1月6日致函意大利贵族朱利安诺·德·梅迪奇公爵时有如下记述：中国商人也越过大海湾航行至马六甲，以获取香料，他们从自己的国内带来了麝香、大黄、珍珠、锡、瓷器、生丝，以及各种纺织品，如锦缎、缎子和非常华丽的花缎。去年，葡萄牙人乘船往中国。中国人不许他们登陆，因为中国人说，让外国人进入寓所是违背常规的。不过，这些葡萄牙人卖掉了自己的货物，获得厚利[1]。葡萄牙驻马六甲总督瑞·德·布里·柏戴林1514年1月6日写给国王唐·曼努埃尔的信中讲到：去年有4艘中国帆船到过这里，并运来了大量货物[2]。

　　据记载，每年载有200~600吨或800吨货物的船只从里斯本起航，到达印度果阿后，再驶向马六甲。大部分货物在那里交换成中国所喜好的香料、檀香木、鲨鱼皮，随后从马六甲驶向澳门。抵达澳门后，在中国又装载采购来的大量生丝、丝织品、瓷器、漆器等，回航欧洲。根据1497年西葡《托尔锡拉条约》和1529年的《萨拉戈萨条约》，葡萄牙对东方航线享有垄断权，从在澳门建立贸易据点到17世纪前期，葡萄牙人垄断对东方的贸易，欧洲人来华，必须获得葡萄牙国王批准，搭乘葡萄牙商船从里斯本起航，里斯本成为欧洲最大的商业中心，通过里斯本，中国瓷器及其他商品源源不断地流向欧洲各地。

　　在当时，丝绸贸易的利润约150%，瓷器贸易的利润约100%~200%[3]，丰厚的利润使得欧洲其他国家相继加入到与中国的贸易中来，引发了对葡萄牙垄断权的挑战和相互之间的贸易竞争。1588年西班牙的无敌舰队被英国击败，标志着葡萄牙、西班牙垄断世界贸易的格局开始动摇，英国和荷兰乘机开始绕道好望角，试图建立自己的直通航道，打破葡萄牙、西班牙对亚洲贸易的垄断。1593年，西班牙王室规定每年从中国进口瓷器一艘300吨的船只可以运2船，从此，葡萄牙、西班牙逐渐失去前期中欧瓷器贸易的垄断地位[4]。

## 荷兰

　　1602年，荷兰成立东印度公司，从事东方贸易。荷兰经过近20年时间的探索，于1619年把印尼爪哇改名为巴达维亚，作为东方殖民扩张和贸易的据点；到1660年，荷兰人几乎抢占了葡萄牙人除澳门外在亚洲的所有据点，为17~18世纪荷兰与中国之间的瓷器贸易打下了坚实基础[5]。1727年荷兰东印度公司在广州设立荷兰馆，又名集义行，从事中荷直接贸易，随着公司商船1730年7月13日满载中国瓷器从广州抵达荷兰，标志着双方贸易进入新的发展时期[6]。荷兰东印度公司最盛时，拥有船只6000艘[7]。

　　在中荷瓷器贸易中，由荷兰东印度公司董事会或各商会根据自己的存货情况、荷兰瓷器商的订单

1 （澳）张天泽，姚南、钱江译：《中葡早期通商史》，香港中华书局，1988年，第36页。
2 文德泉神甫：《中葡贸易中的瓷器》，吴志良主编《东西方文化交流——国际学术研讨会论文选》，澳门基金会，1994年。
3 袁宣萍：《十七至十八世纪欧洲的中国风设计》，文物出版社，2006年，第30~31页。
4 余春明：《中国名片——明清外销瓷探源与收藏》，第108页。
5 林琳：《17~18世纪荷兰东印度公司瓷器贸易研究》，第7~8页。
6 蔡鸿生：《清代广州的荷兰馆》，《广州与海洋文明》，中山大学出版社，1997年。
7 （法）伯德莱著，耿升译：《清宫洋画家》，第187页。

1602年3月20日荷兰议会授予荷兰
东印度公司的宪章第一页及印信
海牙国家档案馆藏。引自《荷兰东印度公司》

清早期景德镇窑青花花卉纹双口调味瓶
仿自欧洲玻璃器，是专门为欧洲市场制作的
日用瓷，用于盛油和醋。引自《中国外销瓷》

以及荷兰或欧洲市场的供需状况确定拟采购瓷器的品种与数量，然后指示公司驻巴达维亚行政当局及属下商务大班们具体执行。荷兰商人根据公司的指示向中国瓷器商订购所需瓷器，按照国际贸易惯例，采取签订销售合同、预付定金的方式进行交易。1608 年荷兰东印度公司向中国人订购瓷器有：黄油碟 50000 枚、碟 50000 枚、黑色壶 1000 个、大碟 1000 枚、大碗 1000 只及若干小碗、葡萄酒壶 500 个、小水壶 500 个、大杯 500 个、小调味碟 500 枚、水果碟 2000 枚、盐罐 1000 个、直径 2.5 英寸的大碟 200 枚。每当巴达维亚较长时间没有运回中国瓷器时，荷兰东印度公司董事会就会写信催促，如 1620 年 5 月 6 日董事会写信给巴达维亚总督燕·彼得逊·昆说，已很长时间没有收到任何中国瓷器，要求他购买 64500 件优质的、中等的和平常使用的粗瓷，特别是要大盘 500 个、中盘 2000 个、小盘 4000 个、双层黄油碟 12000 个、单层黄油碟 12000 个、水果盘 3000 个、小水果盘 3000 个、热饮料杯 4000 个、小热饮料杯 4000 个、大碗 1000 个、小碗 2000 个、浅碟 8000 个、餐盘 8000 个。1622 年 9 月 17 日董事会又写信给昆，要求购买 69600 件瓷器：大盘 400 个、中盘 2000 个、小盘 4000 个、双层黄油碟 4000 个、单层黄油碟 25000 个、水果盘 9000 个、小水果盘 3000 个、带卷边的热饮料杯 8000 个、大碗 1000 个、小碗 200 个、浅碟 8000 个、餐盘 5000 个[1]。

---

1 李金明：《明清时期中国瓷器文化在欧洲的传播与影响》,《中国社会经济史研究》1999 年第 2 期。

**明晚期景德镇窑青花开光花卉纹盘**
1978 年代尔夫特市出土，荷兰代尔夫特王子纪念馆藏

**清早期景德镇窑青花人物纹盘**
1983 年代尔夫特市出土，荷兰代尔夫特王子纪念馆藏

在贸易的早期，荷兰人还提供不出自己所需的瓷器样品，所以，1624 年公司曾向中国商人索取各种式样的瓷器样品。为了方便外商选货，广州方面特制了一批样盘，盘的边框四等份，每 1/4 的地方各施以不同的彩饰、花纹，以供外商选购。1731 年 12 月 17 日，阿姆斯特丹商会发给巴达维亚当局的订单为："购买价值大约五万至六万荷盾的各式瓷器，其中绝大部分为青彩、蓝底描金、素白与红底描金，所有瓷器均要造型漂亮。"经过几十年的贸易，荷兰的商人积累了经验，他们认识到中国瓷器虽然在艺术上高超绝妙，但是它们并不符合欧洲人的生活习惯。17 世纪前期，荷兰商人开始把欧洲器皿的造型介绍到中国来，使景德镇瓷器更好适应欧洲市场需求，把中国瓷器在欧洲的影响从上层社会扩展到社会各个阶层，激起了广泛的需求。日用瓷有餐具、茶具、咖啡具、巧克力具和盘、牛油碟、奶油碟、盛酒器、水注、剃须盘[1]、啤酒杯、瓶、唾盂、便壶和表座等，以餐具、茶具、咖啡具和巧克力具最为常见[2]，比如，1751 年，荷兰东印度公司从中国输入瓷器 495000 件，其中饮具约 200000 万件，占总数的 40%[3]。由于不同国家、不同家庭习惯不同，一套餐具的数量也不尽一致，一般为 80 件，有时则达 600 多件。奢华的餐具组合，一般配有调味瓶、盛冰桶、烛台、草莓碗、生果碟及餐桌中央的陈列品。比如，一套 130 件普通餐具，包括 60 只直

---

1　1730~1790 年间，荷兰东印度公司共从中国购入剃须盘 9710 只，其中圆形盘 6438 只，椭圆形盘 3272 只，圆形盘约为椭圆形的两倍。香港艺术馆编：《中国外销瓷——布鲁塞尔皇家艺术历史博物馆藏品展》，香港市政局，1989 年，第 76 页。

2　17 世纪以来，欧洲人从东方引进红茶、咖啡，从墨西哥引进巧克力，这三种热饮料风靡欧洲，这类热饮料冲泡后颜色呈深红色或褐色，洁白的中国瓷器成为最为适合的饮具，从而进一步推动了中国瓷质饮具的生产、器型改进、装饰出新，以满足欧洲人的需求和审美意识。比如，荷兰人把中国传统的小茶杯尺寸放大，再加上把手，装饰欧洲风格的画面，配以托碟、茶罐、糖罐等。林琳：《17~18 世纪荷兰东印度公司瓷器贸易研究》，第 31~34 页。

3　香港艺术馆编：《中国外销瓷——布鲁塞尔皇家艺术历史博物馆藏品展》，第 46~47 页。

**台南普罗民遮城稜堡**

1624 年荷兰人侵占台湾，1653 年为了加强防卫，修建砖城，当地人称之为赤坎城、红毛城、番仔城。1624~1661 年，荷兰人以此为基地，收购中国瓷器、丝绸等商品，同时开展对日贸易

径 22~24 厘米的盘，24 只直径 22~24 厘米的汤盘，13 只直径 25.5~36 厘米的托盘，8 只直径 18~23 厘米的碟，4 只酱油器，1 只鱼盘，2 只盖碗，6 只盐瓶，6 只牛油碟和 6 只沙律碗。一套普通饮具，包括杯及托碟各 12 只，咖啡杯及托碟各 12 只，巧克力杯及托碟各 6 只，茶壶和壶座、咖啡壶和壶座、奶壶和壶座、废水碗和托盘各 1 只，另有 1 个茶叶罐及 1 个带托碟糖罂[1]。

随着欧洲市场对中国瓷器需求不断增加，荷兰东印度公司加大贩运中国瓷器的数量，1635 年，运回各种瓷器 221579 件，1636 年上升到 487911 件，1637 年为 399352 件[2]。1643 年 4 月 25 日台湾总督与中国商人朱西特、戴克林签订瓷器供应合同，数量多达 355800 件[3]。据戴维斯估计，在 17 世纪，荷兰共贩运了 1500 多万件中国瓷器到欧洲以及各个东方国家，他感慨地说："世界对瓷器的要求是如此之多，以至于最后都充满了中国的杯和茶壶。"[4]

1728 年 12 月 5 日考克斯霍恩号带着购买中国瓷器的式样出航，次年 8 月 2 日到达澳门，但返航时因按式样订制的瓷器供应不上，只好购买一些库存的现成瓷器，装成 137 箱，计有茶杯带茶托 124595 副（其中"棕蓝色"的 13805 副、咖啡杯 17040 副、可可杯 9457 副）、茶盘 490 个（其中 314 个涂釉、176 个纯白）、餐盘 116 套（其中 56 套是每套 13 块、60 套是每套 19 块或 30 块）、深碟 49 套（每套 21 块）、碗 260 套（其中彩色的 140 套，每套 2 块）、盘带碗 100 套（每套盘 8 块带碗 8 块）、深碟 105 套

1  钱江：《十七至十八世纪中国与荷兰的瓷器贸易》，《南洋问题研究》1989 年第 1 期。
2  李金明：《明清时期中国瓷器文化在欧洲的传播与影响》，《中国社会经济史研究》1999 年第 2 期。
3  李金明：《明代后期部分开放海禁对我国社会经济发展的影响》。
4  李金明：《明清时期中国瓷器文化在欧洲的传播与影响》，《中国社会经济史研究》1999 年第 2 期。

**清中期各种中国风装饰的茶壶、茶杯、咖啡杯、托碟**

荷兰人把中国外销的茶杯杯体加高，外加一个把手，改造成咖啡杯。17世纪中后期，茶、咖啡、巧克力等热饮逐渐成为日常饮料，推动了饮具的创新与生产，这些饮料均具有一定腐蚀性，再加上热饮温度的变化，瓷器远比金属器适合，成为最佳饮具。因而，荷兰东印度公司的订单中，饮具是最为常见的品种，1670年，开始出现杯、托碟装饰图案相同的配套饮具，1740年开始出现带把杯。可以说，热饮的流行，极大地为景德镇瓷器拓展了欧洲市场。南昌大学博物馆藏

（每套 5 块）、盘 20280 个、茶壶 810 个、带盖的小糖盒 251 套、放茶壶的小浅碟 600 个、放牛奶壶的船形小盘 600 个、盘和碗 10255 副[1]。此后，荷兰东印度公司每年派 3~6 艘贸易船到广州，直接与中国商人进行贸易，当时大宗商品是茶叶，瓷器放在船舱底层作为压舱物，每艘贸易船一般装载瓷器 20~25 万件[2]，因而每年运到荷兰的瓷器约 60~150 万件[3]。1985 年在我国南海打捞了一艘属于荷兰东印度公司的商船，发现了 10 多万件乾隆时期的景德镇青花瓷。据荷兰东印度公司档案统计，荷兰东印度公司每年平均派出 25 艘左右的船只前往亚洲，或从亚洲回到欧洲，1602~1795 年，荷兰东印度公司共有 3356 艘商船从亚洲返回欧洲，

清中期景德镇窑青花牡丹纹单柄痰盂
荷兰东印度公司德马尔森号出水。瑞典西方古董公司藏。引自《瑞典藏中国陶瓷》

如果以每艘船装载 20 万件瓷器计算，那么该公司贩运瓷数量在 6700 万件以上[4]。据 A·乔克先生统计，1730~1789 年，荷兰东印度公司装运并拍卖的瓷器约 4250 万件，至 18 世纪 80 年代末，仅荷兰东印度公司贩运的瓷器超过 6000 万件。按通常的比例，除去约 1/4 的日本瓷、北部湾瓷等，中国瓷器应不少于 4500 万件[5]。

　　由于荷兰远洋航船多、贩运规模大，加之国际商港数量多，成为中国瓷器销往欧洲腹地的转运中心，除荷兰本国船只外，欧洲其他国家的货船也常在这里卸货，当时欧洲著名的报刊《欧洲贸易》和《阿姆斯特丹报》经常刊登满载瓷器和其他中国商品的商船抵达阿姆斯特丹的通告。阿姆斯特丹、米德尔堡、鹿特丹、代尔夫特、霍恩、恩克霍伊曾等许多荷兰城市都拍卖过瓷器。荷兰的瓷器拍卖有比较完整的档案资料，最引人注目的是泽兰议院的《拍卖汇编》（共 7 卷），汇总了泽兰 40 多年时间里卖出的全部商品和每一批货物价格及买主情况。18 世纪 20 年代以后，每次拍卖都有 30 名甚至更多的买主在这里竞拍成交，登录在册的大瓷商或商行先后有比尤克拉、卡斯泊、保罗斯兄弟、黑兹博梅商行以及西特斯和卡托商行等，他们一次性成交的瓷器均达数万件，有时甚至在 10 万件以上。这一兴旺的局面因 1780~1784 年的第四次英荷战争而受到严重影响，中荷瓷器贸易开始衰退，1795 年法国入侵荷兰，1800 年荷兰东印度公司被解散，持续了近二百年的中荷瓷器贸易结束。

---

1　1984 年，哈彻 (M.Hatcher) 发现的 1752 年荷兰东印度公司的德马尔森号 (Geldermalsen) 沉船，它是在驶离中国返回欧洲途中沉没，船上有价值 80 万荷兰盾的货物，包括 203 箱 23.9 万件瓷器、68.7 万磅茶叶、147 件金条等，打捞的 15 万件瓷器中茶具约占 1/3。参考万钧：《东印度公司与明清瓷器外销》，《故宫博物院院刊》2009 年第 4 期。
2　乔克：《简介》，香港艺术馆编《中国外销瓷——布鲁塞尔皇家艺术历史博物馆藏品展》，第 36~41 页。
3　（荷）费莫·西蒙·伽士特拉著，倪文君译：《荷兰东印度公司》，东方出版中心，2011 年，第 135~136 页。
4　孙锦泉：《华瓷运销欧洲的途径、方式及其特征》，《四川大学学报》（哲学社会科学版）1997 年第 2 期。
5　张国刚：《明清之际中欧贸易格局的演变》，《天津社会科学》2003 年第 6 期。

英国

最早组建东印度公司的是英国。1599年101名伦敦商人组织旨在与荷兰人抗衡的"与东方贸易协会",并立刻获得女王批准,此为英国东印度公司的雏形。1600年"与东方贸易协会"的成员与另一批商人又重组了一个"伦敦商人对东印度贸易公司",这是英国当时最大的贸易股份公司,也就是英国东印度公司的早期组织。1600年12月31日,伊丽莎白女王为该公司颁发特许状。英国人立足未稳,再加上葡萄牙人的阻挠,17世纪的英国东印度公司尚不能与中国开展稳定的贸易。1698年,英国又成立"英国东印度贸易公司"。为避免相互竞争,英国国会于1702年命令两个东印度公司用7年时间进行合并。1708年,完成合并的公司称作"英国商人对东印度贸易联合公司",这就是众所周知的后来在亚洲一手遮天的英国东印度公司,也就是真正为英国打开中国贸易大门的东印度公司[1]。在17~18世纪前期,亚洲贸易基本上被荷兰垄断,英国人在波斯湾贡布朗设立贸易站,从事转口贸易,这一时期英国人称中国瓷器为"贡布朗货"。1660年,英王查理二世与葡萄牙布拉干莎王朝的凯瑟琳公主结婚标志着英、葡开始结盟,1661年葡萄牙把孟买转让给英国,让英国人在印度半岛有了一个接近中国的基地,逐渐提高与荷兰人竞争的实力。1710年,英国东印度公司运回5000套茶壶、托盘,5000套茶杯、托碟,2000个小茶壶,12000个茶匙,3000个糖碟,3000只碗,8000个牛奶壶。1715年,英国东印度公司开

清晚期广彩英国东印度公司纹章盘
南昌大学博物馆藏

清中期广彩奥哈拉家族纹章盘

此盘出自英国奥哈拉家族。纹章持有者查尔斯·奥哈拉被授予勋爵爵位。他的儿子吉尔福瑞·奥哈拉曾任东印度公司海军部上尉,1763年任东印度公司广东主管。他任职期间利用工作之便,订购了此件瓷器。南昌大学博物馆藏

---

1 林琳:《17~18世纪荷兰东印度公司瓷器贸易研究》,第38页。

**清中期广彩英国珀尔家族纹章盘**
*南昌大学博物馆藏*

创性地在中国广州设立常驻商馆,正式从事与中国的直接贸易,每年派船到中国贸易,从此,英国人称中国瓷器为"中国货"。1716 年英国赛杂纳号装有价值 5.4 万两银元的瓷器返回;1717 年,公司商船"埃塞克斯"号和"汤森"号从广州购买了约 610000 件瓷器返回英国;1720 年英国埃塞克斯号又装载了瓷器 112 箱及 500 包;1722 年公司订购了 400000 件瓷器;1723 年英国蒙塔格号装有 485 箱瓷器回国。1735 年,公司商船"格拉夫顿"号和"哈里森"号从中国运回 240000 件瓷器。据初步统计,1720~1770 年间有 2500~3000 万件瓷器输入英国,成为中、英瓷器贸易的黄金时期[1]。

　　18 世纪中后期,随着英国工业革命的完成,国力昌盛,来华贸易的英国商船总吨位数超过其他各国的总和,中欧贸易进入英国人的时代,亚洲贸易中心也从巴达维亚转移到加尔各答[2]。南昌大学博物馆收藏的清早期景德镇窑广彩英国珀尔家族纹章盘,描绘了一次史诗般的中英贸易航程,瓷盘左边开光内装饰的是中国广州黄埔外国商船锚地,中间开光内绘印度马德拉斯圣乔治要塞,右边开光内装饰普利茅斯海峡全景,从左向右看,可以理解为从中国返航,从右向左看,可以理解为从欧洲向广州启航,

1　林琳:《17~18 世纪荷兰东印度公司瓷器贸易研究》,第 36 页。
2　(英)柯玫瑰、孟露夏著,张淳淳译:《中国外销瓷》,第 9 页图 8。

**清中期外销水彩画十三行商馆图**
广州博物馆藏

**英国东印度公司大楼一次瓷器拍卖场景**
引自《瓷之韵》

**清嘉庆景德镇窑青花粉彩宝塔**
英国威尔士王子（即后来的英王乔治四世）于
1806~1816 年间订制，置于英国南部布列敦的东
方宫，当时一共订制了 6 件。英国维多利亚与
阿尔伯特博物馆藏。引自《中国外销瓷》

　　马德拉斯则是这一航程中的重要中转站，也是当时英国在亚洲贸易的中心，英国的瓷器订单一般都是
通过这里的东印度公司总部运送，官员们从这里向中国订购瓷器。类似的设计还见于英国国立维多利
亚与阿尔伯特博物馆收藏的英格兰霍尔本家族纹章盘[1]。

　　18 世纪中叶，英国取代荷兰，成为主导欧洲经营中国瓷器的国家。中国瓷器被大量运到英国，再
从英国转运到爱尔兰、德国、意大利、法国和英属北美东海岸殖民地和加勒比海地区，甚至出口到荷
兰[2]。18 世纪 30 年代开始，在广州的黄埔港和珠江内停泊的外国商船以英国船居多，1736 年有 12 艘欧

1　李金明：《明清时期中国瓷器文化在欧洲的传播与影响》，《中国社会经济史研究》1999 年第 2 期。
2　万钧：《东印度公司与明清瓷器外销》，《故宫博物院院刊》2009 年第 4 期。

洲商船到达广州，其中英国船 5 艘，法国 3 艘，荷兰船 2 艘；1753 年，驶入广州的外国商船 27 艘，其中 10 艘是英国的；1790 年，驶入广州的外国商船 56 艘，其中英国 46 艘，占 82%。英国东印度公司的船队成为世界上规模最大、货运量最大的远航商船队。同时，在广州的对外贸易业务中，各国的商人们也都统一使用英语[1]。1791 年，英国政府下令停止进口中国瓷器，次年春天，最后一批以英国东印度公司名义进口的中国瓷器输入英国，从此，成批进口中国瓷器的历史结束[2]。

英国东印度公司运回的瓷器以上岸拍卖的方式出售，在公司总部和商船停靠的格林维茨码头均建有专门的拍卖大厅，未被拍卖的瓷器则交由专门的瓷器商店出售。这些瓷器大多运到伦敦出售，大约在 1609 年，伦敦出现了第一家瓷器专门商店，到 1774 年，瓷器商店增加到 52 家，同时还接受对瓷器有特别要求的订货，店主被称为"瓷器人"[3]。英国牛津著名瓷器商人 Peers（1703~1781）所设计或指定的一些特定式样的午餐具，于 1731 年由英国商船广东商人号从广州起航驶往印度，再转运到伦敦。如今，英国博物馆中还珍藏着 Peers 先生在 1731 年 12 月 19 日于广州签署的订购中国瓷器发货单[4]。这种拍卖有较为详细的拍卖记录，它们与船长的航海日记一起成为我们今天研究相关瓷器的第一手资料。

### 法国

法国经营中国瓷器贸易比荷、英各国要晚，但对瓷器艺术要求很高，特别喜爱青花瓷和色彩艳丽、富丽堂皇的彩瓷。法国于 1664 年在国王路易十四支持下组建东印度公司，公司随后经历数次重组，从 1730 年开始成为稳定且经营良好的公司。公司首航中国则是 1698 年 3 月 6 日安菲特利特号从拉罗歇尔港出发驶向中国，从广州运回了 167 箱瓷器，包括咖啡壶、坛、大口水罐、碟、盆、盘、茶壶、瓶、酒杯、茶叶罐、壁炉外层装饰、剃须盘等各种生活用瓷，共计有 68 万件，1700 年 8 月 3 日抵达圣路易港，费时两年半，同年 9 月 9 日《优雅信使报》刊登销售公告，10 月 4 日起在南特公开销售，获利 50%。1770~1773 年间该船第二次来中国，运回了 142 箱瓷器和 1 箱瓷器样品[5]。1699~1833 年共有 139 艘法国船到达中国贸易，运回了数量不等的中国瓷器[6]，较为重要的有：1703 年"加浪"号运回华瓷 93 扎，瓷器样品一束，及两广总督的赠品和西洋图饰的瓷器[7]；1722~1747 年，进口瓷器 300 万件；1761~1775 年进口瓷器 200 万件；1776 年，进口了价值 200000 法郎的瓷器[8]。著名瓷商杜伐克兹在《1748~1758 年的商业销售日志》中记录：旁帕多夫人在 1751 年 12 月 14 日购买描金瓷罐一对，价值 72 里佛耳；1752 年 2 月 14 日购买大花瓶一对，价值 1520 里佛耳[9]。

精湛的中国瓷器进入法国后，很快渗入法国人文化生活各个领域。人们对莹洁光润、纤巧精美的中国瓷器赞叹不已、视为珍奇，陈设、收藏中国瓷器成为时尚，宫廷、王室贵族们更是把对中国瓷器

1 参考朱杰勤：《十七、八世纪华瓷传入欧洲的经过及其相互影响》，《中国史研究》1980 年第 3 期。
2 林琳：《17~18 世纪荷兰东印度公司瓷器贸易研究》，第 37~38 页。
3 万钧：《东印度公司与明清瓷器外销》，《故宫博物院院刊》2009 年第 4 期。
4 耿升：《从法国安菲特利特号船远航中国看 17-18 世纪的海上丝绸之路》，《西北第二民族学院学报》2001 年第 2 期。
5 张国刚：《明清之际中欧贸易格局的演变》，《天津社会科学》2003 年第 6 期。
6 傅振伦：《中国伟大的发明——瓷器》，北京轻工出版社，1988 年，第 164 页。
7 林琳：《17~18 世纪荷兰东印度公司瓷器贸易研究》，第 42 页。
8 朱培初：《明清陶瓷与世界文化的交流》，第 60 页。
9 许明龙：《黄嘉略与早期法国汉学》，中华书局，2004 年，第 47 页。

**清中期景德镇窑青花开光人物纹盖杯、托碟**

杯口沿外侧一圈法语铭文"美德之名直至地极",所绘人物为法国国王路易十六和他的皇后。英国维多利亚与阿尔伯特博物馆藏。引自《中国外销瓷》

**清中期景德镇窑蓝地金彩开光粉彩花卉纹执壶**

器型仿照法国陶瓷,装饰风格则是中国传统式样,是当时法国的时尚,称为蓝色系列。英国维多利亚与阿尔伯特博物馆藏。引自《中国外销瓷》

**清中期景德镇窑酱釉地开光粉彩折枝花纹盖缸**

瑞典哥德堡号出水,西方古董公司藏。引自《瑞典藏中国陶瓷》

**清早期景德镇窑粉彩描金徽章纹盘**

盘心为竹子穿成的花环,盘沿作四等分,饰以由字母组合出的花形和插有瑞典旗帜的宝塔。系瑞典东印度公司船长雅可布·杰森·冯厄特夫尔为庆贺自己50岁生日特别订制的瓷器,他曾4次到过广州。西方古董公司藏。引自《瑞典藏中国陶瓷》

的拥有量视为地位、财富的象征。17世纪法国设计师丹尼尔设计了一种室内装饰风格，在壁炉上方分层、密集地陈列中国瓷器，此风迅速流行，任何一个别墅或宫殿中若无中国瓷器点缀，便不可能被看作完美[1]。路易十四崇尚文化艺术，收藏中国细瓷超过1000件，他还在富丽堂皇的凡尔赛宫里修建了一座富有中国情调的特里亚农宫（即通常所说的"瓷宫"）来收藏这些珍宝，借鉴南京瓷塔的设计，采用彩釉陶砖装饰宫殿外墙。1686年康熙皇帝遣使到法国，以中国瓷器为贵礼赠送给路易十四王室，在欧洲上流社会激起一股向往中国瓷器的狂潮。路易十五、路易十六都是中国瓷器的爱好者，热心搜集中国瓷器。路易十五时期，更是对中国瓷器着迷，下令用瓷器取代银器作为皇宫日用餐具，从而大大推动了中国瓷器在法国的普及。当时法国是欧洲最为发达的国家，是生活时尚的发源地，此风从法国席卷整个欧洲，各国竞相建立所谓中国宫或中国屋子来存放中国瓷器和其他中国用品，诸如汉普顿宫、奥兰治宫、夏洛滕堡宫、德勒兹登瓷宫和卡尔顿宫、布赖顿宫等等。当时

**荷兰赫特鲁宫壁炉设计图**

丹尼尔·马洛特创作铜板凹刻和蚀刻版画，1703年发表。英国女王玛丽二世热衷于收藏中国瓷器，1688年她回到英国与荷兰丈夫威廉共治之前，曾居住在荷兰赫特鲁宫。这份设计图就是为该宫瓷器房间特别设计。英国维多利亚与阿尔伯特博物馆藏。引自《瓷之韵》

的哲学家格芮姆指出："有一个时期，每家的桌上，都陈列着中国物品，我们许多器具的样式、许多东西，都是以中国趣味为标准，没有了这些东西来装饰就感觉社会地位被降低了。"[2]

瑞典、丹麦等欧洲国家尽管是后来者，同样在对华瓷器贸易中获得了丰厚的利润。瑞典是中国瓷器又一个重要市场，尤其是当年的瑞典皇后乌尔利卡对来自中国的物品格外喜爱并精心收藏。她不但在斯德哥尔摩的皇后岛上建造中国宫，还在她的中国宫中摆满了中国的漆器、屏风、瓷器以及丝绸制品[3]。1731年，瑞典国会批准成立瑞典东印度公司，次年在广州设立商馆，公司共有37艘商船，至1813年公司破产，共进行了132次航行，其中有127次航行的目的地是中国广州。1732年，费里德克·雷克斯·苏斯亚号首航，1733年8月返航哥德堡，运回43万件中国瓷器。1746年费雷登号广州之行运

1　阎宗临：《中西交通史》，第50页。
2　纪炜：《域外生辉——瑞典收藏的中国瓷器》，故宫博物院编《瑞典收藏的中国瓷器》，紫禁城出版社，2005年，第130~131页。
3　雅伟·万斯维克：《瑞典藏中国外销瓷》，故宫博物院编《瑞典藏中国陶瓷》，第56~65页。

回瓷器 239823 件（套）：149668 套茶杯、碟，9862 套咖啡具，129 套餐具，239 套黄油盒、盘，1840 个糖碗，13160 个折腰碗，23036 个甜品盘，41140 个饭碗，387 个大碗，8 个特大碗，考虑到一套瓷器往往包括若干件，有时甚至可以达到 600 件，因而每次运回的中国瓷器数量是巨大的。1745 年哥德堡号满载中国瓷器回到欧洲，在距港口不到 1 公里的海面上沉没，成为 18 世纪欧洲东方贸易中一个引人注目的事件。据现存记录估算，瑞典东印度公司从中国运回了大约 5000 万件瓷器[1]。丹麦东印度公司成立后，在 75 年内派出了 123 艘商船到达广州贸易，同样运回了大量中国瓷器。1715 年 3 艘奥地利商船到达广州并运载瓷器等货物回国，获得高额利润，引起国王和商界的极大兴趣，1718 年便成立皇家东印度公司——奥斯坦德公司。同年，该公司船只出现在珠江口，其后几年里两度派出 4 艘商船到中国。1727 年，奥地利国王在荷兰、英国、普鲁士、法国联合施压下将奥斯坦德公司的特许状吊销 7 年，1732 年奥地利国王被迫解散了奥斯坦德公司[2]。

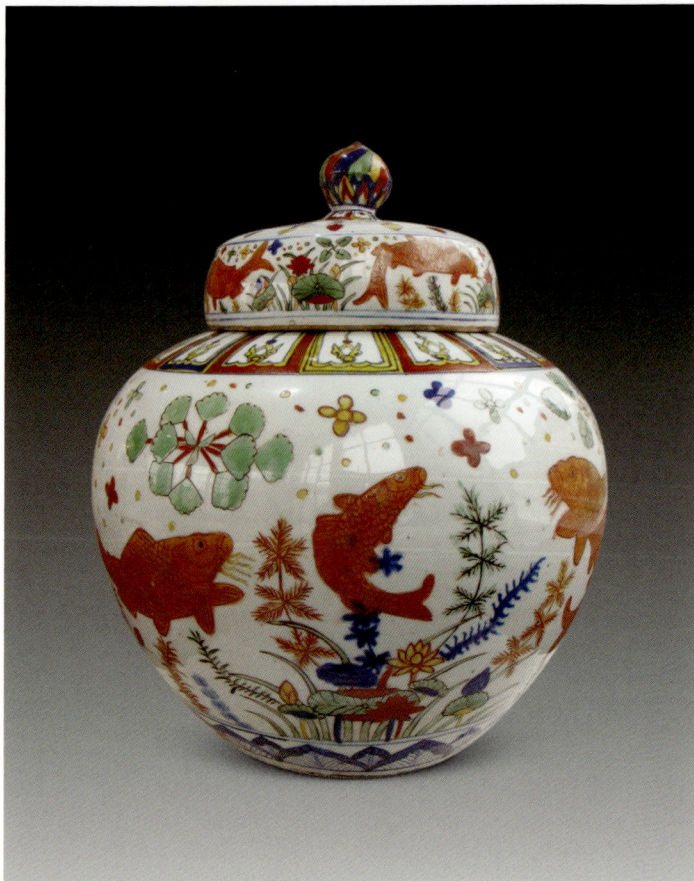

**明晚期景德镇窑五彩鱼藻纹盖罐**
美国巴尔的摩沃特博物馆藏

## 四、美洲

哥伦布发现美洲后，拉美各国先后沦为葡萄牙、西班牙的殖民地。中国瓷器也随着欧洲殖民者传播到拉美，最初是葡萄牙、西班牙商人，后来是荷兰、英国等国的商人贩运中国瓷器转销拉美各地。16 世纪初，葡萄牙人就从印度洋航线运载中国瓷器，按照澳门（中国）——果阿（印度）——里斯本（葡萄牙）——巴西的航线，销售中国瓷器获取巨额利润。当时在巴西的葡萄牙殖民贵族家庭中已经有人使用中国瓷器。

1522 年西班牙政府支持麦哲伦完成环球航行后，西班牙人在美洲攫取了从墨西哥到南美洲的广大地区，建立起地跨南北美洲并远到亚洲的海外殖民帝国，控制了以马尼拉为中转港口的太平洋航线。中国瓷器是当时贸易中重要的商品，1573 年首航美洲的马尼拉大帆船，所载货物中包括 2.23

1  张国刚：《明清之际中欧贸易格局的演变》，《天津社会科学》2003 年第 6 期。
2  张荫桓：《三洲日记》卷五。

万件"优质的镀金瓷器和其他瓷器"。清人张荫桓的《三洲日记》描述了当年的贸易状况："查墨国记载，明万历三年，即西历一千五百七十五年，曾通中国。岁有飘船数艘，贩运中国丝绸、磁、漆等物，至太平洋之亚冀巴路商埠，分运西班牙各岛。其时墨隶西班牙，中国概名之为大西洋。"[1]从此，中国瓷器源源不断地从马尼拉运往西属墨西哥、秘鲁，行销于美洲各地乃至欧洲，西班牙成为当时中国瓷器的重要贩卖者、消费者，一份1598年的记载显示，西班牙国王菲利普二世拥有的中国瓷器量位居世界第一（除中国外），共3000件[2]。

**美国远洋商船油画**
美国巴尔的摩沃特博物馆藏

当时，瓷器价格昂贵，往往要用同等重量的白银作交换，因而殖民地贵族中往往以拥有中国瓷器的多少作为衡量财富和文明教养的一个标志。在巴西的上流社会家庭中，中国瓷器被广泛地用来装饰房间，作为美化居室的陈设品。在隆重的场合，如果主人拿不出精美的中国瓷器，则被认为是一种笑话，有些贵族为了炫耀门第，专门到中国订制绘有家族纹章图案的成套茶具或餐具。

18世纪，中国瓷器成为大宗商品运往拉美各地，销售市场从巴西扩展到南美洲的广大地区。据1730年墨西哥的《墨西哥公报》记载：1月9日萨克拉·费末莉亚号船停靠阿卡普尔科港时，载有中国瓷器110桶；1739年又运回华瓷108桶[3]。18世纪后期至19世纪初，葡萄牙王室迁往巴西，1818年若昂六世即位时，中国清朝嘉庆皇帝赠送一套特制茶具，瓷盘中央绘有葡萄牙—阿尔加维—巴西联合王国徽章，四周有汉字："书有今古文，诗分大小雅"。1822年，巴西摆脱葡萄牙的殖民统治，宣布民族独立时，一些巴西爱国者为了纪念民族自立，在中国订制了一些瓷器餐具，上面用葡萄牙文写上"巴西独立万岁"，可见，拉美各地民众对中国瓷器之厚爱[4]。

早在殖民地时期，美国就开始进口中国瓷器。1521年，西班牙在美洲建立了第一个殖民地后，就有中国瓷器被辗转运到美洲大陆。此后，英国、荷兰的移民，也不断输入中国瓷器。到1680年左右，

---

1　（美）罗伯特·芬雷著，郑明萱译：《青花的故事》，第18页。
2　欧志培：《中国瓷器到美洲》，《百科知识》1980年第5期。
3　何芳川主编：《中外文化交流史》，第953~954页。
4　余春明：《中国名片——明清外销瓷探源与收藏》，第91页。

**镶嵌金属饰件的清代中期景德镇窑瓷器**

瓷器运抵西方后，当地人按照自己的理解，为瓷器加装金
属配件，以适合自己审美、使用需求。美国国家美术馆藏

　　美国纽约和波士顿一带已经成为中国瓷器的拍卖中心，当时，美国瓷器的价格是荷兰的 6 倍[1]。据美国考古发现，在佛罗里达州塔拉哈西 26 英里处，当年的西班牙传教区，以及圣约翰斯河边印第安人贸易站旧址，在弗吉尼亚英国移民居住区，以及佐治亚州沿海岛屿圣西门岛，太平洋沿岸加利福尼亚的德雷克湾地区，都发现了美国独立战争前输入的中国瓷器碎片，其中有很大一部分是晚明瓷器[2]。这些瓷片最多的是青花瓷，也有五彩和斗彩瓷。除了这些瓷片外，还有许多诸如财产清单、遗嘱以及报纸上的广告等文字资料，也提供了早期流行于北美大陆的中国瓷器的线索。例如，从 1668~1670 年担任纽约市长的科尼利斯·斯廷威科的遗产中有 19 件中国瓷盘。1696 年，长岛一位荷兰新教牧师的遗孀玛格蕾塔·范瓦里科有各式中国瓷器 126 件。殖民地时期，另一个有大量中国瓷器进口的主要地方是新英格兰，这一殖民地是在 1620 年由英国清教徒所建，到 18 世纪初，由于英国东印度公司往美洲殖民地贩运东方货物的增多，中国瓷器开始大量输入[3]。但是，英国不允许美国人直接与中国进行瓷器贸易，

1　在美国太平洋沿岸地区也曾发现过明代晚期的青花瓷碎片，"经过鉴定，认为这些瓷器是些输出品，中国江西景德镇造，主要是万历年间（1573~1620 年）的产品。……从发掘得到的证据说明，这些瓷器很可能来自圣奥古斯丁号，这是由塞西斯廷·罗德利克斯·塞尔曼指挥的一艘西班牙大帆船，1595 年从菲律宾群岛航行到德雷克湾时遇难"。参考 C. R. 奎尔马兹著，郝镇华译：《从北美太平洋沿岸发掘的中国瓷器》，《中国古外销陶瓷研究资料》第三辑，1983 年。
2　吴建雍：《清代外销瓷与早期中美贸易》，《北京社会科学》1987 年第 1 期。
3　齐文颖：《关于中国皇后号来华问题》，《世界历史研究》1984 年第 1 期。

美国巴尔的摩沃特博物馆景德镇瓷器展厅一角

美国费城艺术馆景德镇瓷器展厅一角

美国大都会博物馆景德镇瓷器展厅一角

否则将课以重税，这在一定程度上限制了中美之间的瓷器贸易规模。

美国独立后，迅速开展直接对华贸易。1784 年 8 月 25 日，美国商船"中国皇后"号在格林船长指挥下从纽约首航到中国广州，并于 12 月 27 日满载中国货物返航，其中包括从聚昌和益升两家商行购买的瓷器 962 担，随行船员按职位高低分别携带数量不等的瓷器；该船 1785 年 5 月 11 日抵达纽约港，费时 15 个月，货到之后，当即销售一空，利润 25%。"中国皇后"号首航成功后，美国东海岸主要商埠如纽约、波士顿、费城、普罗温斯坦、塞勒姆、巴尔的摩等地的船长、商人纷纷出动，他们不受任何重要组织制约，自由开展对华贸易，到 1789 年，经常往返于中美之间的船只达 19 艘[1]。"中国皇后"

---

1　李知宴：《中国陶瓷艺术》，第 595 页。

号于 1786 年再度远航广州，又运走了大量瓷器，包括青花瓷、瓷塑观音像、瓷塔等；1786 年特克斯号从广州隆和行购买了 500 箱瓷器，其中德比的一份私人瓷器订单共有 171 件餐具、101 件茶具，并绘上他名字的缩写和"中国人物和花卉器皿"英文；一件粉彩描金帆船纹调酒钵，碗心绘有 1 艘大帆船，船上悬挂 2 面旗子，写着"特克斯号在广州 1786"，外壁绘有 1 艘大帆船，船上悬挂 1 面旗子，悬挂美国国旗，成为特克斯号 1786 年广州之行的物证[1]。这一时期的中美贸易主要在广州进行，直航贸易后美国很快在广州开设了商馆。

美国国家美术馆景德镇瓷器展厅一角

此后，美国成为西方国家贩运中国瓷器的主力军，1804 年，停泊在巴达维亚港口的外国船只 90 艘，其中美国船就占 74 艘[2]。中国瓷器成为美国进口的主要商品，源源不断被运到美国，当时经营中国瓷器进口的主要港口有塞勒姆、波士顿、纽约和费城，其中，以纽约最著名，是美国销售中国瓷器的集散中心[3]。纽约苏瑞记公司是经营景德镇

澳大利亚新南威尔斯国立博物馆展出的景德镇瓷器

瓷器的最大商行，每年销售额约 10 万元[4]。据不完全统计，从 1784~1833 年间，约有 1040 艘美国船到中国贸易[5]，1834~1846 年每年亦有 30~40 艘美国船来华。1793 年生产的一只广彩瓷碗上描绘了十三夷馆的景物，其中就有前面飘扬着美国国旗的美国商馆。与美国的直接瓷器贸易，大部分由伍秉鉴和鑫行、

1 （荷）包乐史著，赖钰匀、彭昉译：《看得见的城市：东亚三商港的盛衰浮沉录》，浙江大学出版社，2010 年，第 76 页。
2 吴建雍：《清代外销瓷与早期中美贸易》，《北京社会科学》1987 年第 1 期。
3 《清朝续文献通考》卷三十九"景瓷销售"。
4 袁钟仁：《广州和美国的早期贸易》，《岭南文史》1999 年第 1 期。
5 吴建雍：《清代外销瓷与早期中美贸易》，《北京社会科学》1987 年第 1 期。

亚兴官经办，这些商行深受美国商人信赖。1809 年，美国商人托马斯·沃德对老鑫行的印象是：老鑫行乃瓷商之首，其瓷器价廉物美，且包装最好，一旦订有合同，必能圆满完成，因而，美国商人都愿与他做买卖。亚兴官为拓展业务，甚至把广告做到了美国。1804 年 5 月，《普罗维登斯报》载：广州瓷器商人亚兴官，敬请转告美国商人、大班和船长，现有一批精美瓷器，包括各种纹章、花押和彩绘瓷，风格高雅，价格合理，一俟订货，即可成交[1]。

中美瓷器贸易虽然比欧洲各国晚，但进口量迅速超过欧洲国家。1798~1799 年的贸易季里，5 艘从广州回航的美国商船所载运瓷器 1187 箱。1816 年 John Jacob Astor 的一张瓷器订单里包括 265 箱青花茶具或咖啡具，600 箱茶具和 102 箱混合瓷器，总值 7304.86 美元。在 1817~1818 贸易季，Caledonia 号从广州向美国贩运了数量惊人的瓷器，仅商人 Robert Waln, John C. 和 William H. Smith 在这批货中就买到 3000 箱瓷器[2]。

费城的瓷器商人沃尔恩在 1820 年曾对美国广泛使用中国瓷器的情况，作了生动的描述："中国瓷器迄今已取代了英国的器皿，高、中阶层人士无不使用，甚至最贫困的家庭也能夸耀他们经过一番劳作而买到的几件中国瓷器。当今的姑娘出嫁，几乎很少有不陪送中国茶具的。"[3]

加拿大也是古代中国瓷器的运销地区。加拿大路易斯堡港口遗址先后出土了中国清代瓷片 69000 块，器型有碗、盘、盏和杯等，既有中国风格的瓷器，也有专门为国外市场生产的外销瓷[4]。秘鲁利马瑞马山顶遗址、加马那街、波利维尔街、路斯维尔特街等地均出土明清时期的中国瓷器[5]。

明万历景德镇窑黄釉碗
外底有"大明万历年制"款。加拿大皇家安大略博物馆藏。
引自《美成在久》2015 年第 5 期

总之，明清时期中国瓷器深受世界各国人民喜爱："华瓷冠绝全球，而华人初不知其可宝，殆真所谓圣不自圣，民无能名者也。列强交通，东西角胜，而吾华独占最优之名誉。于是欧美斐澳，恐后争先，一金之值，腾涌千百。茗瓯酒盏，叹为不世之珍，尺瓶寸盂，视为无上之品。且又为之辨别妍媸，区分色目，探赜索隐，造精诣微，豇红苹绿，则析及豪芒，御窑客货，则严其等第。"[6]

---

1　翁舒韵：《明清广东瓷器外销研究（1511~1842）》，第 22 页。

2　吴建雍：《清代外销瓷与早期中美贸易》，《北京社会科学》1987 年第 1 期。

3　赵德云：《加拿大路易斯堡遗址出土中国瓷器的初步研究》，《四川文物》2002 年第 2 期。

4　向玉婷：《秘鲁收藏的中国外销瓷及其影响研究》，《收藏家》2009 年第 7 期。

5　陈浏：《陶雅》卷上，中国书店，1991 年。

6　冯小琦：《欧洲收藏的中国瓷器》，中国古陶瓷学会编《中国古陶瓷研究》，紫禁城出版社，2008 年，第 435~453 页。

# 第二节　外销瓷品种

　　明清时期景德镇外销瓷的品种，有明显的地区差异，大致可以分为东亚与东南亚、西亚与北非和欧洲与美洲三大区域。不同时期外销瓷的品质、风格也不同，比如，明末清初一段时期，外销瓷以所谓"克拉克"样式为主，清初有一个时期，模仿日本伊万里样式，后来又有五彩瓷、粉彩瓷、广彩瓷等。

　　我国著名古陶瓷专家冯先铭先生曾多次应邀在欧洲荷兰、比利时、葡萄牙、法国等国家进行工作访问，参观了里斯本古典艺术国家博物馆、海牙博物馆、布鲁塞尔中国宫、集美博物馆、大英博物馆、大维德基金会等众多收藏中国瓷器丰富的博物馆，据他观察，欧洲收藏的中国瓷器造型比较丰富，有中国传统样式与外国样式。中国传统样式有各式瓶、壶、罐、碗、盘、杯等，象首军持、提梁壶、葫芦瓶、筒瓶、罐、炉、笔筒等也是明代晚期至清初常见的器形。外销瓷中以康熙时期的器形最为丰富，常见的有棒槌瓶、凤尾尊、锥把瓶、方瓶、梅瓶、葫芦瓶、将军罐、莲子罐、平顶盖罐、鼓式狮钮盖罐、花觚、盖缸、双耳盖缸、花口碗等；乾隆时期有茶壶、绣墩、成套餐具、带盖六方瓶、将军罐、盘、碗、人物雕塑和洋狗等。不少器形在中国传统式样的基础上，加入西方所喜爱的因素，创烧出具有新意的造型，比如，将军罐、瓶、莲子罐等器形明显比传统式样高；瓶口有多种变化，有渣斗式口、杯口；还有加双耳的，双耳杯、双耳盖杯、双耳盖缸、双耳盖碗；加双柄的有双柄盖瓶；还有把器形加以装饰和改造的，把瓶、樽等改作水器、灯具或在口、流、柄等部位加饰金属双柄、盖、链子等饰件。具有完全欧洲风格器物造型的有杯、汤盆、剃须盘、执壶、单柄壶、双口瓶等。奶杯，有大小数种，

明晚期景德镇窑青花开光花卉纹盘

此类装饰风格习惯上称为克拉克瓷，明后期至清前期畅销世界的品种。土耳其托普卡普皇宫博物馆藏

清早期景德镇窑青花矾红描金花卉纹盘

仿自日本伊万里样式，购自欧洲市场。曹俭藏

**清中期广彩开光海舶纹碗**

购自欧洲市场。南昌大学博物馆藏

**清早期景德镇窑青花花卉纹花觚**

购自欧洲市场。南昌大学博物馆藏

**欧洲加彩绿地开光人物纹盖罐**

原罐为景德镇窑青花瓷，运抵欧洲后，根据欧洲人的审美取向，加绘图案。购自欧洲市场。曹俭藏

明代晚期出现，清代更为流行，有直筒式、直筒束腰式，有的一侧口部带流，多带有手柄。另一种高脚带柄杯，口部曲线有变化，有的还配有托盘，类似今天西餐具用于盛放汁料的器皿。汤盆也是欧洲人喜爱的餐具，式样较多，有椭圆形、长方倭角形、六方形、花瓣形、菊瓣式多种样式，多数配有盖。执壶造型似锥形，下广上窄，顶部有盖，很别致[1]。英国学者 Margaret Jourdain 和 R.Soame Jenyns 把中国 18 世纪输往欧洲的瓷器分为五类：（1）造型和装饰均无外来影响痕迹的瓷器；（2）欧洲风格器型的瓷器，模仿欧洲陶器、银器或玻璃器；（3）在中国进行装饰，装饰风格为欧洲意味，专为国外市场生产的瓷器，包括纹章瓷和"耶稣瓷"；（4）在中国烧制成的白瓷，运至欧洲，由欧洲工匠进行装饰的瓷器;（5）在欧洲进行加彩的瓷器（主要为青花瓷）[2]。后两类实际上是欧洲作坊对外销到欧洲的中国瓷器进行二次加工，以更好适应本地消费市场，与景德镇外销瓷的种类关系不大。通观世界各地博物馆收藏的景德镇瓷器，以造型与装饰来区分，大致可以分为三类：（1）中国风格，即造型和装饰均无外来影响，与中国市场的产品无异；（2）混合式，即中国传统造型配国外装饰或国外造型配中国传统装饰；（3）外国样式，造型与装饰均来自国外，专为国外市场生产的瓷器。

## 一、中国风格

东亚与东南亚地区各国，是中国的友好邻国，中国是地区大国，政治、经济、文化发展水平最高，成为各国学习的典范，中国流行什么，各国马上仿效，因而这一地区的外销瓷品种与同时期中国国内所销售的品种基本相同。只有朝鲜，较早从中国学习了制瓷技术，并达到了较高水平，基本不需要从中国进口瓷器。明清时期，朝鲜在向中国朝贡时，甚至自信地把本国生产的瓷器作为贡品。

从新航路开辟到 1684 年全面开放海禁这一段时间，瓷器外销是违法行为，生产、贩运都有很大风险，因而中国风格是主流，为特定市场的个性化生产极少。即使是海禁开放以后，中国风格仍然是主流。作为当时中外贸易第一大转运港口澳门历年生产建设中出土的瓷器就是很好证明，澳门出土的景德镇瓷器，是商人把瓷器运至澳门后，在装船或搬运期间因破碎而遗弃。马锦强先生分析了澳门出土的 4000 多件明代景德镇瓷器后发现，澳门出土的景德镇瓷器是民窑产品，当时还没有内销与外销的严格界限，商人在广州采购后从澳门运往国外，便成了外销瓷，在形制、纹饰等方面有强烈的中国民间味道，器物以盘、

清前期景德镇窑青花麒麟送子纹罐
南昌大学博物馆藏

---

1 赵德云：《加拿大路易斯堡遗址出土中国瓷器的初步研究》，《四川文物》2002 年第 2 期。
2 马锦强：《澳门出土明代青花瓷器研究》，2014 年，第 256~268 页。

**明晚期景德镇窑青花花鸟纹杯**
澳门出土。澳门博物馆藏

**广东上川岛出土青花、五彩瓷片**
上川岛系海禁开放前中外瓷器走私贸易的重要地点。引自《陶瓷下西洋》

碗之类生活日用器为主，陈设器极少。装饰纹样，绝大多数是中国式，底款有宣德、成化、大明年造等寄托款、堂名款；图案有龙、云龙、鹿、奔马、狮子、鹤、猴子、飞蝶、莲荷、水草、枝头小鸟、折枝花卉、缠枝花卉、山水城池、仕女婴戏、高官厚禄、长命富贵、富贵佳器、万福攸同、永保长春、长春佳器等[1]。中国风格的瓷器畅销欧洲，在荷兰东印度公司的档案中有较多记录，比如，1637 年荷兰东印度公司董事会指示巴达维亚的代理：根据上一批瓷器的销售结果，我们发现不论销路或评价，绘有荷兰人物的都不及中国画风的作品。所以你应该写信给大湾，叫他们未来发货一律只限中国风装饰

---

1 （美）罗伯特·芬雷著，郑明萱译：《青花的故事》，第50页。

的瓷器，除非另有明确指示[1]。

　　当时进入欧洲市场的精美中国瓷器，由于浓厚的东方气息使欧洲人耳目一新，成为人们象征自己身份、地位的奢侈品和观赏品。这一方面是由于当时流传到欧洲的瓷器数量稀少且价格高昂，另一方面也说明过于纯粹的东方形制使瓷器脱离了欧洲人的日常生活需要。于是他们就改颜换貌，镶嵌上各式金属附件，改造成为适合自己文化习俗的器具，比如，一只瓶能变改为执壶，一只盘改为果篮，等等。中国餐具的式样很少，不能适应欧洲人饮食习惯和多样化餐具的需要，中式瓷碟在欧洲的餐桌上只能用来放糕点，把瓷质笔筒作为冰酒器，把瓷质鱼缸用作花盆，被限制了用途的瓷器，其市场销路也必然受到限制[2]。欧洲人对中国瓷器的改造举动，正好说明当时外销瓷主流是中国式。

**清早期景德镇窑青花花卉纹盘**
加装银饰后，使用功能变成提篮。购自欧洲市场。南昌大学博物馆藏

---

1　伊瓦·斯托贝：《德雷斯顿的中国瓷器收藏》，《中国历史文物》2005年第4期。
2　西方家庭客厅的壁炉，既是房子的一部分，又是客厅的装饰中心，豪宅的壁炉装饰十分华丽，有雕刻的大理石、花岗岩装饰，而且都很大，正正方方的壁炉把客厅的一个墙面分割成壁炉部分和壁炉上方的空间两部分，中国花瓶组合就放在上面。

## 二、融合式样

　　景德镇外销瓷器装饰纹样，一类虽然为国外市场专门制作，但基本上是中国传统样式，或虽然器物造型有欧洲特点，但装饰题材仍然为中国风格的花鸟、人物和山水等，因而具有鲜明的中国情调，此类产品占多数，成套器具往往绘有相同的纹样。有时，在同一器物上也出现东西方两种不同文化艺术的融合现象。比如有的瓷盘，中部主题图案为西洋社会生活场面，边框则衬以中国式图案；有的瓷器上的航海图，描绘了大航海时代中国和欧洲两种不同式样的大型远洋船舶风帆竞张、桅旌高扬的远航场面。十三行题材也是外销瓷中一个很有特色的品种，珠江外围的长洲岛和十三行对来华贸易的西方商人来说有着特殊意义，所以许多人在离开中国时，都会特别设计订制或者购买此类瓷器作为纪念品或礼品，绘有十三行的街道、厂房、仓库等建筑，一般在前面画有岸边和栏杆，并竖立各国国旗，前景则是珠江和江面上的船只，这类产品在1765~1795年间特别流行，常见器型有大碗和大盘。

　　在这类瓷器中，5件一组的花瓶组合极为有意思，包括3个盖罐和2个花觚，一般是放在西方家

清中期景德镇窑粉彩人物纹盖罐、花觚一组

**清后期广彩十三行纹酒碗**
购自欧洲市场。南昌大学博物馆藏

**清早期景德镇窑青花西洋乐师奏乐图折沿盘**
折沿盘为仿西方金属器造型,盘心奏乐图源于法国画家尼克拉伯纳（1646~1717）
的版画，这个设计曾在欧洲盛行一时；盘沿八个开光内绘中国传统的山水人物
图，中西纹样珠联璧合，别具艺术魅力。英国维多利亚与阿尔伯特博物馆藏

庭壁炉上方[1]。盖罐原形是中国的将军罐,但和花觚组合在一起,会觉得上面的盖子太大,为了相互协调,就进行适当改造,把盖子做小一点,相应地把颈部拉长,花觚的流畅线条和盖罐起伏变化的流线相互呼应,这样组合在一起外形就很美,有青花、五彩、粉彩数种,一时间成为欧洲室内装饰时尚。

**明晚期景德镇窑青花开光花卉纹碗**
购自欧洲市场。南昌大学博物馆藏

**清早期景德镇窑青花矾红描金花卉纹咖啡壶**
器型仿自欧洲银器,装饰中国传统纹样,青花矾红描金装饰方法则是受到日本伊万里瓷影响,很好地表现了景德镇制瓷工艺与国外的交流互动。购自欧洲市场。南昌大学博物馆藏

### 克拉克瓷

克拉克瓷是明代万历前后景德镇根据对国际市场需求的理解专门设计供外销的瓷器新品种,当时葡萄牙人垄断了欧洲与中国的远洋贸易,瓷器是用葡萄牙三桅船"Carrack"运输,因此欧洲人称这种三桅船运来的瓷器为"Carrack"。克拉克瓷以日用的碗、盘为主,尤其是折沿式造型,是传统中国瓷器中所没有的;以开光方式来组织画面,开光有圆形、菱花形、莲瓣形等,开光间多用锦纹或缨络纹相隔,开光内所绘图案,都是中国瓷器中常见的花鸟虫鱼、荷塘宝鸭、松鹿、八吉祥、花篮捧字、山水人物、亭台宝塔等[2]。后来也出现了具有异国情调的繁密纹饰、郁金香纹、西方神话、宗教图案和西方人物、社会生活等画面。克拉克瓷是数量最大、影响时间最长的一种外销产品,从明万历中期一直延续至清康熙时期,持续时间超过100年;销售地域遍及亚、非、欧、美,品种既有青花瓷,也有五彩瓷、粉彩瓷,是景德镇外销瓷的最早代名词。

---

1  马锦强:《澳门出土明代青花瓷器研究》,第259~260页。
2  订烧瓷中有一类被称为耶稣会士瓷,是指1730年开始,海外公司的商务负责人或买办预订景德镇和广州的瓷器画家们仿制的欧洲版画。中国瓷器上的图案内容非常纷繁:如《耶稣诞生图》和《耶稣受难图》,我们还可以发现其多种不同的变种;同时还有《耶稣降架图》、《耶稣入墓图》、《耶稣复活图》和《耶稣升天图》。参考(法)伯德莱著,耿升译:《清宫洋画家》,第131页。

### 伊万里样式

日本瓷器在吸收中国瓷器风格的同时，融合江户时代审美文化元素，纹样来源于中国，但构图形式却具有日本趣味，如往往将画面重心置于一旁而非中心，形成"偏"的风格。大约从1690年开始，日本瓷器形成了以"金襕手"为代表的"古伊万里"风格。"金襕手"的特征是釉下青花与釉上彩结合，再绘金彩。由于大量使用红彩和金彩，故颜色鲜艳，整体风格显得绚烂夺目、雍容华贵，与当时欧洲流行的洛可可风格契合，颇受欧洲消费者喜爱。由于日本外销欧洲的瓷器均从伊万里港出口，故被称为伊万里瓷。康熙时期开放海禁后，景德镇窑为了夺回因社会动荡而丢失的海外市场，紧盯欧洲市场消费时尚，凭借优质的制瓷原料和先进的制瓷技术，大量仿制日本伊万里样式，以物美价廉的产品出口，与日本竞争，这类产品称为中国伊万里样式，属于仿制的再仿制。中国瓷器出口市场体系完备，运作规范，中国伊万里瓷一经登录欧洲市场便迅速胜出，至1757年左右，日本瓷器基本退出欧洲市场，景德镇瓷器重回一枝独秀的局面。

### 满大人样式

满大人（mandarin）一词，来源于葡萄牙语的动词mandar，意即统治或管理。17世纪初，葡萄牙人与中国通商时，用这个词称呼中国的官员，无论文官还是武将，高官还是小吏。17~18世纪，许多欧洲画家随使团来华，用画笔记录了他们在中国的见闻，包括中国官员的生活和工作。这些描述和风景画进一步引发了欧洲社会对中国人生活的好奇。广州广彩瓷作坊瞄准这一市场商机，推出了面向欧洲市场的满大人系列产品。绘画技法采用欧洲油画的透视法，色彩运用得当，人物表情传神，符合欧洲人的审美取向；画面多以男主人为中心，闲坐品茗或狩猎归来，装饰图案有清装老少男女，一般为两代同堂或三代同堂，背景为厅堂、庭院或近郊，人物身后背景还可见树木、山岳、农舍、湖泊、轻舟等等。满大人纹饰犹如一幅幅清代官宦富商的生活照或全家福，生动反映了安居乐业、富足悠闲的家庭生活，描绘了一个令人向往的东方社会，那里的人生活安逸，经常在风景如画的亭台楼阁、庭院园林里游玩，

**清中期广彩满大人纹盘**

这是德国迈森瓷厂设计的一款中国风瓷器，在欧洲很受欢迎。广州广彩作坊很快进行仿制，返销欧洲，因而属于仿制的再仿制。购自欧洲市场。曹俭藏

**清中期广彩满大人纹碗**

购自欧洲市场。南昌大学博物馆藏

或在春光明媚的时节外出狩猎，人与自然和谐共处，生动的家居生活场景里展现的是优雅的中国服饰、引人入胜的家居装饰和园林小景、乐享天伦的家庭氛围，极大地满足了欧洲人的好奇心和对东方天堂的向往。这一样式畅销 100 多年，成为清代外销瓷中最常见的题材。

## 三、外国式样

在新航路开辟以前，中国瓷器的销售市场主要在亚洲，东亚、东南亚受中国文化影响深，基本上是中国内地风格的产品；而南亚和西亚，尤其是伊斯兰地区，青花瓷常以阿拉伯式的图案、风格化的枝叶、阿拉伯文《古兰经》短语和波斯铭文装饰。1516 年，葡萄牙人到达中国以后，景德镇制作的青花瓷器开始出现葡萄牙铭文；17 世纪，荷兰铭文又因中、荷通商出现在当时的外销瓷器上，此后，法文、德文、英文等西方文字也相继出现。这些都是按照欧洲商人的要求、适合欧洲消费者需要特别绘制，大部分是严格依照顾客所提供的版画及图样来绘制，通常称为"订烧瓷"[1]。

景德镇洋器业

明末清初是中国瓷器大量销往欧洲市场的繁盛时期，此时也是中国瓷器制造业达到巅峰的时代，不仅在工艺水平和器物造型上空前绝后，在外销上也采取了较为灵活的运作方式，除了成品订货外，还有来样加工，器物尺寸、形状和图案在合同中都有明确规定，景德镇工匠只要严格按要求照样制作。

**清中期景德镇窑墨彩描金耶稣受难纹盘**
1745 ~ 1750 年。前景有四名士兵正在掷骰，背景为玛丽亚、圣约翰和旁观者，盘边缘饰植物纹。这类盘通常四件一套，分别饰以耶稣出生、受难、复活与升天，图案源自欧洲油画。比利时布鲁塞尔博物馆藏。引自《中国外销瓷》

**明后期景德镇窑绿彩阿拉伯文盘**
这种大盘是为外销伊斯兰市场专门设计烧制。土耳其托普卡普皇宫博物馆藏。引自《伊斯坦布尔的中国宝藏》

1 （英）马丁·坎普主编，余君珉译：《牛津西方艺术史》，外语教学与研究出版社，2009 年，第 294 页。

为了让景德镇制造出符合自己要求的器
物，欧洲商人往往提供彩色画稿或模型，
模型有陶瓷器、玻璃器、银器、锡器及
木器等[1]。有些是在景德镇烧好素瓷胎后
运到广州再加彩即所谓广彩，或运到欧
洲后再加彩，总之是根据欧洲市场的需
求来设计、制作。在欧洲市场需求的推
动下，中国逐渐产生了专为欧洲市场生
产的洋器工业：

　　　工有作，作者一户所作器也，
　　各户或有兼作，统名曰作。官古器
　　作、上古器作、中古器作、釉古器
　　作、小古器作、常古器作、粗器
　　作、冒器作、子法器作、脱胎器
　　作、大琢器作、洋器作、雕镶作、
　　订单器作、仿古作、填白器作、碎
　　器作、紫金器作[2]。

　　　洋器有滑洋器、泥洋器之分。
　　一用滑石制作器骨，工值重，是为
　　滑洋器。一用不泥作器质，工值稍
　　次，是为粗洋器[3]。

　　　洋器专售外洋者。商多粤东
　　人，贩去与洋鬼子载市。式多奇巧，岁无定样[4]。

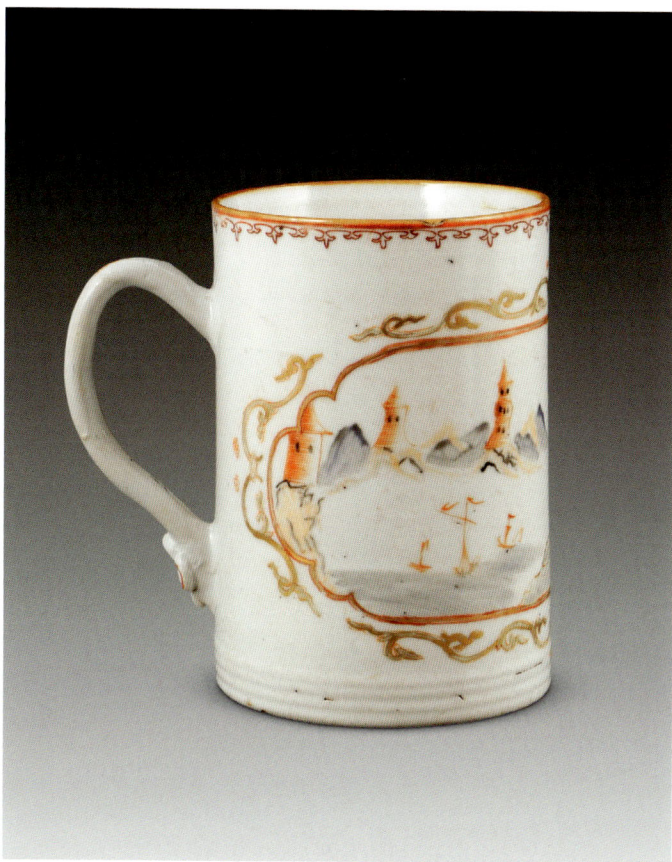

**清中期广彩欧式人物纹啤酒杯**
仿自德国迈森瓷，公司订单中称之为英国
啤酒杯。购自欧洲市场，南昌大学博物馆藏

所谓"式多奇巧"是指瓷器的形状和装饰为欧洲型，不像中国人常见的式样。比如，我们中国流
行的瓷杯，一般没有把手，带把的啤酒杯就是英国人发明的，我们中国的盘子是圆形的，输出欧洲的
盘子就有长圆形、多角形等形体，且边也作了加宽处理；所谓"岁无定样"是由于欧洲各国每年订货
的要求不同。17 世纪初中国针对西方市场专门生产的瓷器有耶稣会瓷，还有为荷兰人制造的中国代尔
夫特瓷（Chinese Delft）和为英格兰人制的洛斯托夫特瓷（Chinese lowestoft）[5]。"在中世纪后期，欧洲就
已开始从中国进口瓷器，但是直到 16 世纪后期确定了与欧洲的外贸发展关系之后，中国作坊才开始仿

---

1　香港艺术馆编：《中国外销瓷——布鲁塞尔皇家艺术历史博物馆藏品展》，第 46 页。
2　《景德镇陶录》卷三 "陶务条目"，中国书店，1991 年。
3　《景德镇陶录》卷四 "陶务方略"。
4　《景德镇陶录》卷二 "国朝御窑厂恭记"。
5　（英）马丁·坎普主编，余君玟译：《牛津西方艺术史》，第 294 页。

**德比窑执壶与景德镇窑仿品**

左图为 1780~1783 年德比窑产品，属软瓷。大英博物馆藏。右图约为 1785 年中国景德镇窑
仿品，维多利亚与阿尔伯特博物馆藏。欧洲新产品出来后，中国马上仿制，与欧洲同行竞争，
景德镇窑瓷器的优势在产品质量方面。引自《瓷之韵》。

**清中期景德镇窑青花矾红描金餐具一组**
购自欧洲市场，南昌大学博物馆藏

效欧洲陶瓷的装饰风格和形状，专门为欧洲市场生产瓷器。"[1]

景德镇生产了大量模仿欧洲金属器、玻璃器、陶瓷器形制的西洋生活用具，诸如奶壶、大肉盘、盐碟、酱汁碟、水果篮、大酒碗、剃须盘、夜壶、烛台、咖啡具以及带柄的杯、罐、碗类的器皿、船形或头盔形的调味瓶，按欧洲模型制作的鹅、鸭、鱼之类动物形碗，等等，都是专门为外国市场特制的。

### 东印度公司对景德镇瓷器的设计

当时在荷兰和英国，中国瓷器主要是作为生活用具，这就决定它们必须适应欧洲的生活习惯，于是就产生了一种所谓的"中国形"（Chinese Imari）瓷器，即融合西方式样的中国瓷器[2]。欧洲各国东印度公司为了开发中国瓷器贸易的潜力，使之更适合欧洲市场的需要，逐步把中国瓷器的造型和装饰花纹改造成西方式样。荷兰是第一个主动设计、开发中国瓷器的国家，1635年荷兰占领中国台湾后，在中国近海找到了一个稳定的据点，便开始向中国直接订制他们所设计的瓷器。1635年，荷兰商人第一次把欧洲市民在日常生活中所使用的宽边午餐碟、水罐、芥茉罐、洗脸盆等做成木制的模型，带到广州，请中国的瓷器匠师们模仿生产，然后在1639年试制出首批样品运往荷兰。这批样品大约有带两个把柄

**清中期广彩中国风人物纹双狮耳六边带盖汤盆**
器型仿自欧洲银器，是欧洲成套餐具中的一件。购自欧洲市场，南昌大学博物馆藏

1 李金明：《明清时期中国瓷器文化在欧洲的传播与影响》，《中国社会经济史研究》1999年第2期。
2 朱培初：《明清陶瓷和世界文化的交流》，第52页。

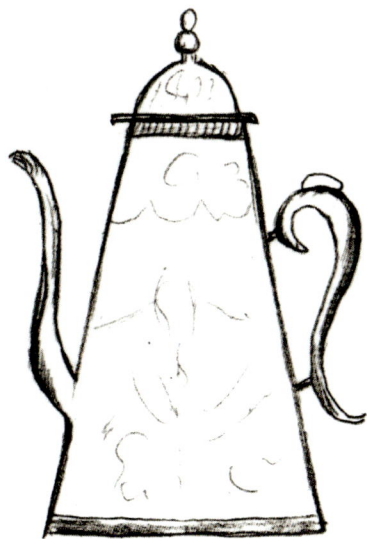

**咖啡壶与设计稿**

*荷兰东印度公司于 1786 年开始向中国订制。荷兰海牙国家档案部藏。引自《中国外销瓷》*

的花瓶、小酒罐等，其中有的看来是英国陶器的造型[1]。为了使中国瓷器能够在荷兰及欧洲畅销，公司很快就主动向中国商人提供样品，"由于从准备所需品目录或定单到完成定单之间有一漫长阶段，这就要求董事必须仔细地进行计划。例如在 1725 年春制订的回运货物目录在 9 个月后才抵达巴达维亚，而 1725 年到 1726 年这一季的返程船队则装载着过去所需的货物刚离开——返程船队在 1~3 月间出发。订购的货物只能在一年后装船，9 月运抵国内。因此在订购货物到收到货物之间有两年半时间的空档。"[2] 从 1736 年开始，荷兰买家将瓷器订单交给工厂，下一年交货，变成常规做法，此后，荷兰东印度公司发往中国成百上千的瓷器画样[3]。

　　1635 年 10 月，台湾长官汉斯·普特曼斯向福建商人提供了一批木质的碟、碗、瓶、罐、壶、杯、盘、脸盆等样品，上面绘有各种形态的中国人物。福建商人见到样品后即声称能够仿制，并保证在下次季风时节将货物运抵交付。1639 年，台湾的荷兰人将一批自本部送来的木模交给福建商人朱西特，要求订制 2500 件上等的果碟、脸盆、烛台、茶壶、芥末罐、酒壶等瓷器，并在合同上规定了各式瓷器的具体质量要求。同时，荷兰人还要中国翻译 Cambingh 担保，朱西特交货时应一并归还这批木模[4]。1678 年荷兰东印度公司又请求中国瓷器匠师们模仿荷兰代尔夫特的陶器，包括盘、碟、水罐、细颈瓶、

---

1　（荷）费莫·西蒙·伽士特拉著，倪文君译：《荷兰东印度公司》，第 183 页。
2　在海牙博物馆保存的东印度公司的记录里找到了唯一的画样原件，是 1758 年的，一共 7 页，保存了 33 件瓷器的图样，参考万钧：《东印度公司与明清瓷器外销》，《故宫博物院院刊》2009 年第 4 期。
3　钱江：《十七至十八世纪中国与荷兰的瓷器贸易》，《南洋问题研究》1989 年第 1 期。
4　朱培初：《明清陶瓷和世界文化的交流》，第 52 页。

**清前期景德镇窑青花花卉纹带盖汤盆**

器型仿自欧洲银器，由四组花卉环绕中心，被称为菲茨休图案。1780 年英国东印
度公司董事托马斯·菲茨休设计并向中国订购此款青花瓷，很快流行欧洲各地，
除青花外，还有粉彩、广彩等装饰工艺。购自欧洲市场，曹俭藏

烛台等[1]。1733 年,泽兰商会不仅将一份详细开列品种、颜色、规格、数量要求的购买瓷器清单送往广州，而且还随清单附上一箱编上号码的样品。

　　荷兰人订购的瓷器，根据图案描绘的题材大致可分为纹章、人物（希腊罗马神话，圣经故事，欧洲风俗小品等）、船舶和花卉四类，都是欧洲人喜闻乐见的绘画形式，种类则大多是符合欧洲人饮食习惯的西餐具。经过欧洲人重新设计、改造后的中国瓷器，尤其是瓷器作为餐具的优点渐渐为欧洲人所了解、所接受，成为最受欢迎的餐具，走入了欧洲民众的日常生活[2]。18 世纪初，荷属与英属东印度公司开始进口瓷器餐具，当时一套标准餐具约由 130 件组成，包括 60 个盘子、24 个汤碗、21 个上菜大盘、4 个酱料长碗、1 个鱼盘、6 个大盖碗、6 个盐瓶和 6 个沙拉大碗。此外还有其他调味瓶、椭圆碟、冷酒器、烛台等附属用具。18 世纪期间，某些付得起额外开销的英国家庭——所谓额外，有时高达一般价格的

1　林琳：《17~18 世纪荷兰东印度公司瓷器贸易研究》，第 7~8 页。
2　（美）罗伯特·芬雷著，郑明萱译：《青花的故事》，第 328 页。

荷兰东印度公司订制的粉彩餐具和茶具

1770~1780 年。比利时布鲁塞尔博物馆藏。引自《中国外销瓷》

十倍——甚至会购置一套 4000 件以上、饰有家族纹章的餐具[1]。1700 年的欧洲约有 1 亿人口，景德镇瓷餐具的普及，意味着为景德镇制瓷业打开了广阔的市场空间。

17 世纪以来，欧洲诸国通过它们的东印度公司与中国进行贸易，输入西方市场的货物如茶、丝和瓷器，加深了西方对中国的向往。这种对远方充满魅力的中国所产生的幻想，随即在所有艺术领域中发展成为对中国事物的热潮[2]。在 18 世纪，这种对"中国风格"的狂热达至巅峰，使遥远的中国大受影响、特别制作外销瓷。这些瓷器的特色之一是其型制迎合西方人士的需求，其纹饰则是源自西方人想象中的中国景物，或是渗揉了欧洲人品味的"订烧中国瓷"纹样[3]。这类瓷器品种丰富、个性鲜明，但数量并

---

1　中国艺术图案由入华耶稣会士们传向欧洲。法国 17~18 世纪的博韦壁毯中就出现了以中国图案作为背景装饰的产品。欧洲瓷器中也出现了中国式的装饰图案，欧洲经销商也向中国瓷窑提供图案以供在中国生产订货瓷。1981~1982年法国圣迪埃博物馆举办《1765~1830 年法国东部瓷器制造中的中国式装饰图案》展，展览图录特别论述了中国装饰图案风靡欧洲的全过程：法国 17 世纪的异国情调风格绘画，1650~1800 年欧洲的中国式装饰图案，1650~1830年欧洲采用中国装饰图案的实例统计表，中国装饰图案的断代等，特别是斯特拉斯堡、尼德维耶、阿佩里等地区的中国式图案，最后论述了有关法国东部瓷器制造作坊中的中国式图案等问题。参考（法）伯德莱著，耿升译：《清宫洋画家》，第 244 页。
2　柯馨德：《布鲁塞尔中国亭及其珍藏》，香港艺术馆编《中国外销瓷——布鲁塞尔皇家艺术历史博物馆藏品展》，第22~27 页。
3　乔克：《简介》，香港艺术馆编《中国外销瓷——布鲁塞尔皇家艺术历史博物馆藏品展》，第 36~41 页。

**科尼利厄斯·普龙克设计稿与粉彩持伞仕女图盘**

比利时布鲁塞尔博物馆藏，引自《中国外销瓷》

**青花描金人物纹盘**

1740年。该图由荷兰画家科尼利厄斯·普龙克特别为荷兰东印度公司设计，称为花亭人物图，1739年运抵中国，生产了青花和釉上彩的餐具和茶具。引自《中国外销瓷》

不大。在当时，"订烧瓷"的运作程序，一般是欧洲商人每年八、九月到达广州后，把物品模本、画稿与定金一并交给中国十三行的买办，通过买办把订单送到景德镇，第二年再从买办处取回上一个贸易季的订烧瓷[1]。

由于"订烧瓷"成本较高，占用资金时间长，

---

1　比如，1616年10月，荷兰东印度公司的柯恩向董事会报告说："卖给我们以及在本地居民区出售的瓷器是按预先签订的合同生产的，合同签订之后要预支款项。否则，这种式样的瓷器在中国是没有人要的。一旦拍板成交，中国人就得按合同负责出口销售。"参考钱江：《十七至十八世纪中国与荷兰的瓷器贸易》，《南洋问题研究》1989年第1期。又比如，1643年4月25日一份台湾的备忘录详细记录了台湾总督与中国商人朱西特、戴克林（Tecklin）签订的355800件瓷器合同，1645年1月交货，货值1600里亚尔，一次给订金925里亚尔。参考李金明：《明清时期中国瓷器文化在欧洲的传播与影响》，《中国社会经济史研究》1999年第2期。

**粉彩人物纹茶具**
范萨斯高·雅宾尼设计的火神系列。比利时布鲁塞尔博物馆藏，引自《中国外销瓷》

**粉彩四博士图茶具**
1738 年。该图由荷兰画家科尼利厄斯·普龙克特别为荷兰东印度公司设计，称为四博士图。引自《中国外销瓷》

手续复杂，商业风险大[1]，不可能成为当时外销瓷的主流。大多数"订烧瓷"是用作私人交易，有些则是商人及船员们作为纪念品或礼物。"订烧瓷"的装饰题材有西洋人物、肖像画、花卉、城市港口、田园风景、贵族生活、希腊罗马神话、历史传说、圣经故事、德国式纹样以及标示家族的徽章，也有欧洲设计师特别设计的式样，比如荷兰东印度公司曾在1734年聘请阿姆斯特丹著名画家科尼利厄斯·普龙克设计了持伞仕女、三博士、四博士、花亭人物等5款图样[2]，这些水彩及铅笔素描设计图稿收藏在荷兰国家博物馆[3]。1737年，第一批持伞仕女系列瓷器共1279件运抵荷兰，青花和青花矾红描金者各一半，由于这类产品价格太高，很快就停止订烧。这个样式的部分记录和设计稿，现在仍保存在印尼雅加达[4]。

意大利画家范萨斯高·雅宾尼（1578~1669）创作的一系列反映古典传说火、水、土和气四行的绘画也是18世纪销往欧洲瓷器上流行的题材，以火神为题材的画面构图为，中央丘比特象征宇宙和性灵的火，右边是伏尔甘，是铁匠和陶瓷工匠所信奉的四行中的火神，驾战车在空中飞翔的是代表爱情和欲望的女神维纳斯，四周是多位小爱神，象征能射穿钢铁、钻石和众神之心的力量。以水神为题材的画面构图为，象征水沫的仙女嘉拉菲雅站在贝壳上，四周围绕小爱神，象征河流、海洋的小仙女和小海神，以及她们的珍宝鱼、珍珠和珊瑚。以土神为题材的画面构图为，战车上后排左方站立诸神之母茜贝儿，手持象征宇宙的圆球，四周围绕四季之神[5]。

清康熙景德镇窑青花花卉纹皮尔·格罗姆家族纹章盘
皮尔·格罗姆1698年被任命为荷兰东印度公司驻孟加拉副主管，1701~1705年任主管，1708年调任巴达维亚。这个盘子便是他在亚洲殖民地任职期间订制的。购自欧洲市场。南昌大学博物馆藏

### 彰显身份地位的纹章瓷

在16~18世纪欧美各国的订烧瓷中有一类被人们称为纹章瓷的瓷器比较特别，在器物的显眼部位绘有欧美一些国家的贵族、显赫家族、都市、公司、军团、团体等特有的标志，与当时欧美各国流行使用纹章有关。由于当时的社会，家庭族谱、贵族联姻和企业身份对维护和发展社交网络和社会至关重要，在银器、纺织品和家具上添加纹章有比较长的历史，当中国瓷器出现在欧洲时，自然成为纹章的新载体。纹章可能是一个标记、盾状物、特殊设计的框格，或附有文字缩写、箴言等，一个完整的纹章包括冠、头盔、披风、盾牌、托器以及写有铭词的绶带，其中冠是等级的标志，英国以不同的冠代表公、侯、伯、子、男各等级爵位。盾牌按持有者

1　香港艺术馆编：《中国外销瓷——布鲁塞尔皇家艺术历史博物馆藏品展》，第109页。
2　钱江：《十七至十八世纪中国与荷兰的瓷器贸易》，《南洋问题研究》1989年第1期。
3　余春明：《中国名片——明清外销瓷探源与收藏》，第81页。
4　香港艺术馆编：《中国外销瓷——布鲁塞尔皇家艺术历史博物馆藏品展》，第174~179页。
5　李知宴主编：《中国陶瓷艺术》，第588页。

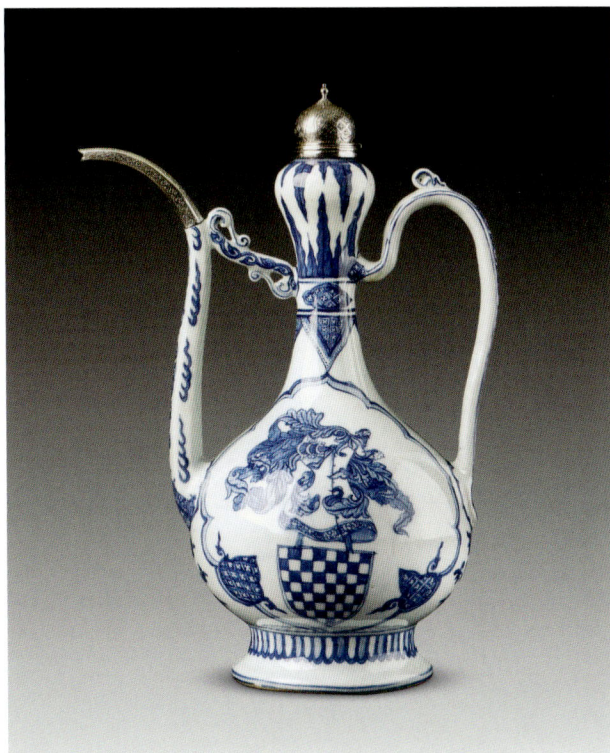

**明嘉靖景德镇窑青花葡萄牙安东尼奥·裴索图**
**家族纹章纹执壶**

执壶造型是面向中东市场的样式，器底有"大明嘉靖年制"
六字青花款。纹章属于裴索图家族，该家族于 1511 年取得
纹章的专利权。银盖和流嘴是在土耳其补配的。英国维多利
亚与阿尔伯特博物馆藏。引自《瓷之韵》

**明后期景德镇窑青花花卉纹耶稣会纹章盖罐**

罐腹绘荷花和耶稣会会标，圆形光环内为"HIS"字徽，
上绘十字架，下绘箭头，表明系耶稣会专门订烧的瓷器。
该会为天主教主要修会之一，于 1534 年基督教改革后在
巴黎成立。澳门博物馆藏

意愿而定，地纹有蓝、红、黑、绿、紫 5 种颜色。纹章图记有神鸟、神兽、龙、鹰、犬、鱼、狮子等，
以狮子最为常见。纹章瓷始于 16 世纪，盛行于 18 世纪，在欧洲十分流行，葡萄牙、西班牙、法国、德国、
波兰、匈牙利和意大利等国均有订制，以英国和荷兰居多[1]。

　　在欧洲发明瓷器烧造技术以前，中国瓷器为新事物，价格高昂，受到欧洲上流社会，特别是皇室、
贵族与教会的青睐，是上流社会人士用来炫耀的物品。当时葡萄牙的贵族、船长及教会长老都十分喜
爱中国瓷器，要求把自己的名字或徽章画在瓷器上，耶稣会的教士还把教义写在瓷器上。这类瓷器存
世量少，其中较早的是属于曾两度任马六甲总督（1526~1529，1539~1542）的 Pero de Garia 的 2 只瓷碗，
一只现收藏在那不勒斯的 Duca de Marino 博物馆，上面印有曼努埃尔国王的徽章[2]。英国维多利亚与阿
尔伯特博物馆收藏的一件 1542 年左右的大明嘉靖年制款青花纹章执壶则是最早一件绘有船员纹章的瓷
器，该壶绘有葡萄牙裴索图家族的纹章。安东尼奥·裴索图曾于 1542 年到达中国泉州，在海上与中国

1　翁舒韵：《明清广东瓷器外销研究（1511~1842）》，第 6 页。
2　刘明倩：《从丝绸到瓷器——英国收藏家和博物馆的故事》，上海辞书出版社，2008 年，第 19 页。

**清乾隆景德镇窑粉彩描金瑞典王室纹章盘**

盘心饰以瑞典国家纹章，是 1730 年左右瑞典国王费雷德里克一世订制的成套瓷器中一件。瑞典哥德堡市博物馆藏。引自《瑞典藏中国陶瓷》

**清中期景德镇窑粉彩描金花卉纹
荷兰蒂法玛斯家族纹章盘**

为婚礼而订制。盘心是盾牌，左边是男方家族的徽章，右边是女方家族的徽章，盾牌两边的纹样如贝壳，盾牌用绿色叶子做成托，上面是公爵的皇冠。简·维勒姆·蒂法玛斯曾在荷兰军队的骑兵队服役，最后成为司令官。他的妻子家族显赫，岳父是兹沃勒市的地方行政长官。结合东印度公司的订单，可以确定该盘制作于 1752 年。购自欧洲市场。南昌大学博物馆藏

商人进行了交易，该壶当是此后数年间委托中国商人向景德镇订烧的[1]。

据文献记载，18 世纪中国销往欧洲市场的各类纹章瓷约 60 万件，其中 1722 年运到英国的 40 万件瓷器中多数为纹章瓷。由于英国东印度公司的船长一般是贵族，大多数人会顺便订制自己家族的纹章瓷，有的人还帮亲戚朋友订制，所以英国东印度公司的船长及其亲戚和公司相关成员的家族纹章瓷在全部纹章瓷中占有相当比重。据瑞典学者统计，曾有 300 多个欧洲家族到中国订制过纹章瓷。早期的纹章瓷多用青花，纹章画在器物中央，图案很大；晚期多用五彩和粉彩，图案缩小，常置于器物边缘。18 世纪中期，纹章瓷形成了巴洛克式、洛可可式和新古典主义式等几种不同的风格，巴洛克式追求奢华的外表，讲究对称，在当时颇受欢迎；洛可可式图案不对称，风格淡雅、洗练，形式活泼；新古典主义式构图简单，图案对称，常为铲形或椭圆形，1780~1800 年间风行一时[2]。纹章瓷都是按订户的要求特别制作，大致可划分为名人徽章、省城徽章、机构或公司徽章、军队徽章等，名人徽章中既有国王、皇后，也有名门望族或知名人士订烧的瓷器，比如葡萄牙国王曼努埃尔一世、佩德罗三世，西班牙国

---

1 董健丽：《十八世纪销往欧洲的中国瓷器》，《紫禁城》1996 年第 4 期。
2 冯小琦：《欧洲收藏的中国瓷器》，中国古陶瓷学会编《中国古陶瓷研究》，第 435~453 页。

**清中期广彩蔡尔德家族纹章盘**

盾牌中的家族纹章被安排在分为四格的画面上，共有 6 个家族的纹章，属于较为复杂的纹章类型。这件盘是理查德·蔡尔德结婚时订制的。蔡尔德家族是英国一个显赫家族，1670 年约瑟·蔡尔德被授予准男爵，并担任东印度公司主管。他的孙子理查德·蔡尔德继承了爵位，并于 1731 年被封为伯爵，同年娶一位公爵女儿做太太，太太继承了其祖父家的遗产。购自欧洲市场。南昌大学博物馆藏

**清中期景德镇窑青花矾红描金马汀家族纹章纹盘**

该纹章 1572 年开始使用，瓷盘订制人马修·马汀曾任英国东印度公司大商船 32 枪号船长，1761 年到达广州。购自欧洲市场。南昌大学博物馆藏

**清中期景德镇窑青花辛辛那提纹章盘**
美国国家历史博物馆藏

**清中期广彩纽约城市纹章杯**
纹章冠部是一只鹰，鹰下面是一个花环形状的盾，盾内画一朵花，盾的左右两边各有一个人，手中分别拿着象征自由的权杖和象征公正的天平。瓷杯的订制者乔治·克灵顿1777～1795任纽约州长。南昌大学博物馆藏

王菲力普五世，普鲁士国王菲特烈二世，瑞典国王费雷德里克一世，俄国彼得大帝，澳大利亚查尔斯六世及女王多纳·玛丽亚等，还有清嘉庆皇帝为庆祝葡萄牙国王约翰六世加冕典礼赠送的绘有该国王徽章的五彩盘[1]。

如遇授勋、结婚之类喜庆典礼时，往往要订制成套纹章瓷，绘上家族徽号和甲胄做纪念，以此相炫耀。为纪念新婚而特别订制的纪念瓷，往往要饰以男女双方家族的徽章。

美国人从18世纪晚期开始试制纹章瓷。当时一些原本在欧洲并非贵族的人到了新大陆，也附庸风雅订制纹章瓷，于是新出现了拼凑、仿造纹章的情况，或者选一个纹章样式，把家庭字母改成自己的姓氏，或者直接挪用英国军队的纹章[2]。总体上说，美国纹章瓷与欧洲略有不同，少见家族纹章，多数为城市或协会的徽章，比如1785年随"中国皇后"号来华的商务代理人山茂召在广州特地为美国军官组织辛辛那提协会订购了一批该会自行设计的"辛辛那提"瓷，有盘、碗、盖碗等器型，绘有"辛辛那提"会徽，华盛顿从山茂召处购得的辛辛那提徽章茶壶，现收藏在华盛顿故居维尔农山庄[3]。那些以到达中国为自豪的商人、船员往往在他们购置的中国瓷器上绘上广州的图案或者他们所乘船只的图案，以作为传家宝，反映出独立战争后美国流行的个人主义思潮和求实精神[4]。

明清时期中国瓷器文化在欧洲的传播对当时东西方的瓷器制造都起到一定的积极作用，正如美国学者科比勒在《中国贸易瓷》一书中写道："如此众多的瓷器满足了西方人对中国瓷器的兴趣，它深深地影响到荷兰、德国和英国瓷器制造的风格，但是，更重要的是买主有目的地特别订制的瓷器，发展了东西方的联系，即使是完全由西方人提供的设计亦常常下意识地表现出中国风格的影响。"[5]从目前世界各地博物馆收藏的纹章瓷来看，纹章瓷的订

1 余春明：《中国名片——明清外销瓷探源与收藏》，第70页。
2 齐文颖：《关于中国皇后号来华问题》，《世界历史研究》1984年第1期。
3 吴建雍：《清代外销瓷与早期中美贸易》，《北京社会科学》1987年第1期。
4 李金明：《明清时期中国瓷器文化在欧洲的传播与影响》，《中国社会经济史研究》1999年第2期。
5 吴建雍：《清代外销瓷与早期中美贸易》，《北京社会科学》1987年第1期。

制者多数为欧洲国家从事东方贸易的主要参与者或与
其有关联的富人，诸如东印度公司官员、船长、水手、
广州贸易代表，东方殖民地官员、皇室成员、地方长
官、高级军官、银行家、船厂主以及重要组织等等。

### 面向日本市场的古染付和祥瑞瓷

在 17 世纪前后，外销瓷中有一类是专门针对日
本市场的订烧瓷，被日本人称为古染付和祥瑞瓷，都
是与日本茶道有关的瓷器，带有鲜明的日本审美趣
味，深受日本茶人喜爱。古染付是明天启年间出口日
本的景德镇民窑青花瓷，其风格拙朴简逸。青花发色
蓝中泛灰、釉面泛青，并带缩釉点，最基本的特征是
器物口沿或边角都有像被虫子咬过的剥釉痕迹，日本
人称之为"虫食"。器型主要有向付（碟子）、手钵、
香合、水指（水罐）、花生（花瓶）、水注，多为日本
茶道相关的特殊器型。这些器型，大多数是按日本风
格设计，形式多种多样，而且模仿各种动植物形状，
有鱼形、虾形、马形、蝴蝶形、树叶形、桃子形、扇
形等，尤以富士山形最具日本特色。装饰纹样既有中
国传统图案，常见的有人物纹、动物纹、植物纹等，
也有日本风格图案，比如日本的樱花、仕女等。这
些器物可能是在日本做好木模、绘好图案后送到景
德镇订烧的，专门为日本市场制作，故在中国国内
留存极少。

祥瑞瓷因其中有些器物带有"五良大甫吴祥瑞
造"款而得名，有青花和彩绘两种，以青花为主。青
花发色鲜艳，有浓淡层次，绘画自然清新，有不少书
写诗词，口沿带酱釉；色绘祥瑞是青花加五彩进行装
饰的同类器物。祥瑞瓷器多数为茶道用具和料理用
具，器形有香合、水指、茶碗、德利（酒瓶）、钵、杯，
与中国本土所用器物大异其趣。

**清早期景德镇窑青花牛形盘**
引自《贸易品味和嬗变》

**清早期景德镇窑青花骏马纹提篮**
引自《贸易品味和嬗变》

**清早期景德镇窑五彩参禅布袋图菱形盘**
引自《贸易品味和嬗变》

罗斯坦德
▲
▲ 圣彼得堡

德比
▲
代尔夫特
▲
迈森
▲
韦奇伍德
塞夫勒
▲
维也纳
▲
波尔图
▲
卡波迪蒙
▲
马德里
▲

京畿道
▲

景德镇
▲
有田
▲

海阳
素可泰
▲
▲
宋加洛

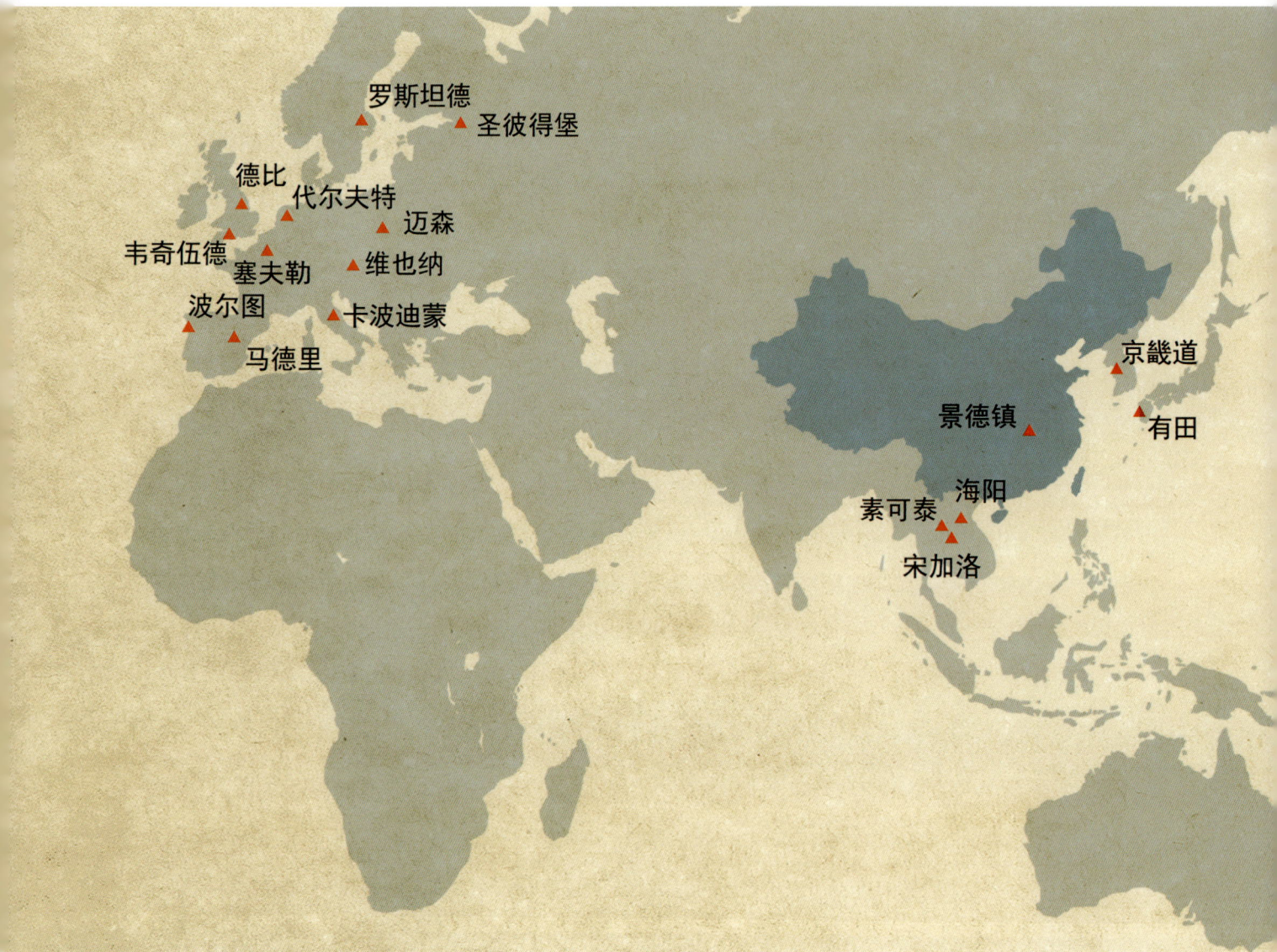

# 第三章　景德镇青花风靡世界

本宁顿 ▲

帕布拉 ▲

▲ 窑厂

　　中国瓷器外销，刺激、启发了世界各地制瓷技术的产生与进步，朝鲜、越南、泰国、日本、德国、奥地利、意大利、英国等相继步入瓷器时代……

# 第一节　亚洲各国竞相仿制

古代中国，是亚洲的文明中心。从汉代开始，先进的中国文化就强势传入东亚、东南亚等地，并在典章制度、风俗习惯、学术思想、文化艺术等方面对周边国家产生全面、深刻而持久的影响，中国文化成为周边国家见贤思齐的楷模。中国发明制瓷技术后，近邻朝鲜、越南、泰国和日本受中国影响，先后进入瓷器时代。14世纪末，叙利亚成功仿制景德镇元青花式蓝彩器，到15世纪上半叶，埃及、伊朗和奥斯曼土耳其先后加入仿制的行列。不过伊斯兰世界止步于青花陶，没有能够仿制出中国瓷器。

## 一、东亚、东南亚瓷业得风气之先

朝鲜、日本、越南等东亚、东南亚儒家文化圈内的国家，与中国文化有着极为深厚的渊源。这些国家瓷器的发明与发展，都是由直接仿制中国瓷器开始，然后逐渐融入本民族的审美情趣，形成自己独特的风格。中国元末的动乱和明初的海禁，成就了越南、泰国的瓷业；明末清初的动乱和海禁，则催生了日本的瓷业。

### 朝鲜

朝鲜半岛与中国接壤，新罗王朝时期，中国专业陶工到朝鲜半岛西南沿海一带开设窑厂烧制瓷器[1]。在中国瓷器制造技术的直接影响下，约于10世纪初成功烧制出青瓷，成为世界上继中国之后第二个掌握瓷器烧造技术的国家。早期高丽青瓷是一种灰青釉系瓷器，尚属粗瓷。10世纪后期，高丽青瓷釉色呈深绿色调，有时泛黄褐色；至11世纪中期，发展到高峰，其胎、釉原料都经过精选、精炼，质量较高。这一时期的高丽青瓷大都仿效同时期的两宋瓷器，其造型、纹样忠实地沿袭了越窑、定窑、磁州窑、耀州窑以及汝窑、龙泉窑、景德镇窑的风格。至12世纪中期，高丽青瓷在模仿中国青瓷的基础上发展到创新阶段，既注重釉色之美，又注重装饰纹样，进入其第二个发展高峰。此时高丽瓷取得了令人瞩目的成就，创造出了具有翡翠光泽的翡色青瓷，发明了镶嵌技法[2]。这种装饰是借鉴当地金属器嵌银丝镶嵌工艺创造出来的，大致工序是先在坯胎上刻划出纹样，把黑白两色土料填入刻槽，经素烧后施釉再经高温烧成，富有民族特色[3]。从睿宗（1105~1122）时期开始，高丽青瓷呈现出具有贵族般气质的精致之美，受到南宋士人的认可。高丽忠烈王时，赵仕规觐见元世祖，"尝献画金瓷器"[4]。

---

1　（韩）郑良谟：《东亚陶瓷艺术的趋势》，2001 The World Ceramic Exposion 2001 Korea Organizing Committee. *World Ceramic Heritages:The East*.2001.26-38.

2　韩国国立中央博物馆：《国立中央博物馆》，2008年，第201页。

3　王芬、罗宏杰：《高丽青瓷与中国青瓷》，《中国陶瓷》2007年第1期。

4　刘毅：《高丽青瓷的几项突出成就》，《中原文物》2004年第3期。

**高丽青瓷镶嵌云鹤纹梅瓶**
13世纪。美国大都会博物馆藏

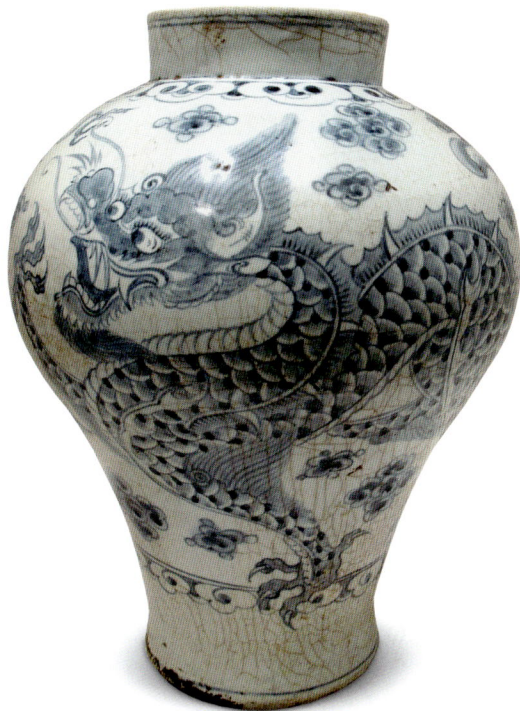

**朝鲜青花云龙纹罐**
18世纪晚期。美国大都会博物馆藏

　　1392年，朝鲜历史进入李朝时代，高丽青瓷随之衰弱，除粉青砂器短暂流行外，主要是白瓷的制作。白瓷纯洁之美，符合新王朝和士大夫阶层的儒教理念及生活方式。15世纪初期，一种与中国白瓷质量相当的优质白瓷在朝鲜烧成。15世纪20年代，朝鲜德藏朝陶匠制作的白瓷已供王室享用，这些为瓷器的烧制营造了良好氛围[1]。据《世宗编年史》记载，明洪熙元年（1425），明仁宗派特使出访当时的德藏朝，朝鲜承诺向明朝皇帝进贡美观精致的白瓷。1428年明宣德皇帝送给朝鲜世宗（1418~1450）10件景德镇窑青花瓷后，青花瓷器开始成为朝鲜宫廷御用瓷，人们关注中国流行的青花瓷，加以模仿，大约在1450~1460年间，青花瓷烧制成功。当时，青花颜料大部分从中国进口，材料珍贵且难得，因此，瓷器绘画由专业画师承担，朝鲜前期的青花瓷中有很多格调优雅的作品。朝鲜时期，还仿效明政府，于1467年前后在京畿道广州设立司瓷院分院（即官窑），专门负责生产王室用瓷[2]，成为从瓷器生产技术到生产组织管理方面全方位学习中国的第一个国家。

　　韩国古陶瓷学家郑良谟先生认为，"元末明初的青花瓷纹样影响了朝鲜初期的粉青砂器。元末的枢府瓷和明初的白瓷对于高丽末朝鲜初期的白瓷形成做出了很多贡献，明代的青花瓷对朝鲜初期青花瓷

1　（韩）郑良谟：《东亚陶瓷艺术的趋势》。
2　韩国国立中央博物馆：《国立中央博物馆》，第210页。

**朝鲜青花花卉纹碗**
19 世纪中期。美国大都会博物馆藏

的形成起到了很大帮助。"[1]据李朝著名诗人成侃《慵斋丛话》记载："世宗朝御器专用白瓷，至世祖朝杂用彩瓷，求回回青于中国，画樽、杯、觞，与中国无异。"这段文字表明，李朝皇室用瓷中已有本国烧造的青花瓷，但其制品模仿明朝青花瓷的造型与装饰，所用青花料从中国进口。当然，朝鲜在模仿明代青花瓷的过程中，不是全盘接收，而是按照自己的理解来取舍，将中国青花瓷上华丽繁缛的图案去除，只留绘画形式且大大简略，留出大面积的空白，显得格外清新纯净，四君子、三友图、潇湘八景等笔触纤细、格调高雅的题材是较为常见的装饰纹样。清代，李朝瓷器又模仿清朝瓷器，纹样及造型趋向华丽工巧，有意思的是，一直紧跟中国瓷器时尚的朝鲜，在向清朝学习瓷器文化时，并没有引进清朝流行的釉上彩工艺[2]，这与日本明显不同。朝鲜的白瓷不同于中国，虽然他们有着相同的起源，但是却历经了大相径庭的发展结果。自 18 世纪中国和日本的低温彩釉瓷开始进入欧洲市场以来，陶瓷界便刮起了一阵彩瓷之风，而朝鲜则是 500 年来一直推崇淳朴简约之风的唯一国家。比如，一些复杂的装饰手法，像中国流行的五彩、粉彩，在朝鲜则没有出现过。但是，釉下彩在这里很受欢迎，比如，白瓷上的铁画、白地红花的釉下彩等。18 世纪李朝青花瓷出现鲜明的民族情调，器物造型多带棱角，口沿薄巧，青花色调淡雅，绘画运笔轻盈，画面凝练，留有较多空白，散发出一种朴素、飘逸的诗意，但其画面内容依然蕴含着浓郁的中华情调，云龙、高士渔隐等中国瓷器上常见的题材仍然是这一时期李朝青花瓷画面的主题，且经常采用中国陶瓷装饰中习见的开光式构图。李朝时期人们之所以如此钟爱青花瓷，完全是因为对陶瓷艺术发自内心的敬仰和尊敬。这些瓷器艺术符合儒家思想之精髓，注重内在本质之美而非外在的浮华之美[3]。19 世纪，青花瓷趋于大众化，装饰技法也更加多样。从整体来看，这一时期青花瓷的格调有所降低，图案也变得自由奔放，出现了很多前所未有的题材[4]。

## 越南

越南是继中国、朝鲜后第三个掌握瓷器烧制工艺的国家。越南在 13 世纪就已经仿造出中国风格的青瓷和白瓷，有了自己的制瓷业。元中统三年（1262）诏书要求越南自次年开始，进贡白瓷盏，诏曰："卿既委质为臣，其自中统四年为始，每三年一贡，可选儒士、医人及通阴阳卜筮、诸色人匠各三人，

1 （韩）郑良谟：《对故宫博物院古陶瓷研究中心开展业务工作的一些建议》，故宫博物院古陶瓷研究中心编《故宫博物院八十周年古陶瓷国际学术研讨会论文集》，紫禁城出版社，2007 年，第 39~40 页。
2 （韩）郑良谟：《对故宫博物院古陶瓷研究中心开展业务工作的一些建议》。
3 （韩）郑良谟：《东亚陶瓷艺术的趋势》。
4 韩国国立中央博物馆：《国立中央博物馆》，第 212 页。

及苏合油、光香、金、银、硃砂、沉香、檀香、犀角、玳瑁、珍珠、象牙、绵、白磁盏等物同至。"[1]台北故宫博物院藏品中有一件越南产印花白瓷碗，乾隆五十年（1785）加刻了一首御制诗，此碗能入大清第一鉴赏家乾隆法眼，越南制瓷技术水平可见一斑[2]。1407~1427年明朝对越南统治期间，越南曾聘请中国陶瓷技工传授陶艺，还派人到中国学习陶瓷技术。15世纪后期，越南开始仿制中国明代五彩瓷，红、绿、黄彩与青花相配，色彩明快，构图丰满，风格自然清新[3]。藩朗在16世纪前半期采用景德镇的制瓷技术振兴起来，被誉为"越南的景德镇"。考古资料表明越南从14世纪晚期开始烧制青花瓷，到15~16世纪成熟，越南瓷器的风格逐渐民族化，五彩瓷开始盛行，模仿宣德官窑的青花加彩瓷器，在青花瓷图案的主题部分加入红色和绿色，17世纪的越南瓷器中出现浮雕贴花与青花，釉里红相结合的装饰手法，浮雕贴花往往不施釉，露胎。起源于15世纪后期盛行于16世纪的安南红彩绘，独具越南韵味。在17世纪生产的彩绘瓷同样富有越南本国特色，在东南亚尤其是印度尼西亚很受欢迎。迄今为止考古

**青花松竹纹八角棱瓶**
15世纪。造型、纹样忠实地模仿中国青花瓷。日本大阪市立东洋陶瓷美术馆藏。引自《世界陶瓷文明》

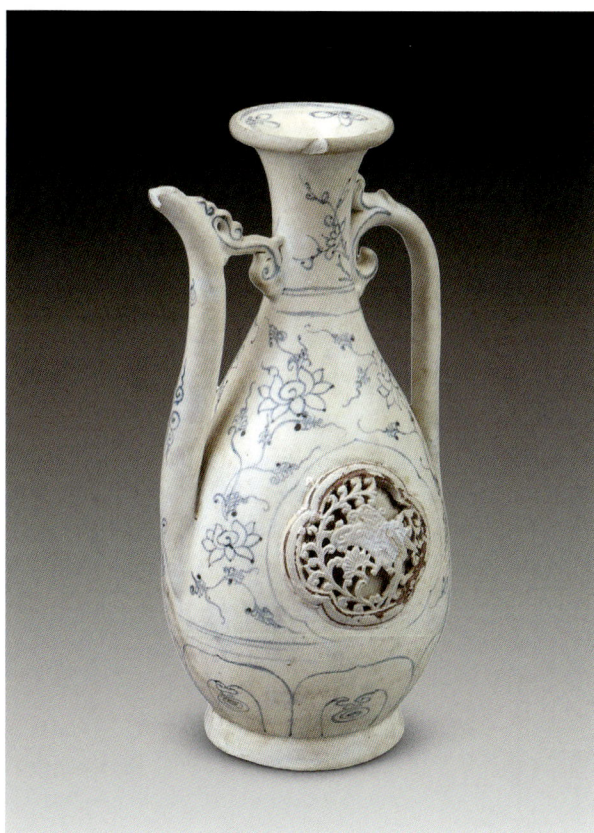

**升龙窑青花彩绘描金镂空执壶**
15世纪晚期，越南会安占婆沉船出水。越南国家博物馆藏。引自《海上丝绸之路遗珍》

---

1 《元史》卷二百九"安南"。
2 谢明良：《陶瓷手记2》，台湾：石头出版，2012年，第261~269页。
3 陈进海：《世界陶瓷》第三卷，第474页。

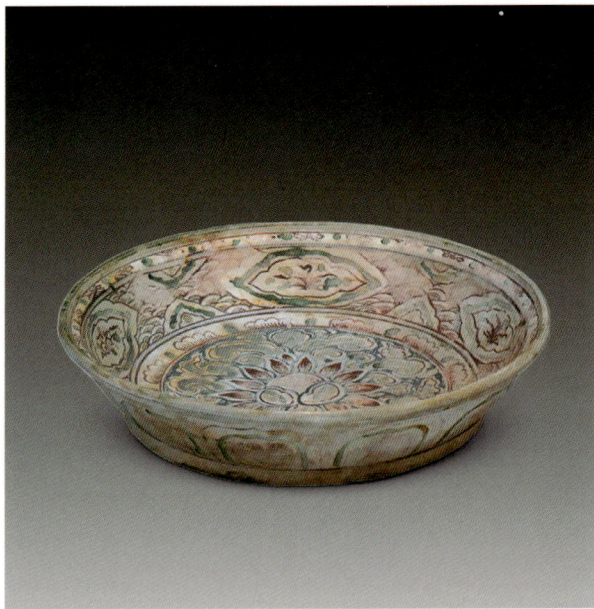

海阳省窑五彩花卉纹盘

15 世纪晚期，越南会安占婆沉船出水。越南国家博物馆藏。
引自《海上丝绸之路遗珍》

海阳省窑青花花鸟纹盘

15 世纪晚期，造型、装饰都模仿中国
同类瓷器。法国吉美博物馆藏

发现的 14 世纪越南青花瓷较少，纹饰也简单，到 15 世纪上半期青花瓷纹样的整体风格是写实逼真，纹饰纷繁，布满器身，受中国元代和明永、宣时期青花瓷纹饰设计影响十分明显，诸如大罐、玉壶春瓶、盘、碗一类中国式造型，莲花、芭蕉、牡丹、梅、兰、竹、菊等花卉纹，龙、凤、雀、鱼、鹦鹉、异兽纹等动物纹以及构图方式，与景德镇青花瓷同类器物接近[1]。

越南使用青料，有的来自西亚商人，有的购自云南，前者发色浓重明亮，后者发色浅淡，两种原料经常混用，高质量的西亚青料用于绘画面主体，云南料用于绘边饰，二者色泽相映成趣[2]。越南对中国青花瓷的模仿较为成功，在两国频繁的政治经济往来和文化交流中，在中国青花艺术的强烈影响下，越南青花瓷不断汲取中国青花的元素，渗入自己的审美追求，构图疏朗简洁，画风洒脱飘逸，富有强烈的生活气息。越南青花瓷因用红河流域黏土烧制，瓷器质地光滑，釉色灰白，古拙典雅，成为越南青花瓷区别于其他国家青花瓷的标志，越南青花瓷凭借别样的民族风格散发出独特的艺术魅力。

越南优良港口众多，很早就与周边国家有贸易往来。越南生产的瓷器，除用于满足国内需求外，还外销东亚、东南亚、西亚乃至欧洲。元末明初，由于中国国内局势动荡和海禁政策的实施，中国瓷器出口大幅度下降，越南大量仿制中国风格的青花瓷销往东南亚及南亚、西亚各国，填补中国瓷器的

---

1　陆鹏亮：《两南之器，他山之石——14、15 世纪云南、越南与景德镇青花瓷比较研究》，中国古陶瓷学会编《中国古陶瓷研究》第十三辑，紫禁城出版社，2007 年，第 390~400 页。
2　陈进海：《世界陶瓷》第三卷，第 474 页。

**海阳省窑青花云鹤纹碗**

*15 世纪晚期。法国吉美博物馆藏*

**海阳省窑青花缠枝菊纹罐与景德镇窑青花海水纹碗**

15 世纪晚期，越南会安占婆岛沉船出水。二者相比，质量精粗自明，见多识广的船员还是偏爱景德镇窑细瓷。越南国家博物馆藏。引自《海上丝绸之路遗珍》

**海阳省窑青花牡丹纹天球瓶**

*15 世纪。该瓶质量与景德镇瓷器接近，是越南瓷器成熟期的代表作。土耳其托普卡普皇宫博物馆藏。引自《海上丝绸之路遗珍》*

市场真空[1]。15~16 世纪越南青花瓷曾外销印尼、马来西亚、菲律宾、伊朗、土耳其、埃及等国，17 世纪则多销往日本。1637 年荷兰获得在越南东京的贸易权，1662 年以后该地成为重要的越南瓷器出口港。1663~1682 年间荷兰共运出了 145 万件越南瓷，主要销往东南亚[2]。1993 年菲律宾巴拉望南端潘达南沉船中出水 63 件景德镇明代前期青花瓷和大量越南青花瓷[3]。1997 年，文莱海岸外沉船中出水 15 世纪越南青花瓷一批[4]。1997~1999 年，越南中部古代著名贸易港会安 20 公里外的占婆岛沉船出水 15 世纪后期越南海阳省朱豆窑、基窑、么窑的青花瓷和升龙窑的描金彩绘镂空瓷 24 万件，计有 18 大类器型，按纹饰、尺寸不同可以分为 100 余种，器型和装饰风格与同一时期中国景德镇窑的典型产品相似。尤其有意思的是，在船中发现的供船员们自用的生活日用瓷器碗、盘、执壶，则产自景德镇[5]，质量明显要超过越南的产品。越南北部海阳省太平河等 3 条河流沿岸目前已发现 14 处古窑址，其中有 6 处烧造青花瓷，采集标本中有一部分与印度尼西亚、菲律宾等地出土同时期青花瓷相似，与沉船资料相印证，以实物证明越南青花瓷在满足国内市场需求的同时还外销东南亚[6]。土耳其托普卡普皇宫博物馆收藏一件 15 世纪的越南青花瓷天球瓶上有"大和八年匠人南策州裴氏戏笔"款，大和是越南黎朝仁宗的年号，大和八年即 1450 年，南策州即今天越南海阳省，这也是目前所见时代最早的一件越南黎朝仿制元明青花并销往阿拉伯国家的瓷器。

## 泰国

13 世纪末，泰国在越南制瓷技术影响下，加上中国陶工的指导，仿造中国瓷器，开创了泰国的陶瓷业。1294~1300 年间，暹罗国王拉麻卡曼曾两次访问元大都，带回工匠传授中国制瓷工艺，在王城

1 （日）三上次男著，王民同译：《越南陶瓷和陶瓷贸易》，中国古陶瓷学会编《中国古陶瓷研究》第十四辑，紫禁城出版社，2008 年，第 547~563 页。
2 林琳：《17~18 世纪荷兰东印度公司瓷器贸易研究》，第 29 页。
3 庄良有：《菲律宾出土的十四至十五世纪中国青花瓷》。
4 陆鹏亮：《两南之器，他山之石——14、15 世纪云南、越南与景德镇青花瓷比较研究》。
5 中国广西壮族自治区博物馆等：《海上丝绸之路遗珍——越南出水陶瓷》，科学出版社，2009 年，第 19 页。
6 陆鹏亮：《两南之器，他山之石——14、15 世纪云南、越南与景德镇青花瓷比较研究》。

**素可泰窑盘**
15~16 世纪。用铁料绘画图案。美国赛克勒艺术馆藏

**宋加洛窑瓷器一组**
15~16 世纪。法国吉美博物馆藏

素可泰建窑，烧制瓷器[1]。素可泰窑又称图凉窑，主要生产碗、盘、碟、罐一类色釉日用瓷。至今，在素可泰县仍留有窑址 50 座，通称素可泰窑群。14 世纪中期，在素可泰北部 50 公里外宋加洛附近发现优质瓷土后，兴起宋加洛窑，并迅速取代素可泰窑。1377 年阿瑜陀耶王国遣使访问中国，明太祖准许来使昭那空茵带回中国制瓷工匠，到泰国开窑烧瓷[2]。1686 年泰国国王率领贸易代表团访问法国，向法国王室赠送 1500 多件泰国瓷器[3]。

1  叶喆民：《中国陶瓷史》，生活・读书・新知三联书店，2006 年，第 474 页。
2  何芳川主编：《中外文化交流史》，第 330 页。
3  李知宴主编：《中国陶瓷艺术》，第 569 页。

19 世纪，泰国国王秋拉龙为了生产拉依娜么同风格的瓷器，专门从中国订购优质白瓷，聘请彩绘工匠，在皇宫内设窑，组织生产[1]，可以视为泰国的御窑。

泰国生产的瓷器，除用于内销外，还向邻近地区出口。1957 年，考古人员从菲律宾马尼拉南部的一批墓葬中挖掘出 410 件中国瓷器、96 件泰国瓷器和 9 件越南瓷器；1958 年另一批墓葬中出土 1200 余件完整瓷器，中国瓷器占 85%，泰国瓷器占 13%，越南瓷器占 2%[2]，这种比例关系显示了泰国瓷器在菲律宾市场的份额。从泰国湾的荣坚号、越南的宋岛号、马来西亚的图里昂号以及印度尼西亚水域的马拉内等明代初期沉船遗址及 15 世纪中期的沉船遗址中所装载的货物来看，宋加洛瓷在 14~15 世纪依然受到东南亚市场的追捧。在 14 世纪的图里昂沉船遗址中，泰国陶瓷占出水陶瓷的 57%，中国瓷器只占总量的 35%。15 世纪的巴卡奥沉船遗址中发现有泰国的素可泰瓷器、宋加洛瓷器、越南瓷器，其中泰国瓷器占绝大多数。15 世纪的龙泉沉船遗址，共出水瓷器约 10 万件，其中泰国的瓷器占了总数的 60%。泰国湾的荣坚沉船中也出水了不少泰国陶瓷，包括少量泰国汕甘蓬窑的青绿釉盘、宋加洛窑的青绿釉及褐釉罐、小瓶、盘、碗、器盖、宋加洛窑和素可泰窑的釉下黑彩花卉及鱼纹盘、碗、瓶、罐等。1995 年在马来西亚海岸发现的南洋沉船，共出水约 1.5 万件陶瓷器，其中包括大量的泰国宋加洛窑的青瓷和少量素可泰窑青瓷盘。15 世纪中期的 7 艘沉船——泰国湾的科拉姆沉船、西昌岛三号沉船和罗勇府沉船，菲律宾地区的潘达南沉船，马来西亚的皇家南海号沉船，印度尼西亚海域的巴拉那堪沉船和越南海域的富国岛二号沉船中均发现了大量泰国瓷，而中国瓷器所占比例不高[3]。明代海禁开放后，优质的中国瓷器大量外销，泰国瓷随之淡出市场。

**五彩佛像纹壶**
19 世纪。日本町田市立博物馆藏。引自《世界陶瓷文明》

## 日本

1592~1598 年日本发动壬辰倭乱，虽然以失败告终，但日军回国时胁迫朝鲜劳工运输物资，其中包括 800 多名陶工，归化日本的朝鲜陶工在九州及其周围建立唐津窑、高取窑、上野窑、萨摩窑、荻窑等，带动了濑户窑、美浓窑、备前窑、信乐窑、丹波窑以及京都乐窑等日本传统陶窑的繁荣，迎来日本陶瓷自桃山时代至江户初期的全面发展，使得日本瓷业在外来因素的推动下进入快速发展期[4]。以李参平为首的朝鲜

---

1　陈进海：《世界陶瓷》第三卷，第 483 页。
2　林琳：《17~18 世纪荷兰东印度公司瓷器贸易研究》，第 30 页。
3　王晞：《古代中国外销瓷与东南亚陶瓷发展关系研究》，云南大学博士学位论文，第 106~107 页，2015 年。
4　陈进海：《世界陶瓷》第三卷，第 452 页。

佐贺县有田町泉山瓷石矿区
从江户时代开采至今，为日本瓷器的发祥地。引自《日本陶瓷史》

工匠于 1610~1620 年在有田町天狗谷设立了第一座具有朝鲜风格的窑厂，1616 年在有田町泉山发现了优质瓷土，成功烧制出日本第一件白瓷，进行批量生产，宣告日本瓷器时代的来临。自肥前有田窑烧成瓷器之后，其技术在肥前及萨摩等地传播。江户前期的瓷窑有九谷窑和备前的姬谷窑；江户中期四国松山开设砥部窑；江户后期，濑户、京都以及东北地区的会津本乡、仙台的切込、岩手的鼻子窑等地纷纷烧制瓷器[1]。此后，在中国景德镇制瓷业的影响下快速发展，日本成为东亚瓷业的劲旅。1620 年有田窑成功烧制了朝鲜李朝风格的青花，成品不甚稳定，纹饰的表现仍具李朝样式。1620 年代后期，烧造技术逐步完善，逐步加入中国式山水、人物、动物和几何纹样。1637 年，为了规范制瓷业，提高技术水平，佐贺藩主锅岛胜茂对窑业进行整顿，关闭了 11 处技术落后的窑场，驱逐 800 多名窑工，至 1640 年代产品趋于成熟，瓷业迅速发展，1641 年至 1648 年 8 年间，窑业税增长了 35 倍[2]。1647 年前后，伊万里陶工酒井田喜三右卫门发明了彩瓷，从此，日本进入彩瓷时代，大致形成肥前地区中国风格的伊万里派、日本风格的柿右卫门派和藩窑的锅岛派三支系以及古九谷、京都三大派系。

伊万里不是窑名，是指有田地区众多窑出产的瓷器需运到产地 12 公里外的伊万里港销售，因此江户时代的有田瓷器又被称为伊万里瓷。初期伊万里瓷在造型、装饰纹样等方面均以景德镇瓷器为样本，曾大量仿制明末清初畅销日本的古染付、祥瑞瓷和热销欧洲的克拉克瓷。在装饰纹样方面，山水

---

1　陈进海：《世界陶瓷》第三卷，第 452~453 页。
2　谢明良：《贸易陶瓷与文化》，台北：允晨出版，2005 年，第 142~143 页。

**古伊万里青花花卉纹盘**
17 世纪后期。美国大都会博物馆藏

**古伊万里五彩人物纹盘**
1690~1710 年。美国大都会博物馆藏

纹、人物纹、动物纹、植物纹等直接模仿景德镇瓷器，甚至款识也照仿，如双框"福"字款、"大明"、"大明年制"、"大明成化年制"、"大明嘉靖年制"、"宣德年制"、"五良大甫"、"雨香斋"、"竹石居"等[1]。青花颜色灰暗、浅淡，深蓝亦有凝聚褐斑；画风古朴，粗细兼备；笔法雄劲奔放，有明天启、崇祯时的风格，多是一笔勾画和绘有轮廓及涂染并用。日本绘画的粗线写意、纹饰构图，往往布满器面，或是图案随器形环转而画，所绘人物的高发髻和服饰明显有日本韵味[2]。盛期伊万里瓷受同时代绘画、丝绸纹样和西方文化影响，器物通体装饰，构图分割后，添加地纹、花草、禽兽、人物等纹样，从而形成柿右卫门烧与锅岛烧所没有的非常丰富的地纹和各种图案组成的连续纹样。由于伊万里青花发色偏蓝黑，红彩偏暗，所以大量使用金银彩，在深蓝、枣红、朱红的色块内以金色勾勒、渲染，甚至不惜为已是繁花似锦的纹饰铺以大片金地，既可以掩盖不足又能达到富丽堂皇的效果。晚期伊万里瓷，釉色晶莹洁白，青花发色鲜丽，纹饰严谨华丽，多以江户等地的版画为样本，构图简洁，线条挺拔。青花色调受康熙青花影响，由浅到深有丰富的色阶，与精心留出的空白形成对比，更显出瓷质之美[3]。大约从1710 年开始，很多红色、青色和金色的日本伊万里瓷被中国人仿制，称为"中国伊万里"。明治时代，日本瓷器开始以产地命名，此后有田窑生产的瓷器被称为"有田烧"，江户时代生产的"伊万里瓷"被称为"古伊万里"。

有田陶工酒井田喜三右卫门（1596~1666）在伊万里陶瓷商人东岛德左卫门资助下，以中国明末彩瓷为蓝本，烧制出日本历史上第一件彩瓷，进献给锅岛藩主胜茂时受到嘉许，赐姓"柿"，之后便以

---

1　冯朝辉：《17 世纪景德镇瓷器对日本初期伊万里瓷器的影响》，中国古陶瓷学会编《中国古陶瓷研究》第十四辑，第475~500 页。
2　耿宝昌：《对日本陶瓷的初步探讨》，《故宫博物院院刊》1986 年第 1 期。
3　富启、曲金红：《日本瓷器初探》，《中国陶瓷》2008 年第 3 期。

**古伊万里青花矾红描金调味壶一套**
18世纪前期。在中国清初海禁期间，日本有田窑烧
制的此类产品风靡欧洲市场。日本佐贺县立博物馆藏

**古伊万里青花几何纹提桶**
约1825年。美国费城艺术馆

**柿右卫门釉上彩花卉纹执壶**
约1690年。造型是欧洲的式样，装饰
纹样是中国风格。美国大都会博物馆藏

**柿右卫门釉上彩花鸟纹盘**
约1680年。美国大都会博物馆藏

"柿右卫门"为名而家喻户晓，被尊为日本五彩瓷的始祖，他研制出来的彩瓷也就被称为柿右卫门瓷[1]。柿右卫门瓷彩绘配色丰富，在失透性乳白地釉上施以红、绿、蓝、黄等偏暖色彩，色调明快，笔法奔放，构图疏朗；柿红色是主色调，几乎每件作品都有红彩，红彩的调制也不同，深的如枣红，浅的似洋红。初期柿右卫门彩绘既保持中国风韵，又采用日本绘画形式，其文人画的装饰构图，往往大面积留白，充分彰显瓷质之美；中期以后吸收古伊万里纹样。柿右卫门的款式，最常见的是一笔写成的"福"字草体方框双边款[2]。柿右卫门瓷在正保元禄年间（1644~1703）达于极盛，畅销日本各地乃至欧洲，为欧洲各国和中国所仿制。

藩窑于1628年由佐贺藩主锅岛胜茂命人在有田山谷开窑，烧制家用器皿。1675年移至大川山谷，在元禄至享保年间（1688~1735）达于极盛。明治四年（1871）废藩，御窑停止烧制。二百多年间所烧瓷器，除藩主家族自用外，只作为呈献给王室及将军的贡品，或馈赠各路诸侯的礼物，既不卖给国人，亦不出口国外，可谓日本国内唯一的"官窑"。锅岛烧选用有田泉山最优良的瓷土为原料，由手艺最高超的技工精制而成，器型规整优雅；装饰纹样由藩主选定，多取材于同时代刊行的连环画、版画及染

**柿右卫门青花五彩花卉纹茶壶**
18世纪前期。茶壶造型是中国式样，青花装饰纹样吸取古伊万里手法，釉上彩工艺则是自己的独门绝活。美国大都会博物馆藏

1 郭富纯、孙传波著：《日本古陶瓷研究》，文物出版社，2011年，第171~177页。
2 富启、曲金红：《日本瓷器初探》，《中国陶瓷》2008年第3期。

**藩窑青花大川内绘图盘**
江户后期。绘藩窑窑厂全景。引自《日本陶瓷史》

**藩窑五彩双燕图盘**
18世纪前期。五彩器蓝色用釉下青花，与古九和柿右卫门用釉上彩形成鲜明对比。引自《日本陶瓷史》

织图案，以植物及吉祥纹为主，常见纹饰有花卉、山石海棠、缠枝莲、松树、水纹、车轮、锦纹、樱花、茄瓜、扁豆、杂宝，最为突出的是日本特色的锦缎图案，且以冬青釉或浅蓝釉分层相间隔，锦缎纹中常绘有杂宝，是典型的日本色彩，如盘有以浅天蓝为地留白，描绘鹤、鹭，再加以浓重的青花荷叶烘托，纹饰的处理具有民族特色[1]。锅岛烧有彩绘、青花、青瓷青花等，青瓷青花是独家产品。彩绘是锅岛烧的代表，在素胎上先以纤细的青花线勾勒图案轮廓，经淡淡的渲染后入窑烧成，然后在青花勾出的图案内添以红、淡绿、嫩黄等极透明的颜色，偶尔也用红线、绿线补充勾勒，二次入窑低温烧成。虽上乘之作亦极少用金，但由于其胎釉无任何斑点和瑕疵，线条精巧，色彩和谐，显得精致、清新、典雅，表现了江户时代文化的绚丽、奢华而不失高雅。为了防止技术外流，在山谷入口设卡，禁止无关人员进入，全部活动在皿山代官监控之下，制瓷与绘画严格分开，拉坯、上釉、勾线，各司其职。这种工艺操作程序与中国景德镇相似，但在日本却是唯一的，因为无论是大师如仁清或一般工匠，从辘轳拉坯、绘画装饰到入窑烧制，都是独立完成的[2]。

　　九谷窑为加贺大圣寺的藩主前田利治命藩士后藤才次郎烧造。江户时代的明历年间，加贺发现瓷石矿，后藤氏受命于藩主前往肥前学习制瓷技术，学成后于宽文年间（1661～1672）烧彩瓷，称九谷烧。该窑彩绘瓷受明代华丽风格的影响，但烧制规模小，产量少。青花用色，浓艳的深沉，浅淡的鲜明。纹饰布局疏简、繁密并用，装饰有多层次，纹样有牡丹、花鸟、唐草、花卉、枫叶、忍冬、鸟兽、人物等。彩绘，红彩色调浓重，并与青花合绘，红彩描金、画银加以装饰，特别灿烂[3]。古九谷是在高温

1　耿宝昌：《对日本陶瓷的初步探讨》，《故宫博物院院刊》1986年第1期。
2　富启、曲金红：《日本瓷器初探》，《中国陶瓷》2008年第3期。
3　耿宝昌：《对日本陶瓷的初步探讨》，《故宫博物院院刊》1986年第1期。

**古九谷烧色绘波兔纹钵**
江户时期。通体用绿、黄、白三彩装饰，不用红彩，称"青手"；彩釉满器，不露胎体，此装饰工艺称为"涂埋手"，意境高远。被誉为日本三绝。引自《日本古陶瓷研究》

**古九谷烧色釉盘**
1650 年代。美国大都会博物馆藏

烧好的瓷胎上绘以紫、青绿、黄、赤、蓝、青色等釉上彩，装饰方法主要有五彩手、青手和百花手三种，以五彩手最为有名。五彩手是用线的装饰，受中国画技法的影响，笔锋较明显；构图以开光彩绘形式为主，用黑色的轮廓线描绘纹样，再用浓绿、紫、青、黄等冷色系的色彩着色；纹样题材多取自中国宋、元绘画和明清彩瓷，或取自日本狩野派、土佐派绘画，图案多样，极富个性，如鸟、芭蕉、葡萄、牡丹、瓜、虎、凤、双兔、扇子、砚、墨等；彩绘色调柔和，绿色浓重，与纹样黑色轮廓线形成对比，既调和又秀丽。青手是两种颜色配色的装饰，注重色彩配置，构图由主纹和地纹组成，采用地纹涂绘方式，大量运用黄与绿产生色彩对比，不用红色，只用绿、黄、浅青三彩或二彩，色彩对比强烈。百花手是在平钵、九角皿等器物上，施以红、黄、深绿、紫、青等色彩，描绘菊花、桔梗一类植物纹样，或鸟禽之类动物纹样纵横交错，纹样密集，形成华丽的风格。古九谷的施彩手法与中国五彩十分相似，其区别在于古九谷主要是以黄、绿、紫色彩着色。九谷窑在元禄（1688~1703）初期停烧。文化年间（1804~1817）青木木米复兴加贺瓷业，称为再生九谷，与此相对，元禄以前的产品称古九谷。

明末清初，中国瓷器外销几乎一度中断，欧洲人又急需购买大量的景德镇瓷器，于是荷兰东印度公司把目光转向和景德镇瓷器风格接近的日本伊万里瓷器，作为景德镇瓷器的替代品。由于伊万里瓷在造型、装饰纹样等方面均以景德镇瓷器为样本，风格十分接近，日本有田窑仿景德镇克拉克瓷达到了乱真的程度，所以能在欧洲风行一个世纪；有田外销瓷所用绘画原料，直接从中国进口，据荷兰东印度公司文献记录，1660~1669 年，年平均进口 1290 斤，日本幕府贸易记录《唐蛮货物帐》，1711~1713 年进口 22770 斤[1]。1650 年，荷兰东印度公司首次收购日本瓷器 145 件，1659 年则订烧了

---

1　谢明良：《贸易陶瓷与文化》，第 164 页。

56700 件，1673~1683 年前后达于极盛。从此，日本成为一个面向亚洲、波斯湾和欧洲市场的重要瓷器出口国，颜色鲜艳的日本彩瓷受到许多欧洲人的喜爱[1]。伊万里瓷器以 1659 年为标志，步入成熟阶段，规模上达到了量产，质量上也接近景德镇瓷器，因大量输出而获得了迅速发展，形成外销伊万里的时代，从而使得日本制瓷业的发展获得了一次历史机遇[2]。

在日本制瓷工业发展过程中有一件特别的事，那就是 1668 年实施《节约法》，禁止进口中国瓷器，以贸易保护的方式来扶持本国制瓷业[3]。这一政策在清初政府实施海禁政策时起到了一定作用，但随着康熙二十三年（1684）解除海禁，当年到长崎贸易的中国商船 24 艘，第二年增加到 85 艘，第三年为 102 艘，第四年为 115 艘，第五年为 193 艘，大量价廉物美的景德镇瓷器倾销日本市场，与此同时，景德镇瓷器大量出口到世界各地，大大挤压了日本瓷的国际市场，给日本制瓷业沉重一击。由于日本绘

**古九谷烧彩绘八角葫芦瓶**

江户时期。所用色彩均为釉下彩，与柿右卫门彩瓷的艳丽相比，色调沉静。引自《日本陶瓷史》

**清中期景德镇窑青花矾红描金开光花卉纹盘**

17 世纪。克拉克风格的瓷器原本是 16 世纪后期景德镇窑应葡萄牙、西班牙人的要求专门生产的外销产品，明末清初中国瓷器生产进入低谷时，日本大量仿制此类产品以满足欧洲市场旺盛的需求。美国大都会博物馆藏

1　林琳：《17~18 世纪荷兰东印度公司瓷器贸易研究》，第 28 页。
2　万钧：《东印度公司与明清瓷器外销》，《故宫博物院院刊》2009 年第 4 期。
3　李金明：《清初中日长崎贸易》，《中国社会经济史研究》2005 年第 3 期。

**古伊万里青花开光花卉纹盘**

造型和青花开光装饰风格原本是中国明代后期景德镇窑为外销欧洲专门生产的品种。明末清初中国瓷器生产进入低谷时，欧洲向日本订烧此类产品，根据欧洲人的要求加上了矾红描金的装饰手法。清康熙时期开放海禁后，景德镇窑又模仿日本伊万里风格的瓷器以满足欧洲市场旺盛的需求

**古伊万里青花出岛港口图花口盘**

18世纪中期。画面为荷兰海船拖着日本小船入港的场景。出岛为长崎港内填海所造人工岛，1641年荷兰东印度公司平户商馆迁入此岛，是日本锁国时期唯一的对外贸易地点。此类产品应为外销而设计。日本佐贺县立九州陶瓷文化馆藏

瓷原料要从中国进口，制瓷技术也略低于中国同行，加之市场管理混乱，与中国瓷器相比，价高质次，至1757年左右，日本瓷器基本退出欧洲市场。1659~1757年，见于文献记录的由荷兰东印度公司销往欧洲的日本瓷器1233418件[1]。明治时期，日本瓷业乘政府发展振兴政策之风，积极引进欧美先进技术和设备，扩大生产规模，以有田、京都、九谷、濑户为中心，烧制出口瓷器，倾销中国市场。

## 二、西亚、北非仿制青花瓷

约9世纪前后，伊斯兰地区禁用金银器，当地锡釉陶受中国陶瓷影响得以迅速发展。当地烧制的低温软陶器无法呈现中国白瓷器表那种夺目光泽，陶匠便开发出一种新奇釉药技术，他们把氧化锡作为乳浊剂渗入透明釉中，细密的氧化锡颗粒扩散、渗入铅釉涂层，形成一种柔和、无光的白色化妆土效果，覆盖住釉层下面的褐胎[2]。伊斯兰地区的青花陶、白底彩釉的生产都受到了中国的影响[3]。自14世纪始，中国瓷器再次传入伊斯兰世界并产生影响，波斯、叙利亚、埃及与土耳其等地，都试图制作一种蓝色装饰的陶器，以模仿中国风格。在这一过程中，各地仿制水准参差不齐，有的把中国图案处理

---

1 谢明良：《陶瓷手记》，上海古籍出版社，2013年，第291页。
2 （美）罗伯特·芬雷著，郑明萱译：《青花的故事》，第189页。
3 程庸：《国风西行——中国艺术品影响欧洲三百年》，第86页。

得不怎么对称，也被认为是合乎标准的[1]。在此 4 国之中以土耳其仿元、明青花瓷烧制的青花陶最为有名、在伊斯兰世界达到了最高水平。

### 伊朗

伊朗从 9 世纪开始就仿制中国式白瓷，蒙古大军西征将中国传统带入这一地区。在中国元朝青花瓷的影响下，白地蓝彩陶器迅速发展。萨法维王朝时期，伊朗东北部城市马什哈德、内沙布尔和南部城市卡尚都是釉陶器的著名产地，大量仿制中国式瓷器，紧随中国瓷器风格的变化，明代早中期主要仿制青花瓷，明后期至清代，则主要仿制五彩瓷。陶器器型以钵、盘为主，使用耐火度较高的白色胎土成型，在白胎上用钴兰釉彩画纹样，然后再罩一层透明釉，这种技法基本上与中国青花相同，烧成温度接近 1200 度，因此品质上当然不如中国青花瓷器。

14 世纪后期，明朝使者出访波斯帖木儿王朝沙鲁克汗宫廷，在撒马尔罕看见当地烧制的中国瓷器仿品后，觉得这些东西虽然漂亮，但比不上中国瓷的轻、蓝、透、亮，敲后也发不出清脆的声音[2]。装饰纹样也是模仿中国青花器的纹样，有花卉纹、鸟兽纹、山水楼阁、缠枝牡丹等。1398 年帖木儿大肆掠夺德里苏丹国的图格鲁克王朝首府德里，取得了大批中国景德镇青花瓷。1400 年帖木儿攻破马穆鲁克叙利亚的大马士革，从大马士革抓回来的陶匠，很多人擅长模仿中国青花，开始指导帖木儿的陶匠

**青花五彩人物纹釉陶盘**

17 世纪后期。该盘造型、装饰源于中国风格，盘沿开光内填绘花卉，是晚明外销欧洲市场瓷器的主基调，盘心达摩渡江图也是明末清初瓷器上常见的纹样。大英博物馆藏

**伊朗青花人物纹釉陶碗**

17 世纪。美国大都会博物馆藏

1 程庸：《国风西行——中国艺术品影响欧洲三百年》，第 110~111 页。
2 （美）罗伯特·芬雷著，郑明萱译：《青花的故事》，第 189 页。

依样复制。因为有这些外来专家，撒马尔罕的帝王陵墓才能贴上类似中国青花的蓝白绘釉陶砖，为纪念帖木儿侄子而兴建的一座清真寺，也得以取材瓷器，用格式化的青莲花纹嵌成一个大圆章[1]。中国陶瓷对波斯陶器产生了强烈影响，在波斯地区掀起了所谓中国热，而叙利亚同样没有例外。在陶瓷器方面流行的中国热，就这样在中东地区风靡一时[2]。

中国瓷器取得的高额利润使波斯王室对烧制瓷器产生了兴趣，1611 年阿巴斯将 1162 件瓷器捐赠里海之滨位于阿尔达比勒的萨菲纪念祠，美国学者罗伯特·芬雷认为这批收藏成为波斯陶的设计灵感，距离阿尔达比勒 300 公里的陶业重镇卡尚，于阿巴斯在位期间经历了一段繁花似锦岁月，烧造出一系列高品质器皿，由浅灰蓝到艳丽的青金石绿。陶匠参照真品原件，忠实地复制这批赠瓷的纹饰与型制，不过他们也参考不同时期的中国图案，或自创综合混搭风格，既有中式特色，同时又不失波斯整体风情[3]。17 世纪初，阿巴斯从中国迁来 300 名陶匠和他们的家人，全住在伊斯法罕附近。这批中国工匠帮助波斯提高了陶器品质[4]。波斯瓷在外形上与中国瓷器很难区分，质地同样精美，常常有人上当，根本分辨不出是中国真品还是波斯仿制，荷兰人把波斯器与中国器混在一起，运回欧洲[5]。明清之际，中国瓷器出口下降，波斯瓷开始销往巴达维亚及亚洲各地，运往巴达维亚的波斯瓷每年大约 1600 件，在 25 年间共输送了约 40000 件。17 世纪后期景德镇复兴以后，波斯瓷的出口便基本停止[6]。

## 土耳其

奥斯曼王室在致力于搜集中国瓷器的同时，在依兹尼克设立作坊，仿制中国式瓷器，用青花釉面砖装饰宫殿和居室，所仿青花釉陶器在外观上与中国瓷器极为接近[7]。15 世纪初，波斯大不里士的陶工迁往依兹尼克，他们带入新的技术以及帖木儿的中国风，1470 年代因宫廷需求，依兹尼克开始生产青花陶器，仿造萨菲君主送给奥斯曼土耳其苏丹的景德镇瓷器。或许正是这些礼物带给当地工匠灵感，在自家陶器画上神秘的中国麒麟和佛教狮子。1514 年塞利姆一世任命一名从萨菲掳来的设计师管理奥斯曼宫廷作坊，帖木儿王朝流行的蓝白纹饰陶器被大量烧制，这名俘虏还带来许多 15 世纪的帖木儿朝图绘手稿，成为依兹尼克陶瓷设计图案取材的重要样本[8]，他们将中式莲花称为 hatayi，意即来自中国的图案。

依兹尼克位于伊斯坦布尔东边 96 公里，位于通往大马士革必经之地，是土耳其帝国最有名的制陶中心，犹如中国景德镇。依兹尼克陶器使用硬质黏土和石英制作胎体，施一层泥釉后入窑烧制，出窑后的成品再进行彩绘，施透明釉后入窑复烧，所以看上去很像中国瓷器，既有白地蓝彩器，也有茄红、松石绿、黑色等彩料绘制的多彩器[9]。常见的器型有莲子碗、折沿盘、曲腹盘和笔盒，纹饰有葡萄纹、束莲纹、缠枝花卉纹、狮纹、螭龙纹、菊瓣纹、牡丹纹、变体莲纹和海涛纹等，明代仿青花，清代仿

1 （美）罗伯特·芬雷著，郑明萱译：《青花的故事》，第 297 页。
2 （日）三上次男著，胡德芬译：《陶瓷之路——东西方文明接触点的探索》，第 246 页。
3 （美）罗伯特·芬雷著，郑明萱译：《青花的故事》，第 300 页。
4 （美）罗伯特·芬雷著，郑明萱译：《青花的故事》，第 301 页。
5 （美）罗伯特·芬雷著，郑明萱译：《青花的故事》，第 293 页。
6 林琳：《17~18 世纪荷兰东印度公司瓷器贸易研究》，第 29 页。
7 故宫博物院编：《英国与世界》，第 163~165 页。
8 （美）罗伯特·芬雷著，郑明萱译：《青花的故事》，第 305~306 页。
9 Garo Kurkman Magic of clay and fire:A history of Kutahya pottery and potters. Istanbul,2006.31~46.

**青花缠枝莲纹盘**

16 世纪。二者造型装饰相近，但胎质不同，上边是土耳其

釉陶仿品，下边是景德镇窑瓷器。美国大都会博物馆藏

**托普卡普皇宫青花釉陶砖装饰**

16世纪。产于依兹尼克，在该皇宫的墙壁上大量使用
此类釉陶砖作为装饰，有青花的，也有各种釉彩的

彩瓷[1]，紧跟中国时尚。

## 埃及

埃及设有专门作坊，吸取中国瓷器的色、形和图案设计，大量仿造，子承父业，形成世代相传的专业工匠[2]。至11世纪上半叶，埃及的瓷器制造工艺已达到很高水平，当时波斯裔诗人、旅行家纳绥尔·胡斯鲁在谈到这一点时说："埃及人会造出各样的瓷器。埃及的瓷器精致、透明，以至于你可以很容易地透过瓷器看到它后面的把柄。"[3] 当然，中国烧造的是瓷器，埃及仿造的是黏土土质釉陶器；14世纪后期开始仿造景德镇青花瓷，仿制技术有了明显提高，仿制品的形状、花纹和式样酷似中国瓷器[4]。据日本学者三上次男研究，埃及福斯塔特遗址出土了六、七十万片陶瓷，"从某些方面看，约有百分之七十到八十，是中国陶瓷的仿制品。这种仿制品当然是在中国陶瓷输入以后随即仿制的。"根据碎片的情况，中国的产品是瓷器，埃及的产品是陶器[5]。中国陶瓷受到珍视，当然是因为品质优异，所以价值

连城。至于为什么同时又烧制大量迎合时尚的仿制品而受人喜爱，这可能是因为当时埃及盛行中国风尚，掀起了所谓中国热的缘故[6]。在仿制中国瓷器的过程中，由于没有很好理解中国图案的意义，只能从本民族文化视角来加以处理，当地陶工以中式孔雀、鸭禽的图像妆点他们的作品，更巧妙借用植物图案，诸如点状的花瓣、起伏的枝茎，构成这些禽鸟的外形轮廓；如此做成的效果，令这些图象几乎融于整体花样之中。这是一种伊斯兰式标准手法，将中式动植物形像予以扁平化、抽象化，得以连续

---

1　马文宽：《中国瓷器与土耳其陶器的相互影响》，《故宫博物院院刊》2004年第5期。
2　何芳川主编：《中外文化交流史》，第629页。
3　何芳川主编：《中外文化交流史》，第580~581页。
4　何芳川主编：《中外文化交流史》，第630页。
5　（日）三上次男著，胡德芬译：《陶瓷之路——东西方文明接触点的探索》，第27页。
6　（日）三上次男著，胡德芬译：《陶瓷之路——东西方文明接触点的探索》，第245页。

重复、或深陷于几何图案结成的网络之中。中国工匠笔下的龙，是深具动感的生物，是元气活力的表征，或翻飞盘旋云中，或划过天际追逐火珠。埃及马穆鲁克的陶工，浑然不觉中国龙的意义，将龙母题化为连续性的装饰特色，静态地安置在一系列模样相同的凤凰两侧[1]。

土耳其和伊朗等伊斯兰国家的陶器，虽然在外形上与中国瓷器很难区分，但是由于烧制火候不够，胎质疏松，还不是严格意义上的硬质瓷，只能称为锡釉陶器。15世纪初期，埃及、叙利亚与波斯陶工开始模仿中国青花设计，慢慢地采取了更自由、解放的律动和空间感，他们的图案逐渐开放，吸收中式特有的某些生命力与自发性。同时采纳了伊斯兰构图元素，诸如带状纹饰以及更严整的空间规范。他们也变得擅长使用西、南亚式的构

**青花陶盘**
19世纪。美国自然历史博物馆藏

图，传递自身的视觉语汇风格，如此制作出来的瓷器，毫无疑问是中国作品，却融入了中国文化传统所没有的新元素——不同传统的汇合，成就了一种魅力，最终证明无论在伊斯兰世界或在全世界，都令人无法抵挡[2]。清初海禁期间，由于中国瓷器出口量急剧下降，土耳其和伊朗的中国式釉陶生产则兴盛起来，以满足各自国家和欧洲市场的旺盛需求。

西亚陶匠这项创新，在世界陶瓷史上意义重大。随着伊斯兰教徒迁入西班牙，把锡釉陶技术和中国式白地蓝彩装饰风格带入欧洲，在巴特尔纳和马尼萨形成欧洲锡釉陶生产中心，当时通过西班牙地中海东海岸的马略卡岛输入意大利，意大利人称之为马略卡陶。正如Judith所云："商人们把中国陶器带到阿拉伯世界，培植了当地的陶瓷业，并对后来西方的陶瓷发展也起到了很重要的作用。特别是那些已经受到中国陶瓷影响的锡釉陶器，随着阿拉伯人对西班牙的入侵而流入欧洲，促进了欧洲锡釉陶的发展，锡釉成了欧洲最常用的装饰手段。"[3]虽然伊斯兰国家在仿制景德镇瓷器的过程中没有成功烧制过中国式硬质瓷，但是，却扮演了中介角色，成为欧洲瓷器烧制技术的先声。

1 （美）罗伯特·芬雷著，郑明萱译：《青花的故事》，第216页。
2 （美）罗伯特·芬雷著，郑明萱译：《青花的故事》，第219页。
3 程庸：《国风西行——中国艺术品影响欧洲三百年》，第87页。

# 第二节　西方瓷业后来居上

　　新航路开辟后，中国瓷器逐渐成为中欧贸易的主要商品，欧洲成为景德镇瓷器最主要的市场。当时欧洲人在狂热地搜求中国瓷器的同时，对其生产工艺更是心驰神往，在中国外销瓷的刺激下燃起了制作本土瓷器的激情。欧洲仿制中国瓷器大致经历了软质瓷和硬质瓷二个阶段。正如英国人赫德逊在《欧洲与中国》一书中所言："瓷器最初是经由穆斯林世界传入欧洲的，而穆斯林世界则是 15 世纪从中国输入的。通往印度群岛的好望角航线开辟之后，由于广泛需要，葡萄牙人就直接从中国运来瓷器。欧洲的陶工力图模仿中国陶器，大约在 1580 年生产了称作软胎的半瓷器，真正的硬胎瓷器直到 18 世纪前十年才生产出来。"[1] 最先揭开中国瓷器秘密的人是德国的柏特格，他于 1709 年率先成功试制欧洲历史上第一件真正意义上的硬质瓷器，他主持的迈森瓷厂拥有很多卓越的匠师，烧造出了大量精美瓷器，对世界陶瓷艺术做出了很大贡献。此后，欧洲各地瓷厂相继建立，其中最著名的包括：德国迈森、法国塞夫勒、奥地利皇家维也纳、意大利卡波迪蒙和英国韦奇伍德、德比、伍斯特和切尔西等。

## 一、代尔夫特中国蓝

　　欧洲人之所以花费了几百年才揭开制瓷秘密，原因是多方面的，其中一个原因是由于欧洲人的东方游记和工艺技术类书籍中对瓷器制造工艺的推测误导[2]，把注意力偏向于制作材料的选择和瓷土的自然处理方面，忽视了瓷器制作的工艺技术和炉温要求。当时欧洲学者们主要是猜测瓷器的质地与原材料，而工匠则是在贵族和王室支持下进行尝试性仿制。早期欧洲学者对中国瓷器质地的探索并非是研究性的，而是通过他们的主观臆测来判断瓷器原材料与主要成份，所以结果令人啼笑皆非。比如：在 16 世纪早期，葡萄牙作家巴尔伯扎认为瓷器的原料主要是由鱼肉、蛋壳和蛋清等物研磨而成的。有的人认为瓷器的材质应当是某种天青色的石头，类似水晶。根据这两种说法，到了 16 世纪中期，对于瓷器材质的看法有所发展并形成了辩论。意大利数学家卡尔达诺认为中国瓷器是某种类似玻璃的材质，是某种埋在地下凝结的液体制成，而同为意大利学者，语言学家和医学家斯卡利杰则认为，瓷器原料是蛋壳和贝壳磨成粉末，加水调成面糊状，然后塑成瓶瓶罐罐，把这些器物埋藏在地下一百年后挖出来，那些成功变成瓷器的瓶罐就可以拿出去卖了。一本 1617 年出版的书记载：把泥土、鸡蛋液和牡蛎汁，与海虱等类似的昆虫均匀地调制好，由家族的族长埋藏于一个秘不告人的地方，埋藏地只告诉家里的

1　（英）赫德逊著，李申等译：《欧洲与中国》，台北：台湾书局，2010 年，第 208 页。
2　比如，《马可·波罗游记》中有关中国德化瓷的记载在欧洲影响很大，该书对福建德化瓷制作材料的处理以及制作程序作过这样的叙述：从地下挖取一种泥上，将它垒成一个大堆，任凭风吹、雨打、日晒，从不翻动，历时三四十年。泥上经过这种处理，质地变得更加纯化精炼，适合制造上述的各种器皿。然后抹上认为颜色合宜的釉，再将瓷器放入窑内或炉里烧制而成。因此，挖泥堆土的人，目的是替自己的儿孙贮备制造瓷器的材料。参考《马可·波罗游记》，福建科学技术出版社，1982 年，第 193 页。

**代尔夫特青花**
在代尔夫特窑影响下，欧洲兴起中国青花时尚，各国竞相仿制，上
左为荷兰代尔夫特、右为英式代尔夫特，下为葡萄牙式代尔夫特

一个儿子，然后必须经过 80 年埋藏并且不能见光，最后由子孙挖掘出来制成瓷器，这一说法在 17 世纪相当流行。有许多欧洲人认为，瓷器的原料来自于泥土加上其他物质，比如玛瑙、宝石、贝壳、龙虾壳、石膏、珍珠贝、贵金属、鹦鹉螺、犀牛角或者鸵鸟蛋等。就连英文中瓷器（porcelain）的词源也是指一种贝类，这或许源于早期欧洲人对瓷器的认识吧。这些对于瓷器原料的臆测一直持续到 17 世纪后期[1]。在这一理论指导下的瓷器仿制当然不可能烧成中国式硬质瓷，只能烧制出景德镇青花风格的软质瓷，以代尔夫特成就最高。

### 意大利

意大利是欧洲较早接触到中国瓷器的国家，也是最早从事瓷器试制的国家。意大利人马可·波罗在元朝来中国游历，回国后将见闻写成《马可·波罗游记》出版，他在游历福建泉州时提到瓷器，说

---

1 张然：《欧洲仿制中国瓷的两个阶段》，沈琼华主编《中国古代瓷器生产技术对外传播研究论文集》，浙江人民美术出版社，2015年，第 287~288 页。

德化人将某种土堆起来，任其风吹雨打三、四十年，然后制成瓷器，自然发出美丽的光泽。1487 年，埃及国王送给意大利国王几件中国青花瓷瓶，被意大利国王视为珍宝[1]。阿拉伯人在西班牙瓦棱萨东部马略卡岛、玛拉牙玛尼塞等处烧造中国式陶器后，制瓷方法于 15 世纪传播到意大利，为欧洲制瓷历史开辟了新纪元。1470 年，威尼斯的炼金术士安东尼奥用波罗那的黏土制出过一批轻薄半透明的仿瓷，但因散失而无法判定[2]。15 世纪罗比亚受到从西班牙马略卡岛传入的西亚制陶术影响，所制白釉陶器光泽甚佳，并以绿、褐、黄、紫等色进行彩绘，被称为"马略卡陶器"[3]。马略卡陶器在造型、装饰上极力模仿中国瓷器，"制造商们于 16 世纪末开始生产的马略卡陶瓷，是那些运送中国陶瓷的葡萄牙商船提供了最早的模子。"[4] 在这方面开始最早的是葡萄牙人，到 1552 年，里斯本城内就有 60 个窑厂，按照中国的方式和习惯制造青花陶[5]。

西班牙青花花卉纹釉陶高足碗

15 世纪中期。美国大都会博物馆藏

意大利罗比亚工坊白釉马略卡人物塑像

15 世纪末～16 世纪初。美国大都会博物馆藏

1 叶佩兰：《从阿迪比尔寺中藏中国瓷器漫谈明代外销瓷》，中国古陶瓷研究会、中国古外销陶瓷研究会编《中国古代陶瓷的外销》，紫禁城出版社，1988 年，第 94 页。
2 轻工业部陶瓷工业科学研究所：《中国的瓷器》，轻工业出版社，1983 年，第 96~97 页。
3 Majolika，意即彩陶，又称意大利锡釉花饰陶。14~15 世纪西班牙生产的白地蓝彩釉器经马略卡岛大量输入意大利，当时意大利人误以为这种陶器是马略卡岛生产的，所以称之为马略卡陶。这类釉陶技术的基本特征是，在铅釉料中加入氧化锡后调制出一种不透明的白色材料，然后覆盖到陶胎表面，烧出类似于瓷器的颜色。
4 程庸：《国风西行——中国艺术品影响欧洲三百年》，第 87 页。
5 高岳：《青花瓷的二百年：中葡文化交流的历史流程》，《长春师范学院学报》2003 年第 3 期。

**意大利托斯卡尼青花马略卡双耳罐**
1425~1450 年。美国大都会博物馆藏

　　16 世纪后期，炼金士出身的佛罗伦萨大公佛朗西斯科一世聘请乌尔比诺的花饰陶工弗拉米诺·冯达那和伯纳多·邦达勒梯，建立瓷器试制作坊，决心在佛罗伦萨生产瓷器，以期在设计、色泽和质量方面与中国产品竞争，经过约 10 年的试验，在 1574~1587 年间，造出了欧洲第一批传世的原始软质瓷器，史称梅迪西瓷。该瓷器是由维琴察的黏土和法恩扎的白土加玻璃粉末状岩晶、白沙掺和烧制而成的，外形参考中国瓷器、比萨陶器和本地的马略卡陶器设计，上釉与早期中国瓷器有些类似，但胎体粗糙，必须先在胎体涂一层白色的半透明珐琅质，然后用蓝色绘中国式图案，这便是欧洲最早仿制的中国陶瓷。目前能确认的梅迪西瓷器大约 49 件，大都收藏在欧美的博物馆中 [1]。因为对瓷器原料缺乏了解以及烧制技术的原因，梅迪西瓷并没有仿制出中国瓷器坚硬的胎质与光亮的釉质，仍然与中国瓷器有相当大的差距。1587 年，全力支持瓷器仿制的佛朗西斯科一世去世，梅迪西家族对中国瓷器的仿制也随之宣告终结。然而，梅迪西瓷的尝试，为意大利培养了许多出色的陶工，同时还为欧洲其他国家仿制中国瓷器积累了宝贵经验 [2]。16 世纪的意大利和奥斯曼帝国陶匠，彼此相互影响，都在模仿中国瓷器，却浑然不知双方正在共同延续一项源自 9 世纪伊拉克的陶艺传承。诚然，西亚创新使用钴蓝装饰锡釉陶，为世界东西两端的陶瓷传统带来革命性的改变。在中国创造出了青花瓷；在西方，自罗马帝国倾亡之后只会烧制粗褐土器的陶业从此转型 [3]。

　　除佛罗伦萨、威尼斯、费拉拉、比萨等意大利北部城市外，意大利南部的许多地方也仿制中国瓷器。

---

1　（英）简·迪维斯著，熊寥译：《欧洲瓷器史》，浙江美术学院出版社，1991 年，第 22~23 页。
2　张然：《欧洲仿制中国瓷的两个阶段》。
3　（美）罗伯特·芬雷著，郑明萱译：《青花的故事》，第 307 页。

佛罗伦萨老宫

梅第西窑青花花卉纹软瓷罐

1575~1587 年。美国大都会博物馆藏

法恩扎窑青花花卉纹锡釉陶罐

1480~1500 年。美国费城艺术馆藏

**杜西亚工坊青花花卉纹盘**
1750~1755 年。美国大都会博物馆藏

16世纪洛伊斯·盖扬说：在西西里、那不勒斯和意大利其他地方，造出了非常精致、复杂的装饰瓷器，当然这种瓷器不完全像中国瓷。1627 年，比萨工匠制成了软质瓷青花碗[1]。到18世纪，意大利生产中国式釉陶的窑厂有法恩扎窑、洛迪窑、都灵窑和米兰窑[2]。1735 年吉诺利在佛罗伦萨附近的杜西亚设厂制造硬质瓷，曾派人到南洋求取中国人用来制瓷的瓷土和设备，并从各地聘请名师，造型和装饰都模仿中国瓷器，开始时釉药调制不当，涂在器表，厚薄不匀，后来才达到明净光滑[3]。卡波迪蒙窑则因位于意大利瓷土产地那不勒斯附近，后来居上，成为18世纪中后期意大利乃至欧洲著名的瓷窑。1759 年西班牙国王查尔斯三世把意大利那不勒斯卡波迪蒙瓷厂搬迁至马德里近郊，建立皇家瓷厂[4]。

### 荷兰

从17世纪50年代起，荷兰东印度公司基本上取代葡萄牙垄断远东贸易，荷兰成为欧洲中国瓷器的销售中心，相比欧洲其他国家，荷兰人接触中国瓷器的机会更多，更容易激起仿制中国瓷器的热情。荷兰代尔夫特由于储藏着丰富的优质瓷土，吸引了法国鲁昂、比利时安特卫普等地的陶工前来建窑，将意大利锡釉陶技术带入荷兰。荷兰有发达的珐琅玻璃制造基础，对中国彩绘、青花技术和原料抱有极大兴趣，从1584 年开始进口中国制瓷釉料和青花颜料，试烧青花瓷。邻近中国瓷器拍卖地海牙，1614 年一位实业家获得政府许可，设厂生产东印度式器皿，于是代尔夫特陶业开始登场，1680 年，代

1　轻工业部陶瓷工业科学研究所：《中国的瓷器》，第97页。
2　袁宣萍：《十七至十八世纪欧洲的中国风设计》，第169页。
3　朱杰勤：《十七、八世纪华瓷传入欧洲的经过及其相互影响》，《中国史研究》1980年第3期。
4　李知宴主编：《中国陶瓷艺术》，第559页。

**尼德兰青花马略卡双耳水罐**

15 世纪中期。美国大都会博物馆藏

**代尔夫特窑青花开光花鸟纹软瓷盘与景德镇窑盘**

图左为荷兰代尔夫特，图右为景德镇窑青花

尔夫特有陶工约 1600 人，每年生产陶器 30 万件以上[1]，代尔夫特窑在 17 世纪就以仿造中国青花风格的白釉蓝彩软陶闻名，与中国、日本的瓷器极为相似，有时很难区分是欧洲的产品还是中国专门为欧洲市场生产的粗瓷[2]。

16 世纪以来，葡萄牙、西班牙和荷兰人运到欧洲的中国瓷器主要是青花瓷，荷兰人非常喜爱这种

---

1 （美）罗伯特·芬雷著，郑明萱译：《青花的故事》，第 319 页。
2 （斯洛文尼亚）Mateja Kos：《17 世纪中国瓷器和中欧陶瓷》，罗宏杰、郑欣森主编《古陶瓷科学技术国际讨论会论文集》，
  上海科学技术文献出版社，2009 年，第 847~849 页。

蓝白两色的瓷器。从时间上看，当时输入欧洲
的中国瓷器主要是万历年间（1573~1620）的
外销青花瓷样式，既模仿中国外销瓷的装饰纹
样，又模仿其造型、盖罐、长颈瓶、葫芦瓶、
壶、杯等造型、龙、凤、麒麟、虎、鹿、蝴蝶、
蝙蝠之类动物纹样、梅兰竹菊、荷花、牡丹、
芭蕉等植物纹样、山水园林、风俗故事、仕女
婴戏乃至刀马人物等风景人物纹样，以及程式
化的云纹、水波纹等，都被代尔夫特陶工模仿。
正如马丁·坎普所云：到17世纪，受到别具
韵味的中国青花瓷启发，代尔夫特开始大量生
产上锡釉的陶器，而且还创作出高而细颈的花
瓶 tulipiere 等精品陶瓷。中国陶瓷和代尔夫特
陶瓷为欧洲提供了最早的陶瓷装饰。这种陶瓷
装饰一般被陈列在房门上方，到17世纪末期
又被摆设在专门制作的壁炉饰架上[1]。由于文化
背景的差异，欧洲的设计师并不懂得这些纹样
的象征意义，纯粹是将其作为中国元素提取出
来，且常常作一些变形处理，给人以不伦不类
的感觉，比如，仕女弱不禁风，花朵尺寸放
大，假山奇形怪状，亭台与拱桥摇摇欲坠等，
让人一眼就能看出是拙劣的仿制品。但随着时
间的推移，中国风格的造型与纹样越来越接近
原物，代尔夫特窑厂从纯粹模仿中国外销瓷，
逐渐发展到自己创作中国风格的作品，即从中
国进口瓷器纹样中，选择适合欧洲人理解的形
态，加以改变、组合，创作了一批优秀的釉陶
器。这类装饰被称为"希诺兹利"（chinoiserie），
即中国样式，以白地蓝彩纹样为主，装饰纹样
有龙、狮子、凤凰、亭台楼阁、仙人、庭院、
花枝、山水风景等，近似中国青花瓷[2]。

明末清初，中国瓷器出口数量锐减。为了

代尔夫特窑青花开光花卉纹软瓷碗
17世纪。1993年荷兰代尔夫特市出土。荷兰王子纪念馆藏

代尔夫特窑青花花卉纹盖罐
17世纪末。造型、花纹均模仿外销至欧洲的景德镇窑同类
产品。美国巴尔的摩沃特博物馆藏

1 （英）马丁·坎普主编，余君珉译：《牛津西方艺术
    史》，第294页。
2 陈进海：《世界陶瓷》第三卷，第538页。

斯尼德斯水果静物画
1630 年。画中绘有中国明代克拉克瓷风格代尔夫特青花陶碗。斯尼德斯（1579~1657），佛兰德斯画家。美国国家美术馆藏

代尔夫特窑青花花卉纹软瓷装饰砖
1631~1634 年。美国费城艺术馆藏

满足欧洲市场的需求，荷兰政府积极支持仿制中国瓷器，代尔夫特地区陶瓷工厂雨后春笋般建立，到 1695 年，达到 32 家。在代尔夫特窑的影响下，阿姆斯特丹、鹿特丹、尤特莱比特、哈勒姆、霍伦、戈达、哈尔林根、玛姆等地，都兴起了制陶业，以代尔夫特窑成就最高，成为荷兰锡釉陶器的象征。代尔夫特窑主打产品是青花陶器，生产盛期在 1660~1730 年，受 17 世纪早期中国青花瓷登陆荷兰的激励，代尔夫特陶工汲取了诸多灵感，生产的主要类型就是青花陶，是巴洛克时期欧洲陶瓷工业的代表："一些优质的代尔夫特陶器，于 1660~1710 年之间制造，纹饰按照明朝晚期流行的青花瓷图案，如森林奔鹿、亭台楼阁、山水仕女等，装饰技法多以中国常见的开窗形式。那时荷兰东印度公司进口大量此类图案形式的瓷器。代尔夫特窑仿制的中国青花瓷，由于陶工的智慧，在不透明的锡釉上两次施釉，获得了一个类似中国瓷器的表象，一时与中国瓷器难以区分。"[1] 代尔夫特青花陶外观光滑，因此通常称为瓷陶，此时也进入国际市场，荷属东印度公司把它带到萨菲波斯、蒙兀儿印度、东非海岸，以及东南亚群岛和南北美洲。荷兰东印度公司也把波斯青花陶运至斯里兰卡、孟加拉、阿由提亚、巴达维亚、阿姆斯特丹。无论是销往印度洋的荷兰陶器，或输入荷兰的萨菲陶器，器底常仿中国瓷弄上一个年款，当作高品质的保证[2]。1619 年西班牙国王菲力普三世赴葡萄牙加冕时，里斯本建起一座凯旋门，其中一道门是由当地陶匠敬献，门饰画面呈现众多葡萄牙克拉克商船正在里斯本港卸货，下船的是从中国运来的真品瓷器，上船的是准备销往欧洲其他国家的葡萄牙仿制品。铭文充满自得：我们的产品，也销往世界各地[3]。

1　程庸：《国风西行——中国艺术品影响欧洲三百年》，第 98~99 页。
2　（美）罗伯特·芬雷著，郑明萱译：《青花的故事》，第 319 页。
3　（美）罗伯特·芬雷著，郑明萱译：《青花的故事》，第 20 页。

**青花花卉纹釉陶八角盘**
18世纪，葡萄牙制。模仿中国景德镇窑产品。澳门博物馆藏

**荷兰加彩人物故事纹杯、托碟**
1730年。瓷杯、托碟是中国景德镇窑产品，运
抵荷兰后加彩、复烧。美国大都会博物馆藏

　　代尔夫特的白釉蓝彩陶器在欧洲工艺美术史上最大的功绩，就是把中国的青花瓷器和欧洲陶器、珐琅工艺品等有机地结合起来，创造了独特的风格，给欧洲顾客以新的艺术享受。著名的艺术家柯克斯设计的铭印"AK"字母的白釉蓝彩陶器是这一风格的典范[1]。在代尔夫特陶的影响下，欧洲各地的窑场纷纷开始生产蓝白两色的中国风格釉陶器[2]。因此，可以说，中国瓷器传入欧洲，在代尔夫特兴起了

1　朱培初：《明清陶瓷和世界文化的交流》，第56页。
2　袁宣萍：《十七至十八世纪欧洲的中国风设计》，第62~63页。

模仿中国瓷器的第一个高潮。

虽然荷兰在制造软质瓷方面处于技术领先地位，但直到 1764 年才掌握制造硬质瓷的技术，在韦斯普设厂制造硬质瓷，模仿中国瓷器的造型和装饰，但 7 年后就关闭了。由于到中国订烧瓷器受时间限制，精明的荷兰商人便从中国进口优质白瓷，在当地施加个性化的彩绘，以满足人们结婚、生日、重大事件纪念等特殊需要，被人们称为"阿姆斯特丹邦特"瓷器。这是中国和荷兰陶瓷工艺的结合，也是荷兰陶瓷工业的一个分支[1]。

### 法国

法国陶瓷工业得益于意大利人的帮助。1512 年意大利人劳兰图在法国鲁昂开办窑厂，将锡釉陶技术带入法国。此后，意大利杰诺瓦陶工古利弗、法恩扎陶工甘班、佛罗伦萨陶工罗比亚、奥利斯陶工恩拉德兄弟纷纷来到法国建窑烧陶[2]，使得 17 世纪中后期至 18 世纪前期，法国圣克卢窑、纳韦尔窑、鲁昂窑、马赛窑、尚第伊窑等窑厂纷纷兴盛起来，生产中国式白地蓝彩釉陶[3]，其中圣克卢窑是欧洲第一家批量生产精陶的窑厂，鲁昂窑是第一家生产出软质瓷的法国窑厂，纳韦尔窑则与代尔夫特釉陶一起，成为 17 世纪后期欧洲釉陶生产的杰出代表[4]。法国偏爱景德镇彩瓷和青花瓷："来啊！观赏这件瓷器，吸引我的是它的绚丽，它来自一个新的天地，从未见过如此优美的艺术，多么诱人，精致超俗，来自中华它的故土"。雨果在他的诗中曾吟颂青花瓷："来自茶国的处女，在你迷人的梦境里，苍穹是一座城市，而中国是它的郊区，在我们暗淡的巴黎，面额纯洁的少女，你在寻找，你的金色蔚蓝的花园，那里孔雀在开屏，你向我们的天空微笑！一个快乐无邪的孩子，在釉彩鲜艳的陶瓷上，绘着天真的象征—蓝花"。可见，他们对中国瓷器的热爱，甚至超越了瓷器本身。在这一社会风尚影响下，路易十四时代的宫廷兴起了用陶瓷餐具取代金属餐具的时尚，到路易十五时期，陶瓷餐具普遍应用于宫廷生活，推动了法国陶瓷工业的快速发展。17 世纪中叶，中国陶瓷的造型与装饰手法广泛深入地影响着法国陶瓷工业的发展，1664 年法国纳韦尔窑生产了模仿中国图案与纯粹中国样式的产品。此后，为了适应法国人的需求，纳韦尔窑将东西方图案融合，例如：在碟子装饰上，中间绘上中国式的花园，而四周却画上了法国式的花边图案[5]。1677 年，法国人夏尔丹在布撒诺开设瓷厂，仿制中国式青花瓷，但质量不理想。1725 年建立的尚第伊陶瓷厂同样以生产中国风格的瓷器而闻名，手捧鱼状花瓶的传教士以及尖头和尚等中国风格的装饰是常见的图案。值得一提的是 1771~1773 年间在巴黎出版的《中国花卉·装饰·边饰·人物和主题图画集》，在法国陶瓷行业中被奉为宝典，深受陶瓷艺术家和工匠们喜爱。

法国国王路易十五对瓷器深感兴趣，他为了制造质量优于迈森窑的瓷器，于 1756 年把温森斯的 2 个瓷厂搬迁到巴黎郊区塞夫勒，1759 年建立皇家窑厂。因法国缺少生产硬质瓷的原料高岭土，他们只在软质瓷方面有所收获，以镀金或铜作装饰，样式丰富生动，显得精美绝伦。1767 年 2 月 2 日，赴法国留学的中国人高类思、杨德望从法国回到北京，带来了法国国王路易十五送给乾隆皇帝的礼物：18

1　香港艺术馆编：《中国外销瓷——布鲁塞尔皇家艺术历史博物馆藏品展》，第 283 页。
2　陈进海：《世界陶瓷》第三卷，第 531 页。
3　袁宣萍：《十七至十八世纪欧洲的中国风设计》，第 142~143 页。
4　袁宣萍：《十七至十八世纪欧洲的中国风设计》，第 104~105 页。
5　秦波：《中国古陶瓷与中法文化交流》，《中国陶瓷》1999 年第 3 期。

**鲁昂窑法恩斯式青花多彩锡釉陶罐**

1572 年。美国大都会博物馆藏

**圣克卢窑青花花卉纹软瓷长颈瓶**

1698~1700 年。美国大都会博物馆藏

**尚第伊窑五彩花卉纹软瓷盘**

1735~1740 年。造型、装饰模仿中国景
德镇窑同类产品。美国费城艺术馆藏

件塞夫勒瓷器，一批布歇和马德里的瓷器，其价值达 4560 镑[1]。

　　法国的软胎瓷器，是用掺和有白色的和分布有土质的石料制成的，它们在被熔化的玻璃中结合得不好[2]。路易十四时期就开始通过入华耶稣会士开展对中国工艺和科学进行调查，第一个科学传教团由柏应理、塔查尔、白晋、李明、洪若翰、张诚和刘应 7 名耶稣会士组成[3]。1705 年法国耶稣会士殷弘绪来到中国瓷都景德镇，住了 10 多年，说是在传教，实际上是在做"工业间谍"。他在景德镇期间，利用传教之便，深入制瓷作坊，与景德镇瓷业工人接触，调查、收集景德镇制瓷秘密，先后于 1712 年和 1722 年 2 次致信国内，介绍景德镇风土人情和制瓷工业各个环节，从瓷土、练泥、制坯、彩绘、烧造到品种进行详细介绍[4]。殷弘绪搞了大量有关景德镇瓷器生产的情报，随同制瓷原料高岭土和瓷石标本一起寄回法国[5]。1750 年奥尔良大公热诺维凡从中国运回一些白不子和高岭土样品，同时又命人在法国

**塞夫勒窑粉红地开光花卉纹软瓷连盘带盖汤盆**
1757 年。美国费城艺术馆藏

1　（法）伯德莱著，耿升译 :《清宫洋画家》，第 97~98 页。
2　（法）伯德莱著，耿升译 :《清宫洋画家》，第 99 页。
3　（法）伯德莱著，耿升译 :《清宫洋画家》，第 189 页。
4　殷弘绪在 1712 年 9 月 1 日给中国和印度传教会奥日神父的信中写道 : 尊敬的神父，我在景德镇培养教徒的同时，有机会研究了传播世界各地、博得人们高度赞赏的美丽的瓷器的制作方法。我之所以对此进行探索，并非出于好奇心 ; 我相信，较为详细地记述制瓷方法，这对欧洲将起到一定的作用。关于制瓷方法，除了亲眼看到的以外，我还从基督教徒那里了解到许多特殊情节。在这些基督教徒中有不少从事制瓷工作的人，也有一些是大瓷商。为了证实他们回答我的问题是否真实，我参阅了一些记载瓷器的中国书籍，并比较正确地掌握了这一绝妙艺术的各方面知识，因而很自信地把它记述下来。在 1722 年 1 月 25 日的信中写道 : 尊敬的神父，为了了解中国工人制作瓷器的方法，我煞费苦心，但还不敢说这封信能把其中的详情完全说清楚。由于我所进行的新的探索给了自己以新的知识，所以足下才能够亲自阅读我寄给您的所观察到的新内容。我给您陈述的这些新内容是未经整理的，而只是把在店铺所听到的，亲眼看到的以及由从事制瓷业的基督教徒那里得到的种种消息随时记录下来，照原样誊在信中（据联合陶瓷网）。
5　中国瓷器的技术和制造就由殷弘绪神父作了很透彻的阐述。殷弘绪任景德镇堂区的本堂神父，其基督教会中就包括有著名的景德镇瓷窑工人，他可以占有第一手资料。他正是在这样的背景下才写成了 1712 年 9 月 1 日和 1722 年 1 月 25 日的著名书简……奥地利神父于 1722 年给雷阿姆尔寄去了一些白不子和高岭土的标本，这是由殷弘绪神父于 1717 年从景德镇寄来的。参考（法）伯德莱著，耿升译 :《清宫洋画家》，第 210~211 页。

塞夫勒窑粉彩花卉纹软瓷茶壶

18 世纪。香港艺术馆藏

塞夫勒窑釉上彩花卉纹软瓷连盆执壶

1795 年。美国大都会博物馆藏

寻找类似产品。盖塔尔于 1766 年在莫贝堆找到了高岭土，贝尔纳和奥多立·邓诺斯也发现了同样的矿脉，外科医生达奈 1768 年在利摩日附近的伊利耶发现了高岭土[1]。法国神父还在中国积极搜集其他有关瓷器制造方面的技术资料[2]，塞夫勒皇家瓷厂终于根据这些资料在 1769 年成功烧造出第一批硬质瓷器。其配方为，一半高岭土，三分之一的欧蒙沙子，其余为布吉瓦勒的白色颜料[3]。此后，这种融会了法国宫廷艺术精华的瓷器成为欧洲华丽风格的典范。

## 二、迈森开启欧洲瓷器时代

虽然欧洲绝大多数学者相信瓷器原料是泥土，但也有学者猜测中国瓷器是使用白色而坚硬的瓷土制作而成，这就接近了瓷器的成分。其实，早在 1556 年到达中国的葡萄牙传教士克罗兹回国后所写的游记中记述：中国瓷器是由洁白而柔软的岩石或是坚硬的黏土制成的。它们经过连续不断地捶打和碾磨后，倒在非常清澈的蓄水池中，然后在水中搅拌。停留在最上层的奶油状的瓷土，用来制作最优良的瓷器；沉下的粗糙渣滓用来制作一般粗劣的产品，那是中国贫困的人民所使用的。工匠们用瓷土制造瓷胎。瓷胎的烘干则完全依靠老天，是在太阳下晒干的。遗憾的是他的介绍在 18 世纪以前并没有引起人们足够重视[4]。欧洲人试制瓷器的努力，在 18 世纪初终于取得实质性进展，柏特格成功破解了中国

---

1　（法）伯德莱著，耿升译：《清宫洋画家》，第 211 页。
2　塞夫勒国家作坊图书馆收藏二套有关中国瓷器制造工艺的图册，其中《中国瓷器制造史》为 22 幅水彩画，由钱德明神父在中国搜集。《中国瓷器制造全过程 24 图》，是由 1795 年陪同荷兰使团赴北京的小德经带回。参考（法）伯德莱著，耿升译：《清宫洋画家》，第 211 页。
3　（法）伯德莱著，耿升译：《清宫洋画家》，第 100~102 页。
4　朱培初：《明清陶瓷和世界文化的交流》，第 41~42 页。

瓷器制作的秘密。1769 年法国布兰科特在巴黎发表《玻璃制作艺术》一书中写道：瓷器是一种上面施白釉的精制过的黏土。英国所取得的进展缓慢，真正的瓷器依然是一种等待揭示的秘密，有条件获得成功的是东部瓷器实验的传统中心——萨克森[1]。

## 德国

1697 年，弗雷德里克·奥古斯都成为萨克森选侯和波兰国王奥古斯都二世，他本人酷爱中国瓷器，渴望在自己的领地生产瓷器，责令慈恩豪斯伯爵和炼金术士约翰·柏特格二人在德累斯顿维尼斯巴斯塔特工房研制瓷器，他们在前期研究的基础上不断深入，夜以继日地试验各种黏土材料在不同窑温下的烧制效果。奥古斯都二世对此十分关心，各地纷纷送来制瓷原料，形成了全国上下一齐努力的局面[2]。历经无数次失败，他们在 1708 年烧出了 3 炉白色瓷器，至 1709 年 3 月，他们正式对外宣布率先在欧洲生产出了中国式硬质白瓷："我们的工匠也能够提供足够的白瓷样本，有的上釉有的不上釉，证明由我们土壤提取的材料，能够用来制造瓷器，这种瓷器的透明度及其他品质，可与东印度的瓷器媲美；所有的一切使我们相信，只要经过适当的处理，这种白色瓷器将能超过东印度的瓷器，正如红色陶器已经主宰的那样，不仅在美观和品质上，而且在形状的多样化和制造大型器物如雕像、石柱和套

迈森窑彩绘奥古斯都二世肖像瓷板画

18 世纪前期。德国德累斯顿国家艺术收藏馆藏

迈森窑柏特格珐琅描金瓷像章

约 1800 年。维多利亚与阿尔伯特博物馆藏。引自《瓷之韵》

---

1　（英）简·迪维斯著，熊寥译：《欧洲瓷器史》，第 31 页。
2　陈进海：《世界陶瓷》第三卷，第 548 页。

装餐具的能力上，均已超过东印度的红陶。"[1] 这批产品 1710 年在莱比锡春季博览会上展出。当然，柏特格烧成的瓷器，还不是长石质瓷，而是一种含硫酸钙的胎、不透明、带黄色，釉也不好，有气泡，烧成不稳定，无法与中国瓷器相比[2]。

1710 年 1 月奥古斯都二世勒令在迈森阿尔伯雷茨堡创办迈森王室瓷厂，第二年在施诺瓦找到了优质高岭土，1713 年烧制出高品质的白瓷，再一次震惊欧洲。1725 年迈森窑生产出青花瓷。为了迎合当时市场的需要，并与中国瓷器竞争，迈森瓷采用由赫罗尔特领衔，由画家、雕塑师组

**迈森窑白瓷狮子**
1732 年。美国大都会博物馆藏

成的艺术家团队来进行产品研发，设计的中国风格装饰纹样有中国式人物、花卉纹和龙一类动物，人物纹包括手拿长长的烟管、头戴斗笠、留着长髯的老人，衣着华丽的贵妇。后来他从当时的版画和油画中吸取营养，逐步形成以田园、公园、城市、湖泊、港口和市场为题材的欧洲风格[3]，并于 1739 年，设计出具有巴洛克色彩的釉下红彩和蓝洋图案[4]。因此，18 世纪初期，德国中部的萨克森是欧洲第一个发现制造硬质瓷配方的地区，位于迈森的工厂生产出高质量的器皿，在大约 50 年内，迈森瓷器被认为是欧洲最好的瓷器[5]，成为欧洲各国瓷厂仿效的范本。1720 年迈森窑开始使用花押字母 "AR" 标记，由迈森厂创建者萨克森选帝侯奥古斯都·瑞克斯（Augustus Rex，又称奥古斯都大帝，后成为波兰国王奥古斯都二世）的姓名首字母组成，这也是欧洲瓷器史上最早的商标。1722 年，迈森窑厂开始使用交叉双剑标志，后来成为欧洲陶瓷史上最著名商标。18 世纪前期，迈森窑两种款识并用，但 "AR" 属特殊标记，该款为釉下钴蓝，手工书写，专用于选帝侯奥古斯都大帝及其继承人奥古斯都三世的宫廷用瓷。

迈森瓷厂成功后，其他欧洲国家便以高薪聘请之类不正当手段引诱该厂技术人员，1719 年，迈森瓷厂的工艺师兼画匠凡格尔和斯特茨埃尔前往维也纳，协助杜帕基创办了维也纳瓷厂。1720 年，正当维也纳瓷厂进展顺利之时，斯特茨埃尔因与杜帕基不和，突然重返迈森瓷厂，并带走了维也纳瓷厂最

---

1 甘雪莉：《中国外销瓷》，东方出版中心，2008 年，第 84~87 页。
2 （英）简·迪维斯著，熊寥译：《欧洲瓷器史》，第 37~38 页。
3 香港艺术馆编：《中国外销瓷——布鲁塞尔皇家艺术历史博物馆藏品展》，第 223 页。
4 洋蓝图案是迈森瓷器最有名的系列之一，是一种基于中国瓷器的样式，起初被称为 "球体" 纹样或 "洋葱" 纹（Zwiebelmuster）。它们虽然很大程度上模仿了中国销往欧洲的瓷器，也在模仿的过程中形成了自己独特的风格。这主要是由于迈森的画家们对中国瓷器上描绘的花卉和水果一无所知，因此他们混合了各种元素，绘成欧洲人较为熟悉的图案。所谓的 "洋葱" 并不是指真正的洋葱，可能是中国瓷器上桃子和石榴的变体。整个设计构思精妙，融合了花卉图案、日本桃子和石榴，中间绘有牡丹与紫菀，其茎干则围绕着竹竿蜿蜒盘旋。
5 程庸：《国风西行——中国艺术品影响欧洲三百年》，第 102 页。

1725~1730 年。造型、装饰均模仿当时热销欧洲的景德镇瓷器，对于
年轻的迈森窑来说，烧制型制如此大的罐，的确是一件了不起的事。
美国费城艺术馆藏

**迈森窑釉上彩花卉纹盖罐**

1725~1730 年。造型、装饰均模仿当时热销欧洲的景德镇瓷器，对于
年轻的迈森窑来说，烧制型制如此大的罐，的确是一件了不起的事。
美国费城艺术馆藏

优秀的画师赫罗尔特，凡格尔则前往威尼斯，向意大利人透露了烧制瓷器的秘密。此后，他还在丹麦、俄罗斯等地活动，帮助他们开办瓷厂。至 1770 年，欧洲有德国宁芬堡瓷厂、柏林瓷厂、福斯腾堡瓷厂、法兰肯塔尔瓷厂、路德维格斯堡瓷厂、意大利多西亚瓷厂、维诺沃瓷厂和俄罗斯圣彼得堡瓷厂等近 20 家硬质瓷工厂生产迈森风格的瓷器[1]。

1738 年意大利那不勒斯和两西西里的国王查理四世和奥古斯都二世之女阿马丽亚公主成婚，新娘带来 17 套迈森餐具，查理四世还从迈森请陶工，在那不勒斯附近成立卡波迪蒙瓷厂，制造瓷器。1759 年他继承西班牙王位后，把该瓷厂迁到马德里，把制瓷技术带到西班牙[2]，该厂 1760 年投产，延续到 1849 年；1790 年，唯一的葡萄牙瓷厂在波尔图建成，维斯脱·阿历格雷工厂生产的午餐具、茶具、咖啡具是用丰富多彩的珐琅釉装饰、描绘花卉等图案，并且以玫瑰釉和描金为名[3]。随着各地瓷厂的兴建，制瓷技术传遍整个欧洲[4]。随之而来的是，迈森风格的纹样风弥欧洲，甚至影响到中国景德镇，18 世纪景德镇就生产了相当数量的"德国式"订烧瓷[5]。

**迈森窑釉上彩满大人纹杯、托碟**
1725~1730 年。赫罗尔特设计的中国风装饰。美国大都会博物馆藏

**迈森窑青花双剑商标盘**
20 世纪前期。加拿大拉斯洛·克维茨、孙建伟夫妇捐赠，上海历史博物馆藏

1　（英）简·迪维斯著，熊寰译：《欧洲瓷器史》，第 60~86 页。
2　（美）罗伯特·芬雷著，郑明萱译：《青花的故事》，第 347 页。
3　朱培初：《明清陶瓷和世界文化的交流》，第 40~47 页。
4　袁宣萍：《十七至十八世纪欧洲的中国风设计》，第 91~93 页。
5　香港艺术馆编：《中国外销瓷——布鲁塞尔皇家艺术历史博物馆藏品展》，第 223 页。

维也纳窑釉上彩花鸟纹盘
1725 年。杜帕基工房制作。美国大都会博物馆藏

苏黎世窑釉上彩花鸟纹盘
1770 年。美国大都会博物馆藏

罗斯坦得窑青花花卉纹茶叶罐
1740 年代。造型模仿欧洲金属器，
装饰中国式花卉、山石、玫瑰及锦
地朵花。瑞典如斯博物馆藏

**圣彼得堡窑釉上彩花鸟纹瓷冰桶**
1760 年。美国大都会博物馆藏

### 英国

17 世纪中后期，荷兰新教陶工移民把锡釉陶瓷技术带入英国，使得"英式代尔夫特陶瓷"在 17 世纪风行一时[1]。18 世纪中期，英国建立切尔西瓷厂（1745~1770）和鲍瓷厂（1745~1776）两家最早的硬质瓷工厂，1750 年，鲍瓷厂生产出第一批瓷器。不过，这些产品仍属软质瓷的范围，釉带黄色，又稠腻，遇不平的地方会凝结成痂状。后来，在黏土中加入少量骨灰，产出的瓷器才显得硬一些，这便是所谓骨质瓷[2]的起源。瓷器上的装饰纹样，大多数模仿中国瓷，芍药、菊花、斗鸡、飞鸟和人物，都曾被模仿，以至于鲍瓷厂被称为"新广州"[3]。

英国人库克·威尔兹是药剂师，也从事陶业，在 18 世纪 40 年代读了赫德《中国书简》收录的殷弘绪书信中提到制瓷原料高岭土中有银粒闪烁，注意到英格兰西南康沃尔郡圣科伦巴教堂的花岗岩壁也有闪闪星点，他根据这个线索发现了瓷土与瓷石矿藏[4]。1750 年西南部康瓦尔发现了优质瓷土，此后，瓷厂纷纷建立，1752 年伍斯特瓷厂建立[5]，1754 年，罗斯托夫特瓷厂建立，1755 年德比瓷厂建立，1766

---

1　甘雪莉：《中国外销瓷》，第 81~83 页。
2　骨质瓷是介于软质瓷和硬质瓷之间的一种调和性产品，原料有黏土、长石、石英和骨灰等，白度、硬度和耐腐蚀度都介于软质瓷和硬质瓷之间，是欧洲在探索制瓷秘密过程中的副产品。
3　朱杰勤：《十七、八世纪华瓷传入欧洲的经过及其相互影响》，《中国史研究》1980 年第 3 期。
4　（美）罗伯特·芬雷著，郑明萱译：《青花的故事》，第 115 页。
5　该厂模仿中国瓷器很成功，1763 年他们在《牛津杂志》上自称："中国瓷器和伍斯特瓷器用具可以混合起来同用，不能发现差异。"参考朱杰勤：《十七、八世纪华瓷传入欧洲的经过及其相互影响》，《中国史研究》1980 年第 3 期。

**切尔西窑青花花鸟纹软瓷盘**

*1755 年。采用中国风装饰，但由于对中国文化缺乏理解，把中国神鸟凤凰画成了一只普通小鸟。澳大利亚皇家维多利亚美术馆藏*

**鲍窑蓝地开光青花花卉纹软瓷盘**

*1760 年。采用中国风装饰。澳大利亚皇家维多利亚美术馆藏*

年斯塔福特瓷厂建立，1768 年，普利茅斯瓷厂建立，这些瓷厂都是仿制中国式硬质瓷[1]。尤其是德比瓷厂，在 1769 年、1776 先后合并切尔西瓷厂和鲍瓷厂后，迅速发展。1792 年英国政府派特使马戛尔尼访华时带了一批瓷器礼品，其中就有德比瓷厂[2]和韦奇伍德瓷厂的最新产品，在圆明园展示，受到清廷官员赞扬[3]。1797 年以后，韦奇伍德瓷迅速扩张：一个如此活络、普及的商业现象，以致从巴黎到圣彼得堡，从阿姆斯特丹到瑞典的最远端，从敦克尔克到法国最南端，行经每家旅店都是用英国陶为你上酒、上菜。同一种精美器皿，装饰着西班牙、葡萄牙与意大利的桌面。而且它还派船送货，远赴东印度、印度、美洲[4]。

英国人在模仿中国瓷器的过程中最大的创新是所谓青花"柳树纹饰"。"柳树纹饰"是 18 世纪末诞生于英国的转印在青花瓷器上的程式化纹饰图案，融入了亭台、楼阁、宝塔、石桥、画舫、飞禽、苍松、翠柳等诸多中式园林的代表性元素。该图案是在西方进口和仿制中国瓷器的过程中诞生的，从中国外销瓷上较为常见的青花山水楼阁纹样脱胎而成，经过英国瓷器商的提炼加工，于 18 世纪末最终定型，欧洲生产的此种图案青花瓷器，被俗称为"蓝柳"瓷。关于这一图案，有一首世代相传、广为流传的儿歌：

---

1　何芳川主编：《中外文化交流史》，第 806~807 页。
2　关于德比瓷厂产品作为礼品在清朝宫廷的反映，当年使团成员记录了双方的一段对话："他们特别欣赏钟和德比厂的瓷瓶。但是他们对我们说，你们认为我们的瓷器好，还是你们的瓷器好？我们的回答是，我们认为我们的瓷器是同类中极珍贵的，否则我们不会拿来献给皇帝。至于对中国瓷器的评价，从我们的商人每年在广州大量购买中国瓷器运往英伦这件事就可以看到了。他们对我们的间接解释似乎十分满意。参考朱杰勤：《十七、八世纪华瓷传入欧洲的经过及其相互影响》，《中国史研究》1980 年第 3 期。
3　（英）乔治·斯当东著，叶笃义译：《英使谒见乾隆纪实》，第 312 页。
4　（美）罗伯特·芬雷著，郑明萱译：《青花的故事》，第 360 页。

**德比窑釉上彩花卉纹盘**
19世纪前期。美国大都会博物馆藏

**伍斯特窑青花花卉纹软瓷茶壶**
1775年。造型、装饰模仿中国景德
镇窑同类产品。美国费城艺术馆藏

**斯塔福特窑釉上彩中国风人物纹软瓷咖啡壶**
1780年。造型模仿欧洲金属器或玻璃器，装饰风格
则是中国风人物纹。澳大利亚皇家维多利亚美术馆藏

**英国青花日用软瓷一组**

18世纪末期。墨尔本出土，表明此时英国瓷器除满足国内市场消费外，还远销澳大利亚殖民地。墨尔本博物馆藏

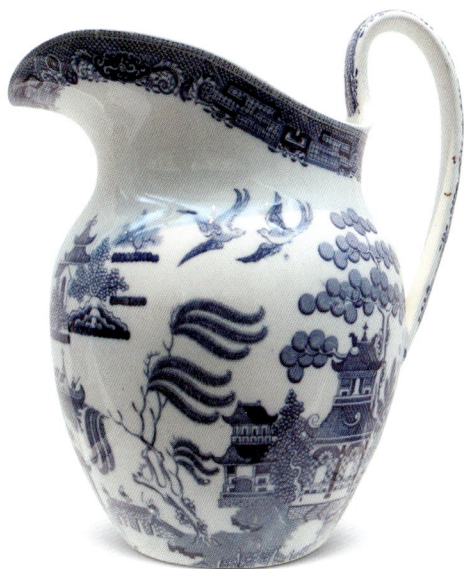

韦奇伍德窑青花柳树纹奶壶

19世纪前期。加拿大拉斯洛·克维茨、孙建伟夫妇捐赠，上海历史博物馆藏

景德镇窑青花花卉纹盘

约1780年。景德镇窑为了参与国际瓷器贸易竞争，仿制英国伍斯特窑印花产品，返销欧洲市场，彰显出景德镇窑的国际视野与活力。英国维多利亚与阿尔伯特博物馆藏

"两只鸟儿高高飞过，一艘中国大船静静驶过，三四个行人从桥上走过，柳树枝条在岸边摇曳，不远处有一座中国寺庙，在河边静静屹立，还有一棵果实丰硕的苹果树、被弯弯曲曲的篱笆包围着"。这种中国式蓝白风格一经发明，便被欧洲各国瓷厂仿效，成为19世纪欧洲最为流行的瓷器装饰图案。在西方人眼中，它是一个典型的中国文化符号，至今仍在西方流传[1]。

## 三、美洲制瓷业的产生

16世纪中期，西班牙人占领菲律宾群岛，打通了通向东方的太平洋航道。1565年第一艘马尼拉帆船抵达墨西哥阿卡普尔科，抵港卸货后经陆路到达450公里外的墨西哥城。从此，中国瓷器经菲律宾大量运往西属墨西哥，墨西哥城东南的陶瓷重镇柏布拉正好位于这条瓷路上。千里而来的中国瓷器带来的灵感，对当地陶工产生了很大影响。16世纪末，精通锡釉陶器制作技术的西班牙陶工来到墨西哥，设立了制陶工场，目的是向贵族和教会提供日用陶器。由于该地区蕴藏适用的黏土，柏布拉已经有本地制陶业，西班牙陶工带来陶轮、釉、封口窑等新技术后，当地制陶业发生了新的变化。移居当地的陶工希望能制作出在西班牙塔拉韦拉——德拉雷纳流行的陶器，用上了他们的传统风格，这种风格早

---

1 秦刚：《欧洲青花"柳树纹样"与中国外销瓷》，《文艺研究》2011年第4期。

**帕布拉窑青花花卉纹釉陶器**

18世纪。美国费城艺术馆藏

已混合了西班牙和摩尔人精细多彩的图案。但在西属墨西哥，这种所谓"塔拉韦拉"陶器受中国青花瓷影响，在白色胎上绘出夺目的蓝色纹样。这种陶器最后称为"帕布拉的塔拉韦拉陶器"，以区别于西班牙本土陶器。到17世纪中叶，帕布拉陶工生产的锡釉陶器受到多方面的影响，有葫芦形一类中国式造型，饰以中国式图案，但并不完全照搬中国的设计。例如，葫芦上方的球体有中国瓷器所没有的凹陷，有时候把中国的凤凰画得像鹦鹉，风景既有中国色彩，又有当地特色[1]。至18世纪末，帕布拉有46家仿造中国瓷器的工场[2]，有的工场还聘请了中国制瓷工匠，指导瓷器生产[3]。

1826年，美国费城塔克商行成功烧制出瓷器，产量有限。该厂的早期产品，多绘制风景和人像，色彩很有限，通常以墨色和褐色为主。1843年，佛蒙特州本宁顿瓷厂建成后，美国才有批量生产瓷器的能力[4]。

至19世纪，大部分欧洲国家建立的制瓷工厂已成功烧制出适合本国市场的硬质日用瓷，对华瓷的需求迅速下降，正如长期在澳门生活的瑞典籍神父龙思泰（1759~1835）所说："这种货物现在出口很少。当东方产品最初绕过好望角被运往欧洲时，中国瓷器价格很高，船运靠它获得巨额利润。但它的制造方法已被查明，欧洲国家开始制造，并很快与中国瓷器展开竞争"[5]。欧洲瓷器还打进国际市场，在美洲、中东、北非都有欧瓷出售，1810年英国从瓷器进口国变成出口国[6]。

---

1　甘雪莉：《中国外销瓷》，第79~81页。
2　何芳川主编：《中外文化交流史》，第954页。
3　张世均：《明清时期中国瓷器在拉美的传播》，《曲靖师范学院学报》2001年第4期。
4　吴建雍：《清代外销瓷与早期中美贸易》，《北京社会科学》1987年第1期。
5　（瑞典）龙思泰著，吴义雄等译，章文钦校注：《早期澳门史》，东方出版社，1997年，第340页。
6　翁舒韵：《明清广东瓷器外销研究（1511~1842）》，第22~23页。

# 附录一　参考文献

**古籍**

《元史》，中华书局，1976 年。

《明史》，中华书局，1974 年。

《明实录》，台北中央研究院历史语言研究所校印本。

《明经世文编》，中华书局，1962 年。

《清实录》，中华书局，2005 年。

《皇朝政典类纂》，光绪二十九年刊本。

《清朝续文献通考》，浙江古籍出版社，1988 年。

沈恩华修、卢鼎峋纂：《大庾县志》，民国八年本。

王元恭：《四明续志》，元至正本。

唐枢：《木钟台集·冀越通》，明嘉靖至万历刻本。

费信：《星槎胜览》，中华书局，1954 年。

张燮：《东西洋考》，中华书局，1981 年。

万德符：《万历野获编》，中华书局，1959 年。

施琅：《靖海纪事》，福建人民出版社，1983 年。

徐光启：《徐光启集》，上海古籍出版社，1984 年。

姚士麟：《见只编》，中华书局，1985 年。

蓝浦原著，郑廷桂辑补：《景德镇陶录》，中国书店，1991 年。

陈浏：《陶雅》，中国书店，1991 年。

谢清高著，冯承钧注：《海录》，中华书局，1995 年。

张荫桓：《三洲日记》，上海古籍出版社，1995 年。

巩珍：《西洋番国志》，中华书局，2000 年。

王先谦纂辑：《东华续录》，中华书局，2005 年。

屈大均：《广东新语》，中华书局，2005 年。

章潢：《图书编》，广陵书社，2011 年。

顾炎武：《天下郡国利病书》，上海古籍出版社，2012 年。

**论著**

轻工业部陶瓷工业科学研究所：《中国的瓷器》，轻工业出版社，1983 年。

朱培初：《明清陶瓷和世界文化的交流》，轻工业出版社，1984 年。

中国硅酸盐学会编：《中国陶瓷史》，文物出版社，1985 年。

马文宽、孟凡人：《中国古瓷在非洲的发现》，紫禁城出版社，1987 年。

傅振伦：《中国伟大的发明—瓷器》，轻工业出版社，1988 年。

香港艺术馆编：《中国外销瓷—布鲁塞尔皇家艺术历史博物馆藏品展》，香港市政局，1989 年。

周南京：《菲律宾与华人》，菲律宾华裔青年联合会，1993 年。

吴志良主编：《东西方文化交流——国际学术研讨会论文选》，澳门基金会，1994 年。

南京郑和研究会编：《走向海洋的中国人》，海潮出版社，1996 年。

周世容、魏止戈：《海外珍瓷与海底瓷都》，湖南美术出版社，1996 年。

蔡鸿生主编：《广州与海洋文明》，中山大学出版社，1997 年。

土耳其外交部编：《伊斯坦布尔的中国宝藏》，伊斯坦布尔，2001 年。

江西省博物馆、香港中文大学文物馆编：《江西元明青花瓷》，香港中文大学文物馆，2002 年。

陈炎：《海上丝绸之路与中外文化交流》，北京大学出版社，2002 年。

严建强：《十八世纪中国文化在西欧的传播及其反应》，中国美术学院出版社，2002 年。

关涛、王玉新编著：《日本陶瓷史》，辽宁画报出版社，2002 年。

澳门文化司署编：《十六世纪和十七世纪伊比利亚文学视野里的中国景观》，大象出版社，2003 年。

许明龙：《黄嘉略与早期法国汉学》，中华书局，2004 年。

故宫博物院编：《瑞典收藏的中国瓷器》，紫禁城出版社，2005 年。

谢明良：《贸易陶瓷与文化》，台北：允晨出版，2005 年。

郑和下西洋六百周年筹备领导小组等编：《云帆万里照重洋——纪念郑和下西洋六百周年》，中国社会科学出版社，2005 年。

碗礁一号水下考古队：《东海平潭碗礁一号出水瓷器》，科学出版社，2006 年。

陈进海：《世界陶瓷》，万卷出版社，2006 年。

叶喆民：《中国陶瓷史》，生活·读书·新知三联书店，2006 年。

袁宣萍：《十七至十八世纪欧洲的中国风设计》，文物出版社，2006 年。

中国国家博物馆水下考古研究中心、海南省文物保护管理办公室编：《西沙水下考古 1998-1999》，科学出版社，2006 年。

故宫博物院古陶瓷研究中心编：《故宫博物院八十周年古陶瓷国际学术研讨会论文集》，紫禁城出版社，2007 年。

阎宗临：《中西交通史》，广西师范大学出版社，2007 年。

何芳川主编：《中外文化交流史》，国际文化出版公司，2008 年。

甘雪莉：《中国外销瓷》，东方出版中心，2008 年。

刘明倩：《从丝绸到瓷器——英国收藏家和博物馆的故事》，上海辞书出版社，2008 年。

韩国国立中央博物馆：《国立中央博物馆》，2008 年。

罗宏杰、郑欣淼主编：《古陶瓷科学技术国际讨论会论文集》，上海科学技术文献出版社，

2009 年。

中国广西壮族自治区博物馆等：《海上丝绸之路遗珍——越南出水陶瓷》，科学出版社，2009 年。

程庸：《国风西行——中国艺术品影响欧洲三百年》，上海人民出版社，2009 年。

中华世纪坛世界艺术馆编：《晚清碎影：约翰·汤姆逊眼中的中国》，中国摄影出版社，2009 年。

香港城市大学中国文化中心陶瓷下西洋研究小组编：《陶瓷下西洋》，香港城市大学，2010 年。

李知宴主编：《中国陶瓷艺术》，外文出版社，2010 年。

郭富纯、孙传波著：《日本古陶瓷研究》，文物出版社，2011 年。

刘迎胜：《海路与陆路——中古时代东西交流研究》，北京大学出版社，2011 年。

余春明：《中国名片——明清外销瓷探源与收藏》，生活·读书·新知三联书店，2011 年。

吕章申主编：《瓷之韵》，中华书局，2012 年。

谢明良：《陶瓷手记 2》，台湾：石头出版，2012 年。

谢明良：《陶瓷手记》，上海古籍出版社，2013 年。

马锦强：《澳门出土明代青花瓷器研究》，社会科学文献出版社，2014 年。

彭劲松、邓景飞主编《蓝色革命：海上丝绸之路》，中国文艺出版社，2014 年。

沈琼华主编：《中国古代瓷器生产技术对外传播研究论文集》，浙江人民美术出版社，2015 年。

广东省博物馆编：《牵星过洋——万历时代的海贸传奇》，岭南美术出版社，2015 年。

李庆新：《海上丝绸之路》，黄山书社，2016 年。

中国古陶瓷研究会、中国古外销陶瓷研究会编：《中国古外销陶瓷研究资料》（内部）第一辑，1981 年。

中国古陶瓷研究会、中国古外销陶瓷研究会编：《中国古外销陶瓷研究资料》（内部）第三辑，1983 年。

中国古陶瓷研究会、中国古外销陶瓷研究会编：《中国古代陶瓷的外销》，紫禁城出版社，1988 年。

中国古陶瓷学会编：《中国古陶瓷研究》第五辑，紫禁城出版社，1999 年。

中国古陶瓷学会编：《中国古陶瓷研究》第十三辑，紫禁城出版社，2007 年。

中国古陶瓷学会编：《中国古陶瓷研究》第十四辑，紫禁城出版社，2008 年。

中外关系史学会编：《中外关系史译丛》第一辑，上海译文出版社，1984 年。

中外关系史学会编：《中外关系史论丛——关于我国历史上的开放与闭关政策专辑》第三辑，世界知识出版社，1991 年。

中国社会科学院历史研究所编：《明史研究论丛》第七辑，紫禁城出版社，2007 年。

翁舒韵：《明清广东瓷器外销研究（1511-1842）》，暨南大学硕士学位论文，2002 年。

林琳：《17~18 世纪荷兰东印度公司瓷器贸易研究》，浙江师范大学学位硕士论文，2007 年。

王晰：《古代中国外销瓷与东南亚陶瓷发展关系研究》，云南大学博士学位论文，2015 年。

## 译著

（荷）威·伊·邦达库著，姚楠译：《东印度航海记》，中华书局，1982年。

（日）三上次男著，胡德芬译：《陶瓷之路——东西方文明接触点的探索》，天津人民出版社，1983年。

（摩洛哥）伊本·白图泰著，马金鹏译：《伊本·白图泰游记》，宁夏人民出版社，1985年。

（澳）张天泽著，姚南、钱江译：《中葡早期通商史》，香港中华书局，1988年。

（英）G. D. 克鲁士著，何高济译：《中国志》，C. R. 博克舍编注《十六世纪中国南部行纪》，中华书局，1990年。

（英）简·迪维斯著，熊寥译：《欧洲瓷器史》，浙江美术学院出版社，1991年。

（英）斯当东著，叶笃义译：《英使谒见乾隆纪实》，香港：三联书店，1994年。

（英）乔治·斯当东著，叶笃义译：《英使谒见乾隆纪实》，上海书店，1997年。

（美）马士著，张汇文等译：《中华帝国对外关系史》，上海书店，2000年。

（法）伯德莱著，耿升译：《清宫洋画家》，山东画报出版社，2002年。

（英）保罗·约翰逊著，黄中宪等译：《艺术的历史》，上海人民出版社，2008年。

（英）马丁·坎普主编，余君珉译：《牛津西方艺术史》，外语教学与研究出版社，2009年。

（日）松浦章著，郑洁西等译：《明清时期东亚海域的文化交流》，江苏人民出版社，2009年。

（荷）包乐史著，赖钰匀、彭昉译：《看得见的城市：东亚三商港的盛衰浮沉录》，浙江大学出版社，2010年。

（英）赫德逊著，李申等译：《欧洲与中国》，台北：台湾书局，2010年版。

（美）罗伯特·芬雷著，郑明萱译：《青花的故事》，台北：猫头鹰出版社，2011年。

（荷）费莫·西蒙·伽士特拉著，倪文君译：《荷兰东印度公司》，东方出版中心，2011年。

（英）孟席斯（Gavin Menzies）著，洪山高译：《1434：中国点燃意大利文艺复兴之火》，台北：远流出版事业股份有限公司，2011年。

（英）霍吉淑著，赵伟等译：《大英博物馆藏中国明代陶瓷》，故宫出版社，2014年。

## 外文著作

*Chinese and Vietnamese Blue and White Wares Found in the Philippines Makari* 1997.

2001The World Ceramic Exposion 2001Korea Organizing Committee.*World Ceramic Heritages:The East.*2001.

*Magic of clay and fire:A history of Kutahya pottery and potters*. Istanbul,2006.

*Trade Taste & Transformation:Jingdezhen Porcelain for Japan*,China Institute Gallery,New York,2006.

The National Museum of Vietnamese History.*The Qing Dynasty's Ceramics with Imperial Mark*.2008.

## 论文

（日）岩生成一：《下港（万丹）唐人街盛衰变迁考》，《南洋问题资料译丛》1957年第2期。

（美）布伦诺·拉斯克：《华人在荷属东印度群岛的作用》，《南洋问题资料译丛》1963年第2期。

朱杰勤：《中国陶瓷和制瓷技术对东南亚的传播》，《世界历史》1979年第2期。

朱杰勤：《十七、八世纪华瓷传入欧洲的经过及其相互影响》，《中国史研究》1980年第3期。

欧志培：《中国瓷器到美洲》，《百科知识》1980年第5期。

夏鼐：《瑞典所藏的中国外销瓷》，《文物》1981年第5期。

齐文颖：《关于中国皇后号来华问题》，《世界历史研究》1984年第1期。

耿宝昌：《对日本陶瓷的初步探讨》，《故宫博物院院刊》1986年第1期。

钱江：《1570~1760年中国和吕宋贸易的发展及贸易额的估算》，《中国社会经济史研究》1986年第3期。

吴建雍：《清代外销瓷与早期中美贸易》，《北京社会科学》1987年第1期。

叶文程：《宋元时期龙泉青瓷的外销及有关问题的探讨》，《海交史研究》1987年第2期。

沈定平：《论十六至十八世纪中国与东南亚的贸易关系》，《学术研究》1987年第3期。

王健华：《从韩槐准先生的捐献品看中国古陶瓷在南洋的外销》，《故宫博物院院刊》1988年第3期。

钱江《十七至十八世纪中国与荷兰的瓷器贸易》，《南洋问题研究》1989年第1期。

杨仁飞：《明清之际澳门海上丝路贸易述略》，《中国社会经济史研究》1992年第1期。

王莉英：《中西文化交流中的中国瓷器》，《故宫博物院院刊》1993第2期。

董健丽：《十八世纪销往欧洲的中国瓷器》，《紫禁城》1996年第4期。

孙锦泉：《华瓷运销欧洲的途径、方式及其特征》，《四川大学学报》（哲学社会科学版）1997年第2期。

袁钟仁：《广州和美国的早期贸易》，《岭南文史》1999年第1期。

李金明：《明清时期中国瓷器文化在欧洲的传播与影响》，《中国社会经济史研究》1999年第2期。

秦波：《中国古陶瓷与中法文化交流》，《中国陶瓷》1999年第3期。

喻常森：《明清时期中国与西属菲律宾的贸易》，《中国社会经济史研究》2000年第1期。

耿升：《从法国安菲特利特号船远航中国看17—18世纪的海上丝绸之路》，《西北第二民族学院学报》2001年第2期。

张世均：《明清时期中国瓷器在拉美的传播》，《曲靖师范学院学报》2001年第4期。

赵德云：《加拿大路易斯堡遗址出土中国瓷器的初步研究》，《四川文物》2002年第2期。

杨国桢：《十六世纪东南中国与东亚贸易网络》，《江海学刊》2002年第4期。

高岳：《青花瓷的二百年：中葡文化交流的历史流程》，《长春师范学院学报》2003年第3期。

张国刚：《明清之际中欧贸易格局的演变》，《天津社会科学》2003年第6期。

刘毅：《高丽青瓷的几项突出成就》，《中原文物》2004年第3期。

马文宽：《中国瓷器与土耳其陶器的相互影响》，《故宫博物院院刊》2004年第5期。

陈娟英：《试论17世纪郑氏海上贸易对闽台社会经济的影响》，《南方文物》2005年第3期。

郑东、石钦：《厦门港——闽南古陶瓷外销的重要锚地》，《南方文物》2005年第3期。

李金明：《清初中日长崎贸易》，《中国社会经济史研究》2005 年第 3 期。

伊瓦·斯托贝：《德雷斯顿的中国瓷器收藏》，《中国历史文物》2005 年第 4 期。

金国平、吴志良：《流散于葡萄牙的中国明清瓷器》，《故宫博物院院刊》2006 年第 3 期。

王芬、罗宏杰：《高丽青瓷与中国青瓷》，《中国陶瓷》2007 年第 1 期。

蒋国学、杨文辉：《越南在中国定制的瓷器与中越文化交流》，《云南师范大学学报》2008 年第 1 期。

富启、曲金红：《日本瓷器初探》，《中国陶瓷》2008 年第 3 期。

江滢河：《清代广州外销画中的瓷器烧造图研究——以瑞典隆德大学图书馆收藏为例》，《故宫博物院院刊》2008 年第 3 期。

（英）S·斯马特、叶倩：《德里塔格拉克宫所藏十四世纪中国瓷器》，《上海文博》2009 年第 1 期。

王伟：《十四至十七世纪受中国影响的越南青花瓷》，《收藏家》2009 年第 3 期。

万钧：《东印度公司与明清瓷器外销》，《故宫博物院院刊》2009 年第 4 期。

向玉婷：《秘鲁收藏的中国外销瓷及其影响研究》，《收藏家》2009 年第 7 期。

北京大学考古文博学院、江西省文物考古研究所等：《江西景德镇观音阁明代窑址发掘简报》，《文物》2009 年第 12 期。

林梅村：《大航海时代东西方文明的冲突与交流》，《文物》2010 年第 3 期。

秦刚：《欧洲青花"柳树纹样"与中国外销瓷》，《文艺研究》2011 年第 4 期。

# 附录二　彭明瀚论文、论著简目

**论著**

《寻找文明的足迹》（合著），宁波出版社，2001 年。

《江西省博物馆》（带你走进博物馆丛书），文物出版社，2004 年。

《吴城文化研究》（考古新视野丛书），文物出版社，2005 年。

《吴城文化》（20 世纪中国文物考古发现与研究丛书），文物出版社，2005 年。

《中国出土玉器·江西卷》（合著），科学出版社，2005 年。

《收藏指南丛书·铜器》，学林出版社，2007 年。

《雅俗之间——吉州窑》，文物出版社，2007 年。

《中国出土瓷器·江西卷》（合著），科学出版社，2008 年。

《商代江南》，科学出版社，2010 年。

《中国吉州窑》（合著），中国华侨出版社，2013 年。

《江西宋代纪年墓与纪年青白瓷》（合著），文物出版社，2016 年。

**论文**

《卜辞作祭考》，《殷都学刊》1990 年第 2 期。

《漫话成都茶馆》，《农业考古》1991 年第 2 期。

《中国牛耕起源研究述评》，《江西文物》1991 年第 3 期。

《商代养牛业简论》，《农业考古》1991 年第 3 期。

《殷墟妇好墓与新干商墓的比较研究》，《南方文物》1992 年第 2 期。

《铜与青铜时代中原王朝的南侵》，《江汉考古》1992 年第 3 期。

《浅议殷人的田祭》，《农业考古》1992 年第 3 期。

《关于新干商墓青铜虎形象的几个问题》，《南方文物》1993 年第 2 期。

《关于鹰潭角山商代窑址记数陶文的几个问题》，《南方文物》1993 年第 3 期。

《江西新干大洋洲商代遗存性质新探》，《中原文物》1994 年第 1 期。

《四川广汉三星堆商代祭祀坑为农业祭祀说》，《农业考古》1994 年第 1 期。

《谈德安吴畴妻周氏墓桃枝》，《南方文物》1994 年第 4 期。

《田字本义新释》，《考古与文物》1995 年第 1 期。

《商代宗教与农事祭祀略论》，《农业考古》1995 年第 1 期。

《商代青铜铸币蠡测》，《南方文物》1995 年第 2 期。

《卜辞取祭考》,《殷都学刊》1995 年第 2 期。

《盘龙城与吴城比较研究》,《江汉考古》1995 年第 2 期。

《商代虎方文化初探》,《中国史研究》1995 年第 3 期（收入中国人民大学报刊复印资料《中国古代史（一）》1995 年第 12 期）。

《庐山茶诗文选析》,《农业考古》1995 年第 4 期。

《江西新干晚商遗存出土青铜农具浅析》,《中原文物》1995 年第 4 期（收入中国人民大学报刊复印资料《先秦、秦汉史》1996 年第 2 期）。

《试论铜与中原商文化南传》,《夏商文明研究》, 中州古籍出版社，1995 年。

《新干青铜农具浅析》,《农业考古》1996 年第 1 期。

《关于商王田猎谀日问题》,《殷都学刊》1996 年第 2 期。

《商王对南土方国征伐简论》,《江汉考古》1996 年第 2 期。

《商代赣境戈人考》,《南方文物》1996 年第 4 期。

《百丈清规与禅门茶事》,《农业考古》1996 年第 4 期。

《流坑遗韵——江西乐安流坑村调查随记》,《文物天地》1997 年第 4 期。

《千古文化名村——江西乐安流坑村》,《中外文化交流》（中、英文版）1998 年第 2 期。

《道教对江西唐宋以来葬俗的影响》,《南方文物》1998 年第 3 期。

《江西南昌晋墓群出土精美漆器》,《文物天地》1998 年第 4 期。

《江西乐安流坑村文物保护的现状与任务》,《文物工作》1998 年第 5 期。

《传统民居与中国传统文化研究初论》,《江西建设》1998 年第 6 期。

《晋代漆器艺术》,《故宫文物月刊》（台北）1998 年第 11 期。

《太伯奔吴新论》,《殷都学刊》1999 年第 3 期。

《传统民居与中国传统文化研究再论》,《江西建设》1999 年第 6、7 期。

《风格各异的江西天井式民居》,《江西建设》1999 年第 11 期。

《周氏墓桃枝小议》,《德安周氏墓》, 江西人民出版社，1999 年。

《江西省积极开展爱国主义教育》,《文物工作》1999 年第 6 期。

《千古第一村》,《文物世界》2000 年第 2 期。

《博物馆营销浅析》,《文物工作》2001 年第 12 期

《中国景德镇元明民窑青花瓷概述》（合著）,《江西元明青花瓷》,香港中文大学文物馆,2002 年。

《赣南看围屋》,《中华文化画报》2002 年第 3 期。

《关于文化保护新体制的思考》,《文物工作》2002 年第 5 期。

《商代江西的农业经济与文明》,《农业考古》2003 年第 1 期。

《吴城文化商品经济简论》,《南方文物》2003 年第 4 期。

《吴城文化水井研究》,《考古与文物》2003 年第 5 期。

《东晋漆器艺术》,《文物世界》2003 年第 1 期。

《泉阳新考》,《殷都学刊》2003 年第 3 期。

《江西新干大洋洲青铜器三题》,《四川大学学报》2004 年第 1 期。

《赣江鄱阳湖区商代文化的区系类型研究》,《考古》2004 年第 3 期。

《坚持"三个代表",大力发展博物馆文化》,《赣博论坛》,华龄出版社,2004 年。

《吉州窑瓷器工艺》,《文物天地》2004 年第 8 期。

《江西明景德镇民窑纪年青花瓷》,《文物天地》2004 年第 12 期。

《吴城文化的畜牧业简论》,《农业考古》2005 年第 1 期。

《吴城文化研究三十年的回顾与前瞻》,《殷都学刊》2005 年第 4 期。

《含蕴秀丽,质朴天成——吉州窑彩绘瓷画艺术》,《收藏界》2005 年第 11 期。

《吉州窑黑釉盏与宋代斗茶风尚》,《收藏》2005 年第 12 期。

《新干大洋洲商墓的发掘与研究》,中国国家博物馆编《商代江南》,中国社会科学出版社,
2006 年。

《江西纪年墓出土明景德镇民窑青花瓷研究》,朱裕平主编《景德镇瓷器鉴定》,上海大学出版
社,2006 年。

《江西新干大洋洲出土玉礼仪器浅析》,于明主编《杨伯达纪念论文集》,科学出版社,2006 年。

《江西出土玉器鉴赏》,《文物天地》2006 年第 1 期。

《江西各地出土玉器概述》,《南方文物》2006 年第 1 期。

《赣江鄱阳湖地区商代青铜工具和铸铜石范的发现与研究》,《农业考古》2006 年第 1 期。

《吴城文化与周边诸考古学文化之间的关系》,《东方博物》总第 18 期,2006 年。

《舞女玉佩》,《南方文物》2006 年第 2 期。

《江西名窑名瓷》,《文物天地》2006 年第 6 期。

《发展博物馆文化刍议》,《文物世界》2006 年第 3 期。

《吴城文化的社会形态与文明进程》,《中原文物》2006 年第 5 期。

《明代宗室玉器鉴赏》,《收藏》2006 年第 10 期。

《吉州窑精品鉴赏之一——吉州窑瓷枕》,《收藏界》2006 年第 12 期。

《江西新干大洋洲出土玉器鉴赏》,《收藏界》2007 年第 1、2 期。

《江西纪年墓出土景德镇明代民窑青花瓷的发现与研究》,《故宫博物院院刊》2007 年第 1 期。

《雅俗之间——品读吉州窑》,《南方文物》2007 年第 2 期。

《吉州窑精品鉴赏之二——吉州窑纪年瓷》,《收藏界》2007 年第 2、3 期。

《江西出土历代水晶鉴赏》,《收藏界》2007 年第 4 期。

《吉州窑精品鉴赏之三——吉州窑瓷瓶》,《收藏界》2007 年第 6、7 期。

《吉州窑雕塑瓷》,《文物天地》2007 年第 9 期。

《汪大仓粉彩携琴访友图瓷板画》,《南方文物》2008 年第 1 期。

《徐仲南粉彩翠竹图瓷板》,《南方文物》2008 年第 2 期。

《程意亭花鸟画瓷板》,《南方文物》2008 年第 3 期。

《王琦渔樵问答图瓷板》,《南方文物》2008 年第 4 期。

《吉州窑碗盏精品鉴赏》,《收藏界》2008 年第 7 期。

《吉州窑剪纸贴花茶盏探源》,《收藏》2008 年第 8 期。

《含蓄秀丽的吉州窑彩绘瓷》,《收藏》2008 年第 10 期。

《雅俗之间——吉州窑》,《文物天地》2009 年第 3 期。

《山花烂漫的吉州窑黑釉瓷》,《收藏》2009 年第 5 期。

《吉州窑香炉鉴赏》,《收藏界》2009 年第 9 期。

《吴城文化刀之研究》,《湖南省博物馆馆刊》第五辑,岳麓书社,2009 年。

《关于江西文化走出去战略的思考——以文化展演业为视角》,《全国文化系统深入学习实践科学发展观论文集》,文化艺术出版社,2009 年。

《江西新干大洋洲陶器的类型学研究》,《江西省博物馆集刊》(一),文物出版社,2009 年。

《吉州窑剪纸贴花片论》,《湖南省博物馆馆刊》第六辑,岳麓书社,2010 年。

《明清景德镇瓷器外销概述》,《华风欧韵》,锦绣文章出版社,2010 年。

《明清景德镇制瓷技术向世界传播概述》,《江南文史》,2010 年。

《吉州窑纪年瓷的发现与研究》,《东方博物》第 38 辑,2011 年。

《郑和下西洋·新航路开辟·明清景德镇瓷器外销欧美》,《南方文物》2011 年第 3 期。

《明代景德镇民窑青花瓷研究——以江西考古发现纪年明青花瓷为例》,广东省博物馆编《瓷都珍萃》,岭南美术出版社,2011 年。

《明代景德镇民窑青花瓷研究——以江西考古发现纪年明青花瓷为视角》,山西博物院编《瓷都风华——江西省博物馆藏景德镇瓷器精粹》,山西人民出版社,2011 年。

《白鹿洞书院学规试析》,《江西省博物馆馆刊》(二),文物出版社,2011 年。

《王步青花瓷绘艺术》,《收藏》2012 年第 9 期。

《亚非三国考察报告》,《江西省博物馆馆刊》(三),文物出版社,2012 年 12 月。

《荷兰东印度公司与明清景德镇瓷器外销》,《南方文物》2013 年第 1 期。

《清代外销欧洲的景德镇瓷器》,《文物天地》2013 年第 2 期。

《明清时期外销欧洲的景德镇瓷器》,《人文兴赣:传承·创新·发展——2012 年江西省社会科学学术活动周论文集》,社会科学文献出版社,2013 年。

《朴拙传神:吉州窑雕塑瓷》,《收藏》2013 年第 7 期。

《山花烂漫吉州窑》,《艺术》2013 年第 9 期。

《景德名瓷器冠天下》,《中国文化遗产》2014 年第 3 期。

《镇馆之宝——江西省博物馆珍品选碎》,《艺术品》2014 年第 4 期。

# 后 记

　　1987年，我从江西师范大学毕业，至今正好30周年。30年来，我一直坚持立足于对江西古代文化的研究和思考，笔耕不缀，不觉在国内外公开发表论文、随笔100余篇，出版《雅俗之间·吉州窑》、《中国出土瓷器·江西卷》等著作10多种，主编书籍数十种。近年来，我精力主要倾注在江西古陶瓷文化方面，2007年出版《雅俗之间·吉州窑》后，关注重点转向景德镇窑，在整理江西纪年墓出土景德镇民窑青白瓷、青花瓷资料过程中，发现它们可以与同时期沉船出水瓷器相印证，同时注意到外销瓷中有一类纹章瓷，流传有序，可以推定准确生产年代，纹章瓷成为景德镇瓷器断代的又一视角；后来在收集景德镇外销瓷资料的过程中，又发现其中有一部分是模仿国外陶器或其他器具，就这样，视野不断从景德镇瓷器扩展到外销瓷、外国陶瓷。10多年来，我有幸参观了世界五大洲近100座博物馆以及部分私人收藏、古玩店、拍卖行，观摩、拍摄了大量明清景德镇窑外销瓷以及外国窑厂仿制的中国风瓷器；在江西省博物馆工作期间，主持了多个明清景德镇窑外销瓷展览，于是产生了编写本书的想法。但这个课题涉及面广，资料分散，富有挑战性，几次想放弃，在文物出版社社长张自成、总编辑张广然先生的鼓励下，一路坚持下来，总算完成了书稿。书中图片没有注明引用出处的均为本人或江西省博物馆同事拍摄。

　　本研究获江西省"赣鄱英才555"工程、江西省文化艺术规划课题资助。本书写作过程中，得到了江西省文化厅领导和南昌大学博物馆、江西省博物馆、江西省考古研究所同事的帮助，叶蓉、赵涛、李宇帮助拍摄照片、校对文稿、绘制地图、编辑图片；重庆师范大学孔令远博士提供了东非马达加斯加武海马尔墓地出土的景德镇窑青花瓷照片。在本书即将付印之际，对给予我关心与帮助的领导、同事、学友表示衷心的感谢！

彭明瀚

丁酉年春日谷旦于南昌